*Hildegard Aepli, Esther Rüthemann,
Christian Rutishauser, Franz Mali*

*Vier Pilger – ein Ziel
Zu Fuß nach Jerusalem*

gelesen im April 2015

*Hildegard Aepli, Esther Rüthemann,
Christian Rutishauser, Franz Mali*

Vier Pilger – ein Ziel

Zu Fuß nach Jerusalem

echter

Wir widmen dieses Buch

unsern Neffen und Nichten; wir wünschen euch den Mut, große Visionen zu haben;

der Gemeinschaft von Deir Mar Musa in Syrien und in besonderer Weise ihrem Gründer Paolo dall'Oglio SJ. Er wird seit Ende Juli 2013 vermisst. Wir unterstützen und wertschätzen den Einsatz der Gemeinschaft für Frieden und interreligiösen Dialog.

Vorwort

2011 pilgern wir zu viert von der Schweiz nach Jerusalem. Wir starten im Juni, an Christi Himmelfahrt, und erreichen das Ziel wie geplant zum Weihnachtsfest. Sieben Monate sind wir miteinander unterwegs und legen die ganze Strecke von 4300 km zu Fuß zurück. Wir betreten den Boden von elf Ländern, in denen mindestens neun verschiedene Sprachen gesprochen werden, und begegnen dem christlich geprägten Abendland, islamischen Ländern und am Ziel der jüdischen Gesellschaft.

Nach unserer Rückkehr sage ich einmal scherzhaft zu einem Onkel, dass normalerweise auf einer großen Wallfahrt ein Wunder geschehe. Er antwortet: Dass ihr zu viert angekommen seid, ist ein Wunder. Er hat Recht. Es ist nicht selbstverständlich, dass alle die physische und psychische Kraft und Ausdauer haben, dass niemand abbrechen muss, dass wir zusammenbleiben.

Wir vier Pilger sind verankert in der ignatianischen Spiritualität. Die Verwurzelung im christlichen Glauben ist unsere Stärke. Dieses Fundament trägt uns. Es lässt uns bis heute unterwegs sein für Frieden und den Dialog mit anderen Religionen. Es bewirkt, dass wir den Schatz unserer Erfahrungen unterwegs und daheim gerne mit anderen teilen.

Dieses Buch ist aus den Beiträgen entstanden, die wir während des Pilgerns im Blog veröffentlichten unter http://blog.lassalle-haus.org und aus Texten, die wir rückblickend auf diese unglaubliche Zeit schrieben. Am Schluss eines jeden Abschnittes erscheint ein Kürzel, welches den Autor oder die Autorin angibt: Esther Rüthemann (er), Hildegard Aepli (ha), Franz Mali (fm), Christian Rutishauser (chr). Die kursiv gedruckten Abschnitte sind dem Blog entnommen, die andern sind die neu geschriebenen.

Wir danken so vielen Menschen, die zum Wunder unseres Ankommens beigetragen haben. Wir bezeugen, dass Gedanken und Gebete tragen und unterstützen.

Im Namen der vier Pilger mit einem Ziel – Jerusalem!

Hildegard Aepli

Inhalt

Erstes Kapitel:
Die Vorgeschichte 13

Zweites Kapitel:
Abschied 35

Drittes Kapitel:
Erfahrungen mit dem GPS 53

Viertes Kapitel:
Pilgeralltag 61

Fünftes Kapitel:
Unterkünfte 83

Sechstes Kapitel:
Krisen 101

Siebtes Kapitel:
Begegnungen 117

Achtes Kapitel:
Spiritualität und Sinn des Pilgerns 139

Neuntes Kapitel:
Gastfreundschaft und Hilfsbereitschaft 161

Zehntes Kapitel:
Unterwegs in der Türkei 171

Elftes Kapitel:
Syrien – eine schwierige Entscheidung 199

Zwölftes Kapitel:
Advent – Warten kurz vor dem Ziel 225

Dreizehntes Kapitel:
Jerusalem, am Ziel ankommen 239

Vierzehntes Kapitel:
Heimkehren 257

Schluss-Statements 271

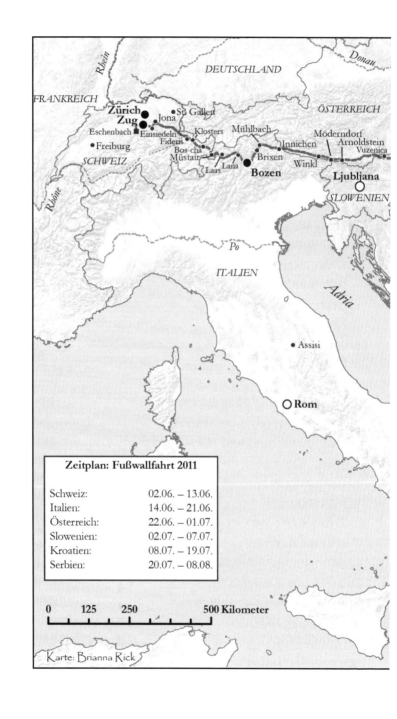

Zeitplan: Fußwallfahrt 2011	
Bulgarien:	09.08. – 25.08.
Türkei:	26.08. – 06.11.
Istanbul [Pause]:	*08.09. – 20.09.*
Syrien:	07.11. – 21.11.
Jordanien:	22.11. – 21.12.
Amman [Pause]:	*28.11. – 18.12.*
Palästina / Israel:	22.12. – 24.12.
Jerusalem:	*23.12.*

Karte: Brianna Rick

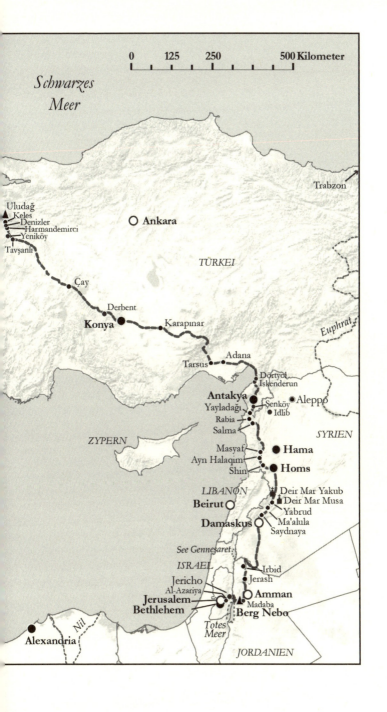

Erstes Kapitel:
Die Vorgeschichte

Eine Vision und dreimal Ja

Es ist Frühling im Jahr 2004. Ich verbringe mit einer Gruppe Theologiestudierender ein Wochenende im Lassalle-Haus Bad Schönbrunn der Schweizer Jesuiten. Christian Rutishauser, der Bildungsleiter, empfängt uns. Nach einer Hausführung nimmt er sich Zeit, mit uns gemütlich zusammenzusitzen. Plötzlich fragt er in die muntere Runde hinein, welche Visionen wir in unserem Leben hätten. Es wird augenblicklich still. Als es nach einigem Nachdenken noch immer still ist, sagt Christian: Ich habe eine Vision. Ich will einmal in meinem Leben zu Fuß nach Jerusalem pilgern. Er nimmt mich ins Visier und fragt: Hildegard, kommst du mit? Darauf bin ich nicht gefasst. Trotzdem sage ich spontan, ohne viel nachzudenken, ohne darüber zu schlafen: ja, ich komme mit.

Wir unterhalten uns etliche Zeit später wieder und machen uns Gedanken darüber, in welchem Jahr wir starten und wie die Gruppe aussehen könnte. Das Jahr 2009 scheint uns geeignet. Wir sind uns darin einig, dass es eine gute Voraussetzung ist, wenn die Beteiligten die Erfahrung der 30-tägigen Exerzitien mit sich bringen. Das heißt, dass es Menschen sind, die in ihrer Spiritualität geerdet und geübt sind und einen persönlichen inneren Weg kennen. Christian hätte gerne einen Juden und einen Muslim in der Gruppe gehabt. Der interreligiöse Gedanke ist faszinierend. Mich aber überfordert er und ich weiß, dass ich in meinem Umfeld niemanden kenne, der gefragt werden könnte. Das Jahr 2009 rückt näher und es zeigt sich, dass es für Christian und mich unmöglich ist aufzubrechen. In dieser Zeit aber schlage ich Christian vor, Franz Mali, einen Freund von mir, kennenzulernen. Mir scheint, dass er zu unserem Pilgerteam passen könnte. Kurz darauf begegnen sich die beiden an der Uni Freiburg/Fribourg. Christian fragt Franz nach diesem Treffen, ob er nach Jerusalem mitpilgern wolle. Franz sagt spontan, ohne weitere Bedenkzeit, ohne darüber zu schlafen: ja, ich komme mit. Er selber beschreibt seine Zusage ein wenig anders. Wenige Wochen später mache ich mich in die Langlaufferien auf. Es hat Tradition, dass ich hier mit meiner Freundin Esther ein Zimmer teile. An einem der Ferientage schneit es ohne Unterbruch. Esther und ich verkriechen uns nach dem Frühstück wieder ins Bett. Hier kommen wir ins Erzählen … Was aus dem Gespräch geworden ist, erzählt Esther in ihrer Vorgeschichte selber. Was ich noch dazu sagen kann: Esther ließ sich auf das Abenteuer der 30-tägigen Exerzitien als Vorbereitung der Wallfahrt ein. Sie meinte, dass diese bei ihr sowieso in der nächsten Zeit dran gewesen wären.

Auf jeden Fall: Unsere Vierergruppe ist geboren und wir entscheiden uns, nicht mehr nach weiteren Interessierten zu suchen. Wir legen fest, im Jahr 2011 an Christi Himmelfahrt zu starten. Bis Weihnachten wollen wir uns für den Weg Zeit nehmen, also sieben Monate Pilgerschaft. Wir sind uns einig, an unserem Projekt viele andere Menschen teilhaben zu lassen. Es gibt thematische Vorbereitungstreffen im Lassalle-Haus zu Jerusalem, der dreimal heiligen Stadt, zum Dialog mit Juden und Muslimen und ihren Pilgertraditionen und natürlich zum Pilgern im Allgemeinen. Wir laden Interessierte ein, ein Stück des Weges mitzupilgern in der Schweiz, der Türkei und von Amman nach Jerusalem. Und wir beginnen schon im Vorfeld einen Blog zu schreiben.

Jetzt wird die Vision konkret. Jetzt geht es um tausend Kleinigkeiten, die alle für sich überlegen, einfädeln und organisieren müssen. Das Pilgern hat für mich begonnen. (ha)

Noch viel Wasser

An einem Sonntag im Januar 2009 fällt im Goms viel Schnee. Nach dem Frühstück zieht es uns nochmals mit einem Buch ins kuschelig warme Bett. Hildegard erzählt davon, dass jetzt alles klar sei mit dem Pilgern nach Jerusalem, sie seien zu dritt und man könne zwischendurch mitgehen – drei Mal. Mein spontaner Ausruf: Ich komme mit! Denke mir, bei den drei Mal zwei Wochen. Worauf Hildegard fragt: die ganze Strecke? Ich schweige. Esther? Die ganze Strecke? Stille! Ja, warum nicht! Aber ich muss es zuerst Christoph, meinem Partner, erzählen. Das tue ich am Telefon. Was meinst du dazu, wenn ich sieben Monate nach Jerusalem pilgere ohne dich? Er lacht und sagt: Bis dahin fließt noch viel Wasser die Rotte runter, komm erst mal heim.

Das Ja in mir ist klar und bedenkenfrei. Zuhause angekommen, diskutieren wir zwei das Projekt nochmals und Christoph gibt zur Antwort: Kann ich dich denn halten? Würde es unserer Beziehung guttun, wenn ich sage, bleib doch da? Du musst es tun, und ich warte auf dich.

Es kribbelt und schafft in mir drin, und überall, wo ich davon erzähle, sind die Menschen verblüfft und staunen. Es ist wunderbar!

Es dauert noch über zwei Jahre, bis wir losgehen, und doch ist es mir jetzt schon wichtig, mit dem Arbeitgeber meine Situation zu klären. Ich informiere den Personalchef. Er meint, das könne er nicht selber entscheiden, er müsse zuerst den Kirchenverwaltungsrat fragen. Worauf ich nochmals sage, ich werde im Juni 2011 loslaufen. Er wiederum, das ginge nicht so schnell, er müsse es besprechen. Ich antworte ihm: Wenn es nicht geht, werde ich kündigen. Ich bin entschieden, im Juni 2011 zu Fuß nach Jerusalem zu pilgern. Stille. Okay, antwortet er schließlich, ich werde es so mitteilen. Ich gehe beschwingt aus diesem Gespräch heraus mit dem sicheren Gefühl: Es ist richtig. Es gibt kein Wenn und Aber, nur ein großes Ja.

Dabei bin ich keine Mutige, sondern sehr ängstlich und sicherheitsbedürftig.
Darüber staune ich fast am meisten.
Irgendwie kommt es mir bekannt vor. Das habe ich in der Bibel doch schon oft gelesen. Da wird einer gerufen, lässt alles stehen und liegen und folgt Jesus nach. Ich wundere mich darüber, dass ich früher das Einfach-so-Gehen in den biblischen Texten gar nicht verstehen konnte. Man kann doch nicht einfach gehen, ohne sich zu verabschieden, etwas ganz Neues tun und nicht wissen, was die Zukunft bringt. Jetzt ist es für mich genauso. Ich kann alles stehen und liegen lassen und gehen. Es fühlt sich richtig an, dass ich dabei bin. Ich bin gerufen. Ich bin gemeint. Ich sage ja, hier bin ich. (er)

Meine Vorgeschichte

Hildegard hat mir erzählt, sie beteilige sich am Projekt der Wallfahrt nach Jerusalem. Sie machte mir Andeutungen, sie könnte sich gut vorstellen, dass ich auch mitlaufe. Das entscheidende Wort hatte Christian. Er fragte mich im Frühling 2008, doch musste ich da noch überlegen, ob ich es mit meinem Beruf koordinieren kann. Die Chance war, dass ich mein Freisemester für dieses Projekt einsetzen konnte, wenn mein Arbeitgeber, die Universität Freiburg/Fribourg, damit einverstanden war. Im zweiten Anlauf akzeptierte die Universität das Vorhaben und unterstützte es dadurch, dass sie mir zusagte, während meiner Wallfahrt fünfzig Prozent meines Gehaltes weiterzuzahlen. Das war eine große Erleichterung, denn zunächst hatte es nach einem unbezahlten Urlaub ausgesehen.

Jerusalem ist für mich ein widersprüchlicher Traum. Einerseits ist es eine besondere Geschichte, die mir als Katholik besonders wichtig ist: die Geschichte des Volkes Israel und die spezielle Episode des Lebens Jesu in diesem

Land. Dazu kommen die aktuelle Situation und die Ereignisse der letzten Jahrzehnte, die von der Auseinandersetzung zwischen Palästinensern und Israelis geprägt sind, von den Eroberungen der Israelis, der Verteidigung und den Angriffen durch die Palästinenser. Diese Kriegs- und Eroberungsgeschichte, das immense Leid auf beiden Seiten, hinderte mich bisher daran, nach Israel zu reisen. Einige Male habe ich es abgelehnt, wie ein Tourist oder Geschichtsprofessor hinzureisen, der aus interessiert-luxuriöser Distanz das Land und seine Geschichte durchforstet und den das leidvolle Schicksal der Bewohner unberührt lassen soll.

So kam mir diese Anfrage, zu Fuß hinzugehen, entgegen. Ich möchte diese Strapaze auf mich nehmen als Zeichen dafür, dass ich vor den Menschen im Heiligen Land in ihrer äußerst schwierigen und verkeilten Situation Respekt zeigen will. (fm)

Es ist so weit!

In neun Monaten starten wir als Pilgergruppe zu Fuß von der Schweiz nach Jerusalem. Eine Vision beginnt sich zu verwirklichen. Die Vorbereitungen laufen bereits seit mehr als einem Jahr. Das Team musste sich finden und die Idee – spirituell, interreligiös und politisch unterwegs zu sein – langsam Gestalt annehmen. „Zu Fuß nach Jerusalem" ist eine Vision für die Zukunft. Das Projekt ist keine Privatsache, sondern will möglichst viele Menschen mit auf den Weg nehmen, um das Leben als Weg zur Mitte zu verstehen. Gemeinsam in der Schweiz und nach Jerusalem unterwegs sein soll ein Netzwerk von Freundschaften entstehen lassen. Seminare und Tagungen haben wir zusammengestellt, um eine Neuausrichtung auf Frieden und Dialog und eine spirituelle Erneuerung von der Mitte der Welt her zu ermöglichen. Ohne Bildung und ohne ein Anknüpfen an die Geschichte gibt es kein verantwortetes Gestalten der Zukunft. Die säkulare Welt wie auch die jüdische, christliche und muslimische Tradition sollen je miteinander ins Gespräch gebracht werden. So können Brücken geschlagen werden, um über Grabenkämpfe hinweg in Verschiedenheit und gemeinsam an der Zukunft zu bauen. Zum Pilgern gehören auch das Schweigen und Meditieren, das Beten und Feiern. So möchten wir mit „Zu Fuß nach Jerusalem" einen vielfältigen Raum der Begegnung und des gemeinsamen Lernens eröffnen. Die Friedenskonferenz an Weihnachten 2011 in Jerusalem soll ein Höhepunkt werden. (chr)

Gruß aus Jerusalem

Seit drei Tagen bin ich in Jerusalem, mitten in der Altstadt, im muslimischen Quartier. Jeden Morgen um 4 Uhr höre ich den Muezzin, dreh mich im Halbschlaf. Das Laubhüttenfest prägt die Stimmung. Juden gestalten ihre Festtage ganz unterschiedlich. Eine Vielfalt jüdischer Traditionen kommt zum Ausdruck. Auf der Via Dolorosa drängen sich christliche Pilger und sprechen verschiedenste Sprachen. Dann Touristen, die nicht einer bestimmten religiösen Tradition zuzuordnen sind. Ich habe den Eindruck, dass die Einwohner hier vieles über sich ergehen lassen müssen. Ob sie über all die Pilger und Touristen froh sind? Machen sie nicht die Altstadt zu einem Museum und zu einem großen Souvenirbazar? Doch wer in Jerusalem wohnt, wohnt nicht privat für sich. Hier ist Wohnen ein politisches und religiöses Statement. Werden uns die Bewohner in einem Jahr anders wahrnehmen, wenn wir zu Fuß nach sieben Monaten ankommen? Anders als jetzt, wo ich in einem guten halben Tag den Weg hinter mich gebracht habe?

In weniger als vier Stunden bin ich von Zürich nach Tel Aviv geflogen. Immer dachte ich daran, wie es sein wird, wenn wir im kommenden Jahr die Strecke zu Fuß zurücklegen. Vier Stunden oder sieben Monate für die gleiche Strecke! Nein, 2800 km Fluglinie und 4300 km Landweg zu Fuß. Irgendwie ist es ungerecht, denke ich. Wenigstens könnte für die Pilger die Strecke kürzer sein, wenn sie schon nicht so rasch wie ein Flugzeug vorankommen. 750 km/h, 800 km/h, 850 km/h ... noch nie habe ich so oft auf den Bildschirm mit den Fluginformationen geschaut. Im nächsten Jahr 25 km pro Tag, 30 km, wenn es hochkommt, geht mir durch den Kopf. Ja, irgendwie ist das Leben ungerecht. Der Flug lässt in mir den Respekt vor dem eigenen Mut wachsen. Verhalten ist die innere Freude.

Gestern war ich in Yad Vaschem, der Schoa-Gedenkstätte in Jerusalem, mit ausgezeichneter Führung durch Tamar. Ich kenne die Geschichte der Nationalsozialisten, ihren Wahn zur Ausrottung der Juden. Es trifft mich wieder neu. Unglaublich, wie das Böse die Fratze zeigen kann, wie Menschen sich entmenschlichen können! Ja, Jerusalem ist das einzige Ziel, für das ich sieben Monate Pilgern unter die Füße nehme. Für keinen andern Ort! Kein Ort wie Jerusalem repräsentiert Gott, der den Opfern der Geschichte nahe ist. (chr)

Die Bedeutung von Jerusalem

Viele Menschen pilgern heute auf dem Jakobsweg. Wir entscheiden uns für Jerusalem. An einem der ersten Vorbereitungstreffen fragt Christian: Was bedeutet Jerusalem für euch persönlich? Die Frage wirkt auf mich bedrängend. Ich müsste jetzt etwas Kluges sagen, ich habe doch Theologie studiert, flüstert ein Gedanke. Meine Stärke aber ist nicht, locker und fundiert auf solche Fragen zu antworten. Meine Gabe ist es, einer Frage Raum zu geben, offen zu sein, zu warten und ehrlich Antwort zu geben.

Das, was später aus meiner Tiefe zu dieser Frage aufsteigt, ist ein Ja. Ein Ja zu diesem großen, langen Weg zu

Fuß nach Jerusalem in unserer Vierergruppe. Es ist ein Ja als Antwort auf eine Form der Berufung. Ich fühle mich gerufen, mit Franz, Esther und Christian zusammen dieses große Abenteuer zu Fuß nach Jerusalem zu wagen. Das Persönlichste, das ich ganz am Anfang finden kann, ist ein Ja zum Pilgerweg nach Jerusalem.

Christians Frage wirkt auch in anderer Form nach. In den Monaten und Wochen vor dem eigentlichen Lospilgern bin ich wach dafür, in wie vielen biblischen Texten Jerusalem genannt, besungen und als Metapher verwendet wird. Das ist eine schöne Art der Vorbereitung. Im Tagzeitengebet und in der Eucharistiefeier, welche ich zu jener Zeit mit den Studierenden vom Salesianum in Freiburg/Fribourg bete und feiere, leuchtet Jerusalem immer wieder auf. Zur Gabenbereitung bei der Messe beginne ich, mein Ja auf den Altar zu legen. Ich sage im persönlichen Gebet zu Gott: Hier ist mein Ja, nach Jerusalem zu pilgern. Allein schaffe ich diesen Weg nicht. Ich bin auf deine Hilfe angewiesen.

Auf dem eigentlichen Weg dann, durch das Gespräch mit vielen Menschen unterwegs, hat Jerusalem weitere Bedeutungen bekommen. Ich habe viel vom Wissen von Christian und Franz profitiert und schließlich hat mich das Ankommen in Jerusalem in einer unerwarteten Weise getroffen. Der Eintritt in die Grabes- und Auferstehungskirche Jesu hat meine Seele zutiefst erschüttert.

Ein berührendes Beispiel zur Bedeutung von Jerusalem wurde uns aufgrund einer Begegnung in Südtirol geschenkt: (ha)

Ehrlich

Zur Mittagszeit erreichen wir heute Brixen, gehen zuerst zum Markt und dann zum Hauptplatz. Wir besichtigen den Dom und stellen fest, dass in ein paar Minuten die Eucharistiefeier zum Dreifaltigkeitssonntag beginnt. Gerne nehmen wir teil. Danach verweilen wir mit unse-

ren belegten Broten in der angenehmen Mittagssonne und trinken einen Kaffee. Als wir uns auf den Weg, den Weiterweg über Kloster Neustift Richtung Mühlbach, machen wollen, hält uns eine Frau mit einer ihrer selber gestickten Tischdecken auf. Sie möchte uns gerne eine verkaufen. Wir müssen ablehnen. Die Frau fragt uns, ob wir auf einen Berg gingen. Nein, nach Jerusalem, sagt jemand von uns. Ehrlich, fragt sie, sichtlich angetan. Ich, meint sie in recht gutem Deutsch, liebe diese Stadt. Wegen Jesus Christus. Woher kommen Sie, fragt jemand? Aus Kroatien. Wir werden durch Ihr Land laufen. Ehrlich, fragt sie wieder, und wirklich nach Jerusalem? Ehrlich? Ihre Anteilnahme, ihr Staunen sind echt. Wir fragen sie nach ihrem Namen. Eigentlich Helena, aber die ganze Familie nennt sie Maria. Wir werden für Sie beten, sagt jemand. Ehrlich? Und sagt bitte Jesus einen Gruß in Jerusalem, fügt sie mit Tränen hinzu. Das werden wir gerne tun. Wir verabschieden uns.

Ich bin von dieser kleinen Begegnung am Weg so berührt, dass ich auch Tränen in den Augen habe. Ich weiß ein wenig besser, weshalb ich nach Jerusalem laufe – für Menschen wie diese Frau und ganz bestimmt wegen Jesus Christus. Ehrlich! (ha)

Ist Jerusalem mein Ziel?

Helsinki, Barcelona, Prag – ich wäre überall hin mitgepilgert. Der Weg ist das Ziel, habe ich mir gesagt. Ich will Zeit für das Gebet und Gott, will in Bewegung sein und mich wagen. Jerusalem war mir nicht einzigartig wichtig. Ich hatte keinen besonderen Draht zu dieser Stadt. Ich bin noch nie dort gewesen. Es zog mich nicht hin. Nur einmal, während meiner Studienzeit, bot unser Dozent für das Alte Testament eine Reise ins Heilige Land an. Ich meldete mich an, aber leider wurde sie wegen der Unruhen damals nicht durchgeführt. So vergaß ich ganz einfach, dass ich schon einmal dorthin wollte, wo Jesus gelebt und gewirkt hatte.

Im Unterwegssein erfahre ich dann, wie wichtig das Ziel ist. Es ist nicht egal, wohin wir unterwegs sind. Jerusalem ist *die* Stadt der Städte. Dort geschah Zentrales. Dort zeigte sich Gott auf besondere Art und Weise. Dort werde ich ganz hineingenommen in die Geschichte des Volkes Gottes. Die Bedeutung der Stadt wächst für mich Schritt für Schritt: Im Fokussieren dieses einen Punktes der Landkarte, im Zugehen auf dieses Ziel, im sichtbaren Näherkommen. Wir erzählen den Menschen auf den Straßen, wohin wir gehen. Und allen, Juden, Christen wie Muslimen, ist sie bekannt, diese bedeutende Stadt. Wir gehen auf das Herzstück der monotheistischen Religionen zu.

Hie und da frage ich mich: Wo werde ich selber in Jerusalem am Ziel sein? Wenn wir die Stadt sehen? Auf dem Ölberg? Auf der Via Dolorosa? An der Klagemauer? Im Garten Getsemani? Am See Gennesaret? Es wird für mich – entgegen meiner Erwartung – die Grabes- und Auferstehungskirche sein. Dort angekommen, beim ersten Schritt über die Schwelle, öffnet sich mein Herz und alles bricht aus ihm in Tränen hervor. Dass diese Kirche für mich zum eigentlichen Ziel wurde, zeigte sich mir, weil wir für unsere Filmcrew das Hineingehen in die Kirche nachstellen mussten. Nun ja, das war irgendwie komisch, nach dem eigentlichen Ankommen und nach dem Gottesdienst nochmals so zu tun als ob. Aber es geschah dasselbe: Wieder kamen mir beim Übersteigen der Schwelle aus tiefstem Herzen die Tränen. Wir sind da – angekommen in Jerusalem! (er)

Wallfahren heißt für mich: pilgern zu einem geheiligten Ort

Jerusalem wird von den Juden als „heiliger Ort" betrachtet, denn König David hat die Bundeslade hierherbringen lassen (vgl. 2 Sam 6,12). Sie war Zeichen für die Gegenwart Gottes unter seinem Volk. Als Salomo den Tempel gebaut hatte, wurde die Bundeslade in das Allerheiligste des Tempels übertragen, der damit zu einem geheiligten Ort wird. Bei der Zerstörung des Tempels und der Bundeslade weicht allerdings die Gegenwart Gottes nicht mehr von diesem Ort, sagt der Talmud.

Die Erfahrung des Exils lehrt das Volk Israel, dass Gott überallhin mitzieht: Er zog mit ihnen aus Ägypten durch die Wüste ins Verheißene Land, dann weiter ins Exil und wieder nach Hause. Er ist nicht an einen Berg gebunden, er wohnt nicht in einem Haus, er ist nicht „eingesperrt" in einem Tempel, der auch zu klein ist – er ist immer bei seinem Volk, sei es in der Wolke oder in der Feuersäule (Ex 14,19–24), sei es unter dem Zelt: Alles sind Zeichen der mitgehenden Gegenwart Gottes. Der Gedanke, dass Gott mit seinem Volk überallhin mitzieht, ist sehr tröstend. Jesus selbst sagt nach dem Johannesevangelium, dass Gott überall „im Geist und in der Wahrheit angebetet" werden kann (Joh 4,21). Auch die Wallfahrt zu noch so heiligen Stätten macht den Pilger nicht automatisch heiliger, sondern nur ein tugendhaftes Leben – und das kann jeder zu Hause üben (so der Kirchenlehrer Hieronymus).

Warum gibt es dann aber geheiligte Orte, die nicht verrückbar sind, sondern fix und unbeweglich? Und warum ist gerade Jerusalem ein solch heiliger Ort? Für mich lautet die Antwort: Weil dort Jesus Christus gelebt hat, gestorben und auferstanden ist. So wie die Zeit seines Lebens nicht versetzbar ist, so sind auch die Orte, an denen er gelebt hat, nicht austauschbar. Diese Ereignisse haben hier „statt"-gefunden und nicht woanders, diese *zeitlich bestimmten Vorgänge lassen sich auch nicht anderswohin verschieben oder kopieren.*

Jerusalem ist ein von Gott „geheiligter" Ort, nicht naturhaft, animistisch heilig. Zugleich ist er ganz irdisch – nicht eine geistige, göttliche Wirklichkeit, er ist und bleibt eine irdische Wirklichkeit. Im Himmel wird es keine bestimmten „geheiligten" Orte mehr geben, denn alles ist geheiligt (Offb 21,22–23).

Christlich ist kein Ort unberührbar, kein Platz unantastbar. Alles ist antastbar, denn die ganze Schöpfung ist von Gott gemacht und von ihm gesegnet – ohne Ausnahme. Auch Jesus lässt sich berühren (vgl. Mk 5,30–34; 1 Joh 1,1). Er berührt blinde Augen (Joh 9,5); er nimmt an der Hand, er segnet Kinder. So können auch wir zu diesen sinnlich fassbaren Steinen und Stätten pilgern, das Leben Jesu betrachten und ihn um seinen Segen bitten.

Jerusalem ist für mich zugleich auch eine Metapher für einen großen Traum, für eine Vision, wie sie sich beim Propheten Jesaja (Jes 24,6–8) findet oder im letzten Buch des Neuen Testaments, wo vom „neuen Jerusalem" erzählt wird (Offb 21,2): die Vision von der Vollendung bei Gott, wo er mitten unter den Menschen wohnen wird (Offb 21,3), die Stadt, die erfüllt sein wird von der Herrlichkeit Gottes (Offb 21,11), wo es „keine Nacht mehr geben wird" (Offb 22,5) und keine Sonne, „denn die Herrlichkeit Gottes erleuchtet sie, und ihre Leuchte ist das Lamm" (Offb 21,23). Jerusalem steht als Bild für dieses Ziel meiner Sehnsucht nach Heilsein, nach Frieden und Gerechtigkeit. Die aktuelle Realität steht aber gerade im krassen Gegensatz dazu. Man kann daher dieses irdische Jerusalem nicht mit dem „himmlischen Jerusalem" der Vision verwechseln. Deshalb gefällt mir dieses Bild so gut. Wäre dieses irdische Jerusalem eine friedliche prosperierende, wohlhabende Stadt, könnte vielleicht jemand auf die Idee kommen, das wäre jetzt schon das „Paradies auf Erden". Und gerade das ist nicht der Fall. (fm)

Auf Menschen zu

Eine der Fragen am Eröffnungswochenende unserer Pilgerveranstaltungen im Lassalle-Haus war: Wie macht ihr es mit den Sprachen, wenn ihr durch so viele Länder lauft? Wie könnt ihr euch mit den verschiedenen Menschen verständigen? Ja, diese praktische Frage haben wir uns durch den Kopf gehen lassen. Für mich ist die Begegnung mit anderen Menschen ein großes Anliegen. Die erste Sprache sind wohl die Gesten mit Gesicht, Händen und Füßen. Ich erwarte nicht von selbst, dass die anderen immer meine Sprache verstehen oder gar sprechen. Mir sind die Achtung und der Respekt vor dem anderen wichtig. Ein Ausdruck dafür ist auch, dass ich versuche, die Sprache des anderen zu verstehen, zu erlernen und vielleicht darin auch zu kommunizieren. In aller Regel wird das sehr geschätzt und mit Freude wahrgenommen, das ist eine sehr schöne Erfahrung. Deshalb besuche ich seit einigen Wochen einen Sprachkurs für Arabisch. (fm)

Die Route und das GPS

In den Vorbesprechungen vereinbaren wir, dass ich für die Routenplanung zuständig bin. Es ist für mich schön, eine bestimmte Aufgabe für unser Vorhaben zugesprochen zu bekommen, die gleichzeitig mit der Freude verbunden ist, den anderen eine Arbeit abnehmen zu können.

Zunächst ist zu klären, welchen Weg wir nehmen wollen. Sollen wir in Süditalien mit der Fähre nach Griechenland übersetzen oder den Weg durch das ehemalige Jugoslawien wählen? Ich setze mich für die „Balkanroute" ein, weil ich finde, wir sollten besonders auch für diese Region um Frieden und Versöhnung beten, wo vor gut zwanzig Jahren noch blutiger und mörderischer Krieg herrschte.

So mache ich mich auf die Suche nach Wanderkarten für unseren vorgesehenen Weg. Es stellt sich heraus, dass es bis Slowenien und für ein paar Nationalparks in Kroatien Wanderkarten gibt, anschließend gibt es nur noch Straßenkarten, die einem Fußwallfahrer lediglich sehr bedingt hilfreich sind, denn wir wollen gerade die großen Verkehrsadern meiden und dem Schwerverkehr ausweichen.

So stelle ich um auf elektronische Routenplanung und erfahre, dass die nötigen detaillierten Karten für Serbien gerade in einer fortgeschrittenen Entstehungsphase, für die Türkei über eine grobe Autokarte nicht hinausgekommen sind. Für Syrien und Jordanien gibt es keine GPS-Karten zu kaufen. Ich schreibe nach Belgrad und Sofia, um diese Karten zu erwerben. Im Internet entdecke ich eine große Menge von Hilfsmitteln, insbesondere Velokarten, die für uns Fußgänger sehr nützlich sind.

Mehr als ein Jahr vor dem Start kaufe ich ein GPS-Navigationsgerät, damit ich während des Sommers in den Ferien den Umgang damit üben kann. Bald habe ich den Verdacht, dass irgendetwas an dem Gerät nicht funktioniert, allerdings gibt es den Geist erst im Herbst auf. Ich bekomme ein neues Ersatzgerät, das jedoch nicht einmal den ersten Probelauf übersteht. So erhalte ich ein drittes Gerät, mit dem ich einen neuen Testlauf mache. Mit unsicherem Gefühl im Bauch breche ich schließlich nach Jerusalem auf, denn nach zwei fehlerhaften Geräten kann ich nur wünschen, dass dieses jetzt funktionieren wird, hoffentlich bis zum Ende der Wallfahrt – sehr wahrscheinlich scheint das nicht!

Das Ziel der Planung ist, für die gesamte Route einen möglichst kurzen und gangbaren Weg zu finden. Diesen muss ich in Tagesetappen zu 25 bis 30 km unterteilen. Zugleich versuche ich, Wege zu entdecken, auf denen möglichst wenig Autoverkehr ist, die in überschaubaren Abständen durch Siedlungen führen, damit wir uns mit Trinken und Essen versorgen können. Am Ende jeden Tages sollten wir in einen Ort kommen, wo wir eine Unterkunft erfragen können.

Überschlagsmäßig wird der Weg etwa 4300 km lang werden. Das sind vielleicht 170 Tagesetappen. Diese durchzurechnen, jede Abzweigung und Kreuzung, alle Wegverhältnisse und Steigungen zu erkunden ist meine Aufgabe. Dazu kommt, dass auch die GPS-Karten fehlerhaft sind, manchmal unvollständig und nicht auf dem aktuellsten Stand. Google-Earth hilft oft, aber auch da sind manche Satellitenbilder unscharf, man sieht nicht, ob eine Brücke über ein Bächlein oder einen Kanal führt. Oder unser Weg liegt auf dem Bild gerade im dunklen Schatten eines Berges oder im Wald und nichts ist zu erkennen.

Wenn ich ausfalle, was wird sein? Niemand anderer weiß mit dem Gerät und den Routen umzugehen. Vom Ehepaar Zecher, das zwei Jahre vorher von Deutschland nach Jerusalem gelaufen ist, habe ich GPS-Tracks und die Liste der Unterkünfte bekommen. Erst in Bulgarien trifft unsere Route auf die ihre. Ab da hilft mir ihre Information sehr viel. Dafür bin ich dankbar. Zugleich bemerke ich, dass ihre Karte eine Generation älter war und noch ein Stück ungenauer als meine.

Schließlich sind wir mit diesem GPS-Gerät die gesamte Strecke ohne Probleme gelaufen. Es hat immer funktioniert! Jeden Tag konnte ich die Strecke vom Gerät auf den Computer laden und anschließend in unseren Blog stellen. (fm)

Wenigstens einmal

Wenigstens einmal miteinander unterwegs sein, für zwei Tage wandern, zusammen feiern, Schritt halten, das GPS ausprobieren, Karten lesen, Material testen, sein, essen, spielen – das wollen wir, bevor wir dann sieben Monate fast 24 Stunden zusammen verbringen.

Wir freuten uns auf ein, zwei schöne Herbstwanderungen, bei denen sich die Sonne in den farbigen Blättern zeigt, blauer Himmel sich über uns wölbt, weiße Bergspitzen uns zublinzeln und vor allem die letzte Wärme aufgetankt werden kann. Aber es kommt ganz anders. Es regnete und es war kalt, der Nebel hing tief und wir genossen die Wärme um einen Kachelofen. Aber nichtsdestotrotz, ein bisschen an die frische Luft wollten wir.

Der Weg von Muotatal Richtung Bisisthal lockte uns und siehe da, entlang der Muota freuten uns das klare Wasser, die markanten Felsen, wir kamen an Bildstöckli vorbei und trafen auf eine Busstation namens Herrgott …
(er)

Zwischen Abschied und Aufbruch

Seit ein paar Tagen ist das Gefühl deutlich gewachsen: Jetzt dauert es nicht mehr lange bis zum Start am 2. Juni. Bei mir bewegt sich vieles zwischen Abschied und Aufbruch. Ich werde meinen Arbeits- und Wohnort nach elf Jahren definitiv verlassen. Ein Freund fragt: Hast du noch keine Angst vor dem eigenen Mut? Eigentümlich wirken solche Fragen. Sie wecken die Angst. Andererseits bin ich mir nicht bewusst, dass die Unternehmung Mut verlangt. Das sind Worte, Wahrnehmungen von außen. Für mich hat das Projekt, der Aufbruch, das Weggehen eine Selbstverständlichkeit.

Eine Freundin kommt zu Besuch. Es ist ihr ein Anliegen, vorbeizukommen. Als wir uns verabschieden, fragt sie, ob sie mir ein Kreuzzeichen auf die Stirn machen dürfe. Ich nehme ihren Segen und ihre Wünsche gerne an.

Ich selber sehe mich Dinge tun, die ich vorher noch nie gemacht habe. Angeregt durch die Begegnung mit anderen Jerusalempilgern, beginne ich, ein Testament auf-

zusetzen. Dem lasse ich gleich einige Wünsche und Anliegen für meine Beerdigung folgen. Und ich entschließe mich, die Tagebücher, die für mich und meinen Weg eine wichtige Rolle gespielt haben, nicht in Kisten zu packen und einzulagern, sondern sie dem Papierwolf zu übergeben. (ha)

Gedankenarbeit – eine Form des Trainings

Gedanken, die sich heute auf dem Weg zwischen Freiburg/Fribourg und Schwarzenburg ohne zu fragen und ungehindert breitmachten, lauteten ungefähr so: Was, wenn sich weiterhin, wie in den vergangenen Wochen regelmäßig, aufgrund eines gehabten Fußpilzes Blasen an der großen Zehe bilden? Was, wenn dieses Pochen am Knie nicht verschwindet? Was, wenn ich einen „Wolf" einmarschiere? Was, wenn ich die Hitze einfach nicht ertrage? Und was, wenn ... Ein ganz mulmiges Gefühl folgte dieser Gedankenkette. Es wollte sich ungehindert und maßlos breitmachen. Halt!, rief ich innerlich. So geht das nicht! Meine Mutter fiel mir ein, die einst quengelnde Kinder mit Leichtigkeit ablenken, auf andere Gedanken und Fährten leiten konnte. So sah ich plötzlich: das Violett der Storchenschnäbel am Wegrand. Welche Farbe! Das fast aufdringliche Gelb der blühenden Rapsfelder. Etwas dominant, aber unglaublich! Kühe, die sich im verblühten Löwenzahn wiederkäuend räkelten. Unverschämt, ich möchte auch einen Mittagsschlaf. Eine Glyzinie, die begonnen hatte, in die nahe Tanne einzuwachsen. Faszinierend, diese Eroberungsfreude. Etc. Und flugs wich das Düstere einer fröhlichen Leichtigkeit. Die Blase an der großen Zehe blieb heute aus. (ha)

Was nehme ich mit?

Wir gehen nach Jerusalem. Wir gehen zu Fuß. Was nehme ich nur mit? Was brauchen wir? Was lohnt sich zu tragen? Welches Material ist das beste? Wie kann ich Gewicht reduzieren und was muss auf alle Fälle mit? Was essen wir? Wo schlafen wir? Schon bei einem ersten Treffen wird klar, dass wir immer in vier Wänden und unter einem Dach schlafen. Dies ist Hildegards Wunsch und im Nachhinein bin ich über ihre Klarheit sehr dankbar. Nicht weil ich Angst habe vor Überfällen oder dem Wetter, aber die Hunde, die überall streunen, hätten uns wohl so manche Stunde Schlaf geraubt. Somit ist auch klar: Wir brauchen kein Zelt, keinen Kocher und müssen nicht so viel Wasser tragen. Denn wer zeltet, braucht viel Wasser, weil sich Pilger am Abend zuerst waschen müssen, wollen sie nicht die ganze Nacht frieren, und sie müssen etwas Warmes essen, um die Batterien wieder aufzuladen. Nun denn, diese Entscheidung trägt dazu bei, dass unsere Rucksäcke leichter werden. Aber welchen Rucksack trage ich? Mein alter wird es wohl nicht sein? Soll er möglichst leicht sein, dafür schneller kaputt gehen? Oder entscheide ich mich für einen stabileren, der mehr Gewicht hat? Spielt die Farbe eine Rolle? Ist es besser, wenn er auffällig am Straßenrand leuchtet, oder tun wir uns einen Dienst, wenn er dezent daherkommt? Wie viel Liter Packmaß ist angemessen? Ich lasse mich im Sportgeschäft beraten. Dabei erinnere ich mich, dass andere Pilger uns den Rat gaben, einen nicht zu kleinen Rucksack zu kaufen, damit das Ein- und Auspacken nicht jedes Mal zum Tetrixspiel wird. Ich entscheide mich nach vielem Ausprobieren für einen schwarzen Rucksack. Das erste Ding ist gekauft. Jetzt geht es weiter mit Schlafsack, Isomatte, Kleidern und mit den Schuhen. An den Schuhen, scheint mir, hängt das halbe Glück, und viele Fragen drängen sich drum herum auf. Letztendlich entscheide ich mich als Einzige, mich mit Turnschuhen auf den Weg zu machen.

Doch immer wieder bin ich hin und her gerissen, bin an einem Tag ganz sicher, es ist richtig für mich, und bald drauf wieder in Zweifel. Das Argument, dass wir meistens auf Teer laufen werden und es darum wichtig ist, dass der Schuh gut abgefedert ist, hat mich überzeugt.

Packen bedeutet, alles, was wir mitnehmen, auf Herz und Nieren zu prüfen. Wir holen Rat ein, probieren aus, setzen auf Erfahrungen von andern, testen selber aus und geben einander unsere Tipps und Neuigkeiten weiter. Wir lernen die verschiedensten Sport- und Outdoorgeschäfte und ihr Verkaufspersonal kennen, und sie kennen uns mit der Zeit auch. Es ist ein langwieriges, aber freudiges Prozedere, bis wir alle die richtig passenden Dinge haben, die uns auf unserem Weg ihre guten Dienste erweisen.

Trotz des vielen Abwägens wird es nach ein paar Wochen Pilgern so sein, dass wir Sachen heimschicken, weil wir sie doch nicht brauchen, sie zu schwer oder doch unnütz sind.

Das Schönste aber ist, dass wir in unseren Kleidern so wohl und gut angezogen sind, dass uns nichts fehlt, was praktischer und bequemer wäre, besser passen würde, Wärme geben oder uns vor Kälte und Nässe perfekter schützen könnte. (er)

Reduktion auf einen roten Teppich

Schon längst sind wir dabei, uns auf das Wesentliche zu konzentrieren. Am einfachsten drückt sich das anhand der Packliste aus. Darauf steht:

Wanderschuhe, Sandalen, Wanderstöcke, 2 Paar Socken, 2 Hosen, 2 Wanderhemden, 1 Shirt, 2x Unterwäsche, Schlafanzug, Fleece, Jacke, Regenschutz, Regenhose, Hut, Halstuch, Handtuch, Waschlappen, Rucksack und Regenhülle, Schlafsack, Isomatte, Seidenschlafsack, Wasserflasche, Sackmesser, Sonnenbrille, Ersatzbrille, Bauchtasche, Pass, Visum, Pilgerausweis, Ausweis Kran-

kenkasse, Schreibzeug, Tagebuch, Adressen, persönliche Medikamente, Nessessär, Taschentücher, Portemonnaie, Kreditkarte, Leuchtstreifen, Stirnlampe, WC-Papier, Sitzunterlage, Löffel.
Was wir unter uns aufgeteilt haben: Apotheke für alle, Ohropax, Nähzeug, Wäscheleine, Schnur, Waschpulver, kleine Spiele, Becher, CD Schott, kleine Bibel, CD Direktorium, Tropfen für sauberes Wasser, Kartenmaterial, GPS und Zubehör, Fotoapparat und Zubehör, Natel (Handy) und Zubehör, Adapter und Mehrfachstecker, UBS-Stick, Armbanduhr, Feuerzeug, kleiner Putzlappen, leichte Stofftragtasche, Homöopathieset, Fußsalben. (ha)

Ein Tischgespräch

Pilger A: Heute Nachmittag habe ich meinen Rucksack gepackt und auf die Waage gestellt: 11,6 kg!
Pilger B: Das ist viel. Noch ohne Wasser und Proviant.
Pilger A: Ja, dann habe ich mal die Kleider rausgenommen, die ich sowieso anziehe, die Wanderstöcke abmontiert und einige Dinge eingescannt, die ich nicht unbedingt in Papierform mitnehmen muss.
Pilger B: Und dann?
Pilger A: Weißt du, was die ganze Apotheke wiegt? 780 g! Und dann noch die ganzen Blasenpflaster, die extra dazukommen, die sind nochmals 149 g. Fast ein Kilo.
Pilger B: Ich überleg mir wirklich, ob ich nicht mein Notebook mitnehme. Es hat 1,458 kg.
Pilger A: Mit Akku und Stromkabel?
Pilger B: Ja, alles inklusive. Das hätte den schönen Vorteil, dass ich mein GPS anschließen und damit arbeiten könnte.
Gast: Voll krass, eure Gespräche. Wenn die jemand mithören würde ... Übrigens, hast du diese Speckblätterteigschnecken so gekauft?

Pilger A: Nein, einen Teig ausgerollt, Frühstücksspeck draufgelegt, wieder eingerollt, in Scheiben geschnitten und gebacken.
Gast: O. k. Schmecken gut. Und wie schwer ist eine Scheibe ...? (ha)

Trainieren

In den letzten Tagen bin ich zweimal nach meinem Training für das Pilgern nach Jerusalem gefragt worden. Als die Frage erstmals kam, zuckte ich innerlich leicht zusammen und konnte einen aufkommenden Stress gerade noch rechtzeitig abfangen. Beim zweiten Mal konnte ich unumwunden antworten: Nein, ich trainiere nicht besonders darauf hin. Ich lebe wie vorher, gehe hie und da joggen und im Winter langlaufen. Ansonsten – trainieren würde heißen, dasselbe tun, also mit 10 kg auf dem Rücken durch die Landschaft wandern. Dazu komme ich nicht. Mein Wunsch, vor dem Pilgern 5 kg an Körpergewicht zu verlieren, habe ich als für mich unrealistisch ad acta gelegt.

Gute Voraussetzungen für unser Unternehmen gibt es aber dennoch, füge ich jeweils an: mentale Stärke mit einem Durchhaltewillen, der Schwierigem und Schwerem nicht ausweicht, sondern darin Möglichkeiten fürs Weitergehen sucht. Gesunder Menschenverstand, der nicht leistungsbetont ausgerichtet ist. Der Glaube, dass das Vorhaben in Gottes Hand liegt, sodass die nötige Kraft und die Bereitschaft, mit Unsicherem und Ungewissem umzugehen, auch von einer Quelle gespeist wird, die außerhalb des uns Machbaren liegt. (ha)

Zweites Kapitel:
Abschied

Endlich

Die Klarheit über Gruppe und Zeitpunkt des Pilgerns legt die nächsten Schritte der Vorbereitung nahe. Seit elf Jahren leite ich das Studierendenhaus Salesianum in Freiburg/Fribourg, habe da unter rund 100 Studierenden gelebt und gewirkt. Eine große und erfüllende Aufgabe. Als Allein-Stehende bezeichne ich diese Jahre als „Mutterjahre". Ich war da. Die Studierenden wussten, dass sie jederzeit an meine Tür klopfen durften. Ich schätzte die Kontakte zu vielen jungen Menschen aus allen Landesteilen der Schweiz und zuweilen aus bis zu 21 anderen Nationen – eine Art Swissminiatur war das Umfeld dieses Lebensabschnitts.

Ich kündige meine Arbeitsstelle und entscheide mich, die Wohnung aufzulösen, Hab und Gut einzulagern. Was danach sein wird, ist noch unklar. Ich weiß aber um die privilegierte Situation als kirchliche Mitarbeiterin. Ich kann ohne Bedenken davon ausgehen, wieder eine gute Stelle zu finden. Der Abschied von allen Hausbewohnenden im Salesianum, vom Personal und von der Stadt Freiburg/Fribourg ist sehr bewegend und erfüllend. Im Gottesdienst erhielten Franz und ich einen Pilgerstab, auf welchen die Anfangsworte des Gebets von Franz von Sales eingeschnitzt sind: „Wenn dein Herz wandert oder leidet, bring es behutsam an seinen Platz zurück und versetze es sanft in die Gegenwart deines Gottes. Und selbst wenn du nichts getan hast in deinem ganzen Leben außer dein Herz zurückzubringen und wieder in die Gegenwart unseres Gottes zu versetzen, obwohl es jedes Mal wieder fortlief, nachdem du es zurückgebracht hattest, dann hast du dein Leben wohl erfüllt."

Ich kann leichten Herzens weiterziehen. Die Studierenden stehen Spalier und begleiten mich zum Bahnhof. Tränen? Nein. Ich bin froh, dass endlich beginnt, woraufhin ich lange Zeit hingelebt habe. Ich bin dankbar, dass ich die Freiheit habe, mich aus allem herauszunehmen und einen großen und unbekannten Weg zu beschreiten. (ha)

Zeichen der Anteilnahme

Karten mit Segenswünschen und E-Mails zum Adieu-Sagen, eine leichte Feder und ein kleiner Kristall, ein Schutzengel aus Olivenholz und ein Teddybär als Maskottchen, Fußsalbe und Blasenpflaster, eine CD mit Texten zum Durchhalten und Pilgertabletten, ein Kompass und ein Taschenmesser, ein Kerzchen und ein starker Spiritus ... unzählig und vielfältig, witzig und nützlich, hilfreich und tröstend sind die Zeichen des Abschieds, die in diesen Tagen des Aufbrechens zu mir gelangen. Mein Herz ist berührt von der Anteilnahme. Hin und wieder staune ich, welche Ideen sich Menschen von einem solchen Pilgerweg nach Jerusalem machen. Wie realistisch sind sie? Wie realistisch sind meine Gedanken? Die einen würden gerne mitwandern, sagen sie. Die anderen sind froh, dass sie zu Hause bleiben können. Vielleicht gehen wir für beide Gruppen von Menschen stellvertretend. (chr)

Tränen

Tränen des Abschieds gibt es bei meiner sechsjährigen Nichte Manon. Als sich alle meine Geschwister und deren Familien zum Abschied für mich treffen, beginnt die Kleine herzzerreißend zu weinen. Und sie hört gar nicht mehr damit auf. Als ich sie in die Arme nehme und nach dem Grund der Traurigkeit frage, schluchzt sie: „Ich verstehe einfach nicht, warum du so lange und so weit weg gehst." Später nimmt sie ihre Kette, die Lieblingskette mit einem großen silbernen Herzen, vom Hals und hängt sie mir um. Dieses Zeichen von Manon und ihr Schluchzen berühren mich sehr. Ich trage ihre Kette in meinem Rucksack mit. An Weihnachten, so ich den Weg schaffe, werde ich diese in Bethlehem zur Krippe des Jesuskindes legen. (ha)

Loslassen

Mittwochmorgen, der 1. Juni 2011. Jetzt ist es so weit! Heute verlasse ich mein Haus und meine Arbeit. Ich stehe mit einem mulmigen Gefühl im Bauch auf. Das Erste, was mir ins Auge fällt, ist der gepackte Rucksack im Gang, die imprägnierten Schuhe, die Kleider, die mich jetzt viele Tage anziehen. Meine Schränke sind leer, das Badezimmer ist geputzt, den Blumen habe ich Wasser gegeben, schnell noch den Balkon schön gemacht und mit dem Staublappen überall drübergefahren. Alles ist bereit für die Untermieterin, die sieben Monate lang meine vier Wände bewohnt.

Bald kommen zwei Journalistinnen der beiden Ortszeitungen. Sie wollen ein Bild der Abreise, versprechen hie und da etwas zu schreiben. Ich stelle mich in Pose, binde die Schuhe und winke in die Kamera. Ein letzter Umtrunk im Haus mit meinen Arbeitskollegen ist organisiert. Uff, meine Beine sind ganz weich, denn das Abschiedsgeschenk meines Teams berührt mich sehr. Sie schenken mir ein Assisikreuz und das Versprechen: Wir werden jeden Tag für dich beten. Viele haben mir etwas zugesteckt: einen Schutzengel, einen Glückskäfer, einen besonderen Bonbon, einen Segen, ein Medaillon, ein Einrappenstück, ein Heiligenbildchen, ein Stück vom eigenen Glück, ein Foto und vieles mehr. Ganz zum Schluss bekomme ich noch ein wirklich leichtes Mitbringsel: eine Zeichnung direkt aufs Bein mit einem Segensspruch. Und dann ist es wirklich Zeit zu gehen. Es steigen Tränen der Angst und der Freude in mir hoch – ich gehe. Weiß noch nicht, dass sich am nächsten Tag beim Abschiedsgottesdienst im Lassalle-Haus die Tränen wieder Raum suchen und ich sie nicht werde zurückhalten können. Ja, es ist ein Abschiednehmen in Etappen, zuerst bei der Arbeit, zu Hause, dann in der Familie, von Freunden und Freundinnen und zwei Tage später noch von meinem Partner. Mein Herz ist wund und frei. Ich bin bereit. Die Tränen befeuchten den Acker der Sehnsucht und des Vertrauens. (er)

Wallfahren heißt für mich: Heimat zurücklassen

Dem vielverkauften Buch über seine Wallfahrt gab Hape Kerkeling den Titel „Ich bin dann mal weg". Weg-Sein ist ein Stichwort, Fortgehen die Voraussetzung dazu. Wallfahren heißt zunächst fortgehen, die Familie für diese Zeit zurücklassen, die meisten Bekannten nicht mehr sehen, kaum einen Kontakt mit ihnen haben. In dieser Zeit verlasse ich die Arbeit. Die Freuden und Sorgen des Arbeitsplatzes und der Bekannten nehme ich ins Gebet mit, aber ich kann dort nicht mehr intervenieren. Ich ziehe in die Fremde und werde selber ein Fremder – für alle Menschen auf dem Weg. Ich bin (fast) überall Ausländer. Wie werde ich als Ausländer, als Fremder wahrgenommen, behandelt und – hoffentlich – aufgenommen – oder abgewiesen? Aber auch mir sind die Leute unterwegs unbekannt. Wie gehe ich auf sie zu?

Ich bin dankbar, dass wir als kleine Gruppe unterwegs sind. Zugleich bin ich lange Strecken allein. Ich setze mich der Heimatlosigkeit aus. Meist weiß ich nicht, wo ich am Abend schlafen werde. Es braucht Kraft, die-

ses Ausgesetzt-Sein auszuhalten. Jeden Tag bin ich auf die Hilfe von mir völlig fremden Menschen angewiesen. Es kostet mich Überwindung, ihre Hilfe anzunehmen, weil vieles nicht mit Geld zu begleichen ist. Zugleich kommen mir immer wieder Gedanken an zu Hause, die mich beschäftigen. Wie es da wohl geht, besonders meiner Mutter, die alt und schon gebrechlich ist? Wie läuft es in der Umgebung meiner Arbeitsstelle, wo andere dankenswerterweise viele meiner Verpflichtungen übernommen haben? Nur sporadisch bekomme ich darauf eine Antwort. Heimat zurücklassen – Wallfahren tut auch weh. Es ist ein echter Abschied, mindestens auf Zeit. (fm)

Verbundenheit

Eine besonders schöne Geschichte der Verbundenheit erlebe ich mit meinem Bruder Christoph. Als wir Geschwister uns vor dem Lospilgern zum traditionellen Geschwistertreffen versammeln und auch ein Stück Weg miteinander gehen, trägt er einen Hut, den er in allen Tönen lobt. Er gibt ihn in der Runde herum und bittet Franz, der diesen Tag mit uns verbringt, ihn mal aufzusetzen. Der Hut passt Franz wie angegossen. Christoph fragt Franz, ob er den Hut als Geschenk annehmen würde, damit so etwas von ihm mit auf den Weg nach Jerusalem gehen könne. Franz nimmt das Geschenk gerne an. Ein guter Hut ist ein sehr wichtiges Detail für jeden Pilger. Gut behutet, ist man nämlich auch gut behütet. Nach dem Geschwistertreffen meldet sich bei mir eine kleine Eifersucht. Ich möchte auch einen Hut von meinem Bruder bekommen. Als ich ihm diesen Wunsch mitteile, entscheidet er sich, allen vier Pilgern einen Hut zu schenken.

Wenige Tage vor dem endgültigen Abschied treffe ich Christoph nochmals. Er erwähnt beiläufig, dass er mit mir einen Code vereinbaren wolle für den Fall, dass ich in eine Notsituation gerate. Ich könnte ihm dann das

Codewort schicken und er würde sich dafür einsetzen, mich zu retten. Ich denke zunächst, dass er einen Witz macht. Aber nein. Er meint es ernst. Unser Codewort heißt: Vergissmeinnicht. Ich bin sehr berührt von dieser Zuwendung, von diesem konkreten Zeichen der Verbundenheit. Tatsächlich schaltet sich Christoph über SMS und Mail intensiv ein, als es ein paar Monate später darum geht, ob wir durch Syrien weiterpilgern sollen oder nicht. Er versorgt uns mit Artikeln aus der NZZ, nimmt Kontakt mit Nahostkorrespondenten auf, um ihre Meinung zu hören, er drückt seine Sorge aus und zeigt mir durch alles hindurch, wie sehr er mich liebt.

Verbundenheit erleben wir mit unzähligen Menschen weit über Familie und Freundeskreis hinaus. Wir spüren, dass wir mit unserem Weg etwas wagen und tun, das viele motiviert, auf ihre Weise mitzugehen. Einige drücken das durch ihre spürbare Präsenz über den Blog aus. Andere nehmen sich ein eigenes Projekt vor für die Zeit unseres Pilgerns. Wieder andere stoßen zufällig auf unsere Geschichte und nehmen über den Blog Kontakt auf.

Meine Schwester Barbara hat ihre Verbundenheit in einem berührenden Text für viele andere auf den Punkt gebracht. (ha)

Ich gehe auch nach Jerusalem
Nicht richtig, nicht wirklich
Und trotzdem gehe ich mit
Lebe ich mit

Ich werde weinen, wenn ihr geht
Ich werde bei euch sein im Gebet
An euch denken jeden Tag
Ich werde mich fragen, wie es euch geht

... Euer Weg spannt ein Friedensnetz in der Welt
Alle, die an euch denken, verstärken das Netz
Geben Kraft und vertrauen darauf
Euer Weg macht Sinn im Zeitenlauf

Das Ziel, jetzt noch weit weg,
Ist heute nicht wichtig
Wichtig ist der Weg

... Ich werde weinen, wenn ihr wiederkommt
Vor Freude über das Wiedersehen
Mein Herz wird überlaufen
Das weiß ich jetzt schon

Ich gehe auch nach Jerusalem
Nicht richtig, nicht wirklich
Und doch gehe ich mit
Lebe ich mit

Barbara Jäger-Aepli

Familienbande

Sie spielen und ziehen, sie engen ein und geben Halt, die Familienbande. Sie sind ein Geflecht, das mich durch mein Leben trägt. Ja, das sind sie wirklich. Während des Pilgerns ist mir das immer wieder bewusst geworden, ich bin Tochter und Schwester und Erstgeborene. Immer war ich mehr oder weniger konform, tat, was man tut als Älteste. Jetzt aber breche ich aus, gehe weg, tue etwas Eigenes – und ich werde gelassen, mit Segen und Liebe. Die Familie Rüthemann ist sich vertraut, wir wissen voneinander, treffen uns regelmäßig und sind gesprächig. Aber noch nie habe ich mit meiner Familie so nahe, ehrliche, berührende Mails ausgetauscht wie während der Pilgerschaft. Wir nehmen uns wirklich Zeit, einander vom jeweiligen Leben zu erzählen, werfen Fragen auf, lassen Anteil nehmen, reden von früher und brauchen Rat. Immer erleben wir das sichere Aufscheinen der Liebe zwischen uns. So erinnere ich mich zum Beispiel ganz genau an den Ort, wo wir gerade waren, an die Menschen, die am gleichen Tisch saßen, an das Getränk vor mir, als eine so wunderbar berührende Mail meiner Schwester ankam.

Eine besonders große Überraschung erlebe ich in Istanbul. Auf meinem Nateldisplay erscheint die Nachricht meines Bruders: Was machst du heute Abend? Ich antworte, erzähle dies und das. Plötzlich lese ich mit großen Augen: Lust auf ein Glas Wein? Ich bin in zwei Stunden bei dir! Was?! Kilian besucht mich mitten auf dem Weg nach Jerusalem. Und mitten auf dem Weg werde ich hineingenommen in die tragenden Familienbande. Wie schön, für ein paar Stunden einfach Schwester zu sein, an gemeinsame Jahre anzuknüpfen, zu erkennen, wir sind beide „groß" geworden, stehen auf demselben Boden, mit derselben Erziehung. Wir können kritisch zurückschauen, brauchen keine Angst zu haben vor Verlust, sehen, wie wir trotz der Unterschiedlichkeit in unseren Berufen mit Ähnlichem herausgefordert sind.

Für meine Eltern gehört mehrmals täglich der Klick auf den Blog zum Alltag. Sie leiden mit, freuen sich, beten intensiv für uns, interessieren sich, nehmen Anteil und ich weiß jetzt schon, sie werden es vermissen, dass sie später nicht mehr so viel von meinem Leben mitbekommen wie beim Unterwegs-Sein. Aber sie wissen vielleicht mehr denn je, wer ich bin, was für eine Tochter sie haben – wunderbar! (er)

Das Pilgerstübli Eschenbach

Wir haben von sehr vielen Freunden in der Schweiz vor dem Start Abschied genommen. Viele begleiten uns weiter im Gebet. Die Zisterzienserinnen des Klosters Eschenbach (Kanton Luzern) haben die Anschlagtafel vor ihrer Kapelle neu gestaltet. Sr. Ruth, eine gute Freundin von Hildegard, hängt dort jeden Morgen vor dem ersten Gebet die Blog-Beiträge der Pilger aus, sodass alle Interessierten sie lesen können. Jeden Morgen gedenken sie unser im Gebet. Sr. Ruth selber schreibt hin und wieder einen Kommentar, öfter meldet sich Sr. Christa zu Wort. Sr. Paula lässt uns ausrichten, dass sie uns jeden Morgen im Gebet segnet. Durch unseren Blog erleben wir, wie sehr viele Menschen unseren Weg verfolgen, manche nur durch häufiges oder gar tägliches Lesen, andere steuern regelmäßig einen Kommentar bei, spinnen unsere Gedanken im Blog weiter. Wir spüren, dass das Gebet vieler Menschen uns begleitet, insbesondere in der angespannten Situation Syriens wird es für uns stärkendes Fundament.

Meine Mutter sagte mir, sie könne nicht mehr mitgehen – sie ist beinahe bettlägerig. Aber beten wird sie jeden Tag für uns. (fm)

Die erste Etappe durch die Schweiz

Umgeben von Lieben, von den Freundinnen und Freunden, der Familie, von Bekannten und Unbekannten feiern wir am 2. Juni 2011 den Aussendungsgottesdienst im Lassalle-Haus. Ich bin gerührt. Viele Tränen fließen. Ich kann es gar nicht richtig einordnen. Es fließt und fließt und fließt. Tief in meinem Innern nimmt die Größe, das Unwirkliche, das Unbegreifliche Raum ein. Die Liebe und Stärke, der große Glaube an uns und all der Segen, der über uns ausgerufen wird, sind im ganzen Kirchenraum spürbar. So gestärkt, gehen wir los in den ersten Tag hinein, begleitet von über 200 Menschen, die mit uns die erste Etappe bis Einsiedeln pilgern.

Und dann nochmals Abschied. Vor der Klosterkirche in Einsiedeln kommen die Vielen, die uns an diesem Tag hierherbegleitet haben, nehmen uns in die Arme, wünschen uns das Beste und stecken nochmals Glücksbringer zu. Der ganz persönliche Segen meiner Freundin, die nicht mitlaufen konnte, aber eigens nach Einsiedeln reiste, berührt mich und begleitet mich jeden Tag.

Dreißig Frauen und Männer begleiten uns weitere zehn Tage lang quer durch die Schweiz. Sie geben uns Geleit bis zur Schweizer Grenze in Müstair. Wir gehen auf schönsten Wegen, durch heimatliche Gegenden am Zürichsee entlang, später durch das Sarganserland. Wir genießen den Sonnenschein entlang dem Walensee und dem Rhein, durchschreiten die Weinberge der Bündner Herrschaft, folgen der Landquart bis Klosters, besteigen den Zug durch den Vereinatunnel und kommen gut in S-charl an. Am zweitletzten Tag des Pilgerns mit der Gruppe überschreiten wir den höchsten Punkt der ganzen Wallfahrt, den Pass da Costainas mit 2251 m. Wir testen dabei im strömenden Regen unser Material. Auf der ganzen Strecke durch die Schweiz rasten wir an wunderbaren Plätzen. Wir werden verwöhnt, weil Hans und Rosmarie die Streckenführung und die Unterkünfte bis ins kleinste Detail vorbereitet haben und weil Reto und Hanspeter immer zur rechten Zeit am rechten Ort für uns ein Feuer bereit haben. Die Würste sind eingeschnitten, die Schokoladebananen vorbereitet, die Früchte schön drapiert auf einem Brett und die Creme ist angerührt. Am Abend finden wir in der Unterkunft ein Bett vor und gutes Essen. Wir kommen sowohl im Hotel als auch in der Zivilschutzanlage unter, genießen das Mehrbett- genauso wie das Zweierzimmer.

Immer wieder hören wir unsere Mitpilger zur Frage, wohin geht ihr, sagen: Wir sind unterwegs nach Jerusalem! Die dreißig uns Begleitenden machen sich unser Projekt zu eigen. Sie nehmen so sehr Anteil, dass wir wissen – wir werden nie alleine sein auf unserm ganzen weiteren Weg.

Obwohl niemand von uns vieren verheiratet ist, erleben wir in diesen ersten Tagen, was Honeymoon heißen kann. Wir schweben wie auf einer Wolke, so viel Zuwendung und Liebe kommen uns entgegen. Wir fühlen uns getragen und behütet. Ich bin richtig verliebt in die, die es so gut mit uns meinen.

Es ist für uns eine enorme Erleichterung, die erste Pilgeretappe unter fachmännischer Anleitung zu beginnen und den drei Pilgeranfangssünden – zu schnell, zu weit, zu viel – nicht zu erliegen. (er)

Buddhistisch-christliche Begegnung

Bei der Eröffnung des Pilgerprojekts vor sieben Monaten und auch bei den folgenden Veranstaltungen waren Vertreter des Judentums und des Islams mit dabei. Christsein ist heute im Angesicht der andern Religionen zu leben. Es ist ein erklärtes Ziel unseres Pilgerns, zur Verständigung der Religionen beizutragen. Natürlich sind bei einer Wallfahrt nach Jerusalem zuerst die jüdischen und muslimischen Gläubigen im Blick. Eine umso größere Freude war die Gegenwart von Claude Anshin, dem buddhistischen Mönch, und seiner Schülerin Wiebke beim Aussendungsgottesdienst. Er war Gast in der Eucharistiefeier. Wir teilten den Friedensgruß, und er kam nach der Feier in die Sakristei, um mir alles Gute für das Pilgern zu wünschen. Dabei sagte er, selbst ein erfahrener Pilger: The most important principle for a pilgrimage is ‚not knowing'. Ich verstand ihn sofort und antwortete: Ja, du sollst dir kein Bildnis machen! Beim Pilgern geht es wie im Leben stets darum, sich der Führung Gottes anzuvertrauen. Alles soll gut vorbereitet sein, um es dann loszulassen und im Augenblick situations- und menschengerecht zu handeln. Der buddhistische Mönch und der christliche Ordensmann schauten sich mit Verständnis an, umarmten sich und gingen ihre Wege. Claude Anshin ging zu seinen Kursgästen, ich zu meiner Pilgergruppe. (chr)

Ein letzter Blick zurück

Oft schon bin ich von Einsiedeln über St. Meinrad nach Pfäffikon und dann über den Seedamm heim nach Jona gepilgert. Heute laufen wir dieselbe Strecke ein Stück weit und dann zweigen wir rechts ab Richtung Siebnen. Immer wieder schweifen die Augen über den See dem Vertrauten zu: Jona, Rapperswil, Bußkirch, das Kloster Wurmsbach und s'Klösterli, der Stau auf dem Damm und ... Aber wir gehen vorbei. Diese zweite Etappe führt mich ganz nah an meinem Zuhause vorbei, und ich muss es einfach lassen. Ich muss das mir Bekannte und Gewohnte lassen. Jetzt geht es neuen Horizonten zu – Jerusalem zu! (er)

Der Weg und das Ziel

Schritt um Schritt marschierten wir auf dem Damm des Rheins. Schritt um Schritt stieg es an durch die Weinberge der Bündner Herrschaft. Schritt um Schritt durchqueren wir die Schlucht ins Prättigau hinein. Schritt um Schritt ging es der Landquart entlang. Schon des Öfteren habe ich in dieser Gegend Schritt an Schritt gesetzt, bin gewandert und hier gegangen. Doch Schritte in derselben Landschaft haben nun eine andere Bedeutung. Es sind nicht Ferienschritte, nicht Wanderschritte am Sonntagnachmittag. Es sind nun Pilgerschritte, ausgerichtet nach Osten, nach Jerusalem. Das Ziel strahlt über Hunderte von Kilometern hierher und verwandelt den Weg, jeden einzelnen Schritt. (chr)

Gehen für den Frieden

Immer noch gehen mir die Nachrichten und Bilder durch den Kopf, die ich im Internet zum Unabhängigkeitstag von Israel gelesen und gesehen habe. Feiern auf der einen

Seite, Demonstrationen auf der anderen. Hier Tote, da Leben. Was für die Israelis Freiheit bedeutet, bedeutet für die Palästinenser Katastrophe. Wir gehen für den Frieden, gerade auch zwischen diesen beiden Völkern. Ich fühle bei diesem Gedanken nur Ohnmacht. Trotzdem müssen wir gehen. Ob die Politiker und Militärs sich in derselben Weise ohnmächtig fühlen? Sie arbeiten seit Jahren, und es entsteht kein Friede. Wir beten und werden die Welt auch nicht erlösen. Doch wir müssen pilgern. Es braucht alle guten Kräfte, die Politiker und die Wissenschaftler, die Künstler und die Medienleute, die Arbeiter und die Intellektuellen ... Auch wir müssen unseren Beitrag leisten. (chr)

Zwischenhalt

Ein wunderschöner Zwischenhalt bot uns die Kirche von Fideris, wo wir den siebten Tag der Pfingstnovene beteten. Warm die Holzdecke und schlicht der weißgetünchte, gotische Chorraum. In deutschen Lettern lasen wir an der Chorwand, dass die Kirche in der Reformation „von Bildern und allem schriftwidrigen Zierrat gereinigt" worden sei. Nun sind in die Nischen im Chor die Seligpreisungen geschrieben. „Selig, die Frieden stiften ...", „Selig, die reinen Herzens sind ...", „Selig die Barmherzigkeit üben ..." etc. Die Worte freuen mich und bewegen mein Herz. Mit 18 Jahren hatte ich mein Zimmer ebenso mit den Seligpreisungen tapeziert. Warum ich genau diesen Text der Schrift wählte, weiß ich nicht mehr. Doch die Worte geben mir Trost. Im Kirchenschiff ziert ein in großen Buchstaben verfasster Vers die eine Wand: „Ehre sei Gott in der Höhe und Friede auf Erden den Menschen seines Wohlgefallens." Die Botschaft von Bethlehem ist präsent. Als ich sie las, empfand ich innigste Freude, dass wir dahin unterwegs sind. (chr)

Benedicziun – Segen

An vielen Häusern im Unterengadin gibt es Aufschriften (Sgraffiti) der Besitzer.

Am Ausgang des Dorfes Bos-cha fand ich auf einer Hauswand den Spruch auf Romanisch: Dieu benedescha vos ir e vos gnir (deutsch: Gott segne euch, wenn ihr geht und wenn ihr kommt). Es ist eine schöne Ermutigung auf dem Weg, dem langen, den wir noch vor uns haben und der uns auch wieder in die Schweiz zurückbringen soll. Jemand spricht uns mit den Worten des Wallfahrtspsalms 121,8 Segen zu. (fm)

Das Pilgerband

Abschied nehmen, das wollen auch meine Freundinnen aus dem Zisterzienserkloster in Eschenbach. Sr. Ruth überreicht mir ein ganz besonderes Geschenk. Es ist ein langes weißes Band aus Leinen genäht. Sie hat in ihrer Handschrift unser Pilgermotto daraufgeschrieben: „Wir nehmen den Landweg, aber es ist ein Gang über das Wasser." Eingebettet ist das Motto in das immerwährende Gebet, das Herzensgebet: „Jesus Christus, Sohn Gottes, erbarme dich unser." Die Schrift von Sr. Ruth bedeckt die eine Seite des Pilgerbandes vollständig mit diesem Satz. Das Band hat außerdem etwa dreißig eingenähte Fächer. Die Idee wäre, dass ich Gedichte, die auf dem Weg entstehen, in diese Fächer legen könnte. Es kommt aber anders. Als sich die erste Gruppe, die uns auf dem Weg durch die Schweiz begleitet hat, verabschiedet, laden wir ein, persönliche Fürbitten zu schreiben und diese in die Fächer des Bandes zu legen. Das Band ist im Nu gefüllt. Wir versprechen, für jedes Anliegen einen Tag zu pilgern.

Das Pilgerband, die Erfindung von Sr. Ruth, wird zum Symbol unseres Weges. Wir legen es jeden Tag, wenn wir uns Zeit für eine gemeinsame Gebetszeit nehmen, auf den

Flecken Erde, wo wir gerade sind. Wir nehmen Bitten heraus und legen neue dazu von Menschen, denen wir unterwegs begegnen. Feiern wir Eucharistie, dient es als Stola. Das Pilgerband verbindet alles: die Menschen zuhause, die Menschen in allen Ländern unterwegs, uns Pilger. In Syrien ist das Band schwarz geworden, weil mein Rucksack durchnässt war. Die schreckliche Kriegsgeschichte, die bereits spürbar über dem Land hängt, hat mit seiner Dunkelheit unser Pilgerband gezeichnet. In Jerusalem erfährt die Geschichte mit dem Pilgerband ihren Höhepunkt. (ha)

Heimweh oder Fernweh

Pfingsten, Fest der Ausgießung des Heiligen Geistes, Geburtsstunde der Kirche in Jerusalem. Der Gottesdienst in der karolingischen Klosterkirche von Müstair war tatsächlich freudig geistbewegt und die Stimmung erinnerte an das himmlische Jerusalem. Die Mühen des Weges sind vergessen, die Tränen getrocknet und in aller Verschiedenheit stehen wir geeint vor Gott. Damit ist die Ouvertüre unseres Pilgerwegs mit der Gruppe zu einem Ende gekommen, durch ein eindrückliches Finale. Die Mitpilger und Freunde, die für diesen Pfingstgottesdienst nach Müstair aus dem Unterland angereist sind, sind nach dem Mittagessen im Klosterhof wieder nach Hause gefahren.

Für uns vier Jerusalempilger werden sich die einzelnen Melodien in den kommenden Tagen entfalten. Ja, auch wenn zuerst nun ein Ruhetag angesagt ist, so zieht es mich innerlich nach vorn, wie von einem Fernweh getragen. Vor über 35 Jahren war ich als kleiner Bube hier in Müstair in meinem ersten Jungwachtlager und hatte Heimweh. Einst die Sehnsucht nach Mama und Papa, heute die Sehnsucht nach Jerusalem. Ist es dieselbe Sehnsucht nach Geborgenheit und Heimat? Vielleicht dieselbe Sehnsucht, doch ein anderes Ziel! (chr)

Unsere Rollen

Esther stellt zu Beginn des Pilgerns zu viert ab und zu die Frage: Welchen Platz habe ich in unserer Gruppe? Wie gehöre ich dazu? Was bringe ich mit ein? Ihre Rolle ist am wenigsten greifbar und darunter leidet sie. Wir Frauen sprechen hin und wieder über ihre Frage und daraus entwickelt sich ein Versuch, für die Rolle aller vier Pilger Worte zu finden. Mein Antwortversuch fällt so aus:

Christian ist unser Visionär. Er hat Überblick, Einsichten in die großen Zusammenhänge und damit verbunden Tiefgang. Er ist der Initiant unseres konkret gewordenen Projektes. Er steht in Beziehungen mit zahlreichen Menschen und Institutionen, die das Unternehmen immer wieder unterstützen. Davon dürfen wir profitieren.

Franz ist unser „Stern von Bethlehem". Er hat eine unglaublich wertvolle Vorarbeit geleistet, sodass wir jetzt getrost ihm folgend und gehorchend auch manchmal eigenartige Wanderwege beschreiten. Er und sein GPS führen uns mit einer Präzision, die auf uns beruhigend und Vertrauen stiftend wirken. Wir haben uns auf den 4300 km gerade zweimal etwas verlaufen. Beim ersten Mal landen wir in Südtirol in einem Blumenkohlfeld und beim zweiten Mal hindert uns in der Südtürkei ein sumpfiger Kanal am Weiterkommen. Ich sage von Anfang an: Franz ist unser Stern von Bethlehem. Er führt uns mit Sorgfalt. Er nimmt uns alle Entscheidungen bezüglich des Weges ab. Dank seiner Vorarbeit verhindert er kräfteraubende Diskussionen, die bezüglich des Weges aufkommen könnten. Das ist eine enorme Entlastung. Er legt Tag für Tag ein tragendes Fundament, so dass es eines Tages möglich wird, in Jerusalem anzukommen.

Ich selber habe schon vor dem Aufbruch in der Schweiz formuliert, dass ich für die Beziehungen der vier untereinander zuständig sei. Die Vierergruppe ist aus meinem Beziehungsnetz entstanden. Mir stehen die Einzelnen am nächsten. Ich rege alle paar Tage an, beim oder nach dem

Essen ins persönliche Erzählen zu kommen und voreinander auszusprechen, wie es insgesamt geht – innerlich und äußerlich. Ich spreche die andern unterwegs auch im Zweiergespräch auf ihr Befinden hin an. Bei mir laufen die Fäden des Beziehungsgeflechts immer wieder zusammen und damit bin ich gegen Ende des Pilgerns auch überfordert, weil es unauflösbare Spannungen unter uns gibt. Darüber berichte ich später.

Für Esther ist die Frage ihrer Rolle die offenste gewesen und während einiger Wochen auch geblieben. Es hat aber im Laufe der Zeit Antwortspuren gegeben. Eine davon lautet: Esther ist für uns „Engel, Kind und Hund". Dieses Wortspiel ist eine Anlehnung an die biblische Geschichte im Buch Tobit. Der junge Mann Tobit bricht von zuhause auf eine große Reise auf. Er hat als Begleitung einen Engel an seiner Seite und ein Hund springt ihm hinten nach. Zugleich ist „der Engel, das Kind und der Hund" der Titel eines wunderbaren Buches von Christian Bobin. Esther bringt Humor im richtigen Moment ein. Sie spricht unverstellt aus, was sich in ihr regt. Sie zeigt Freude. Sie lacht und weint. Sie staunt über das, was sie entdeckt. Sie pflückt Himbeeren und Kirschen, saugt an einem Grashalm. Sie stopft dauernd ihre Socken und wird immer wieder angeheuert. Man wollte sie uns schon wegnehmen, damit sie beim Heuet, bei der Heuernte, helfe. Sie sei eine Schneidige, hieß es. Ihr werden beim Abschied die Hände getätschelt. Wir und sie selber verstehen nicht ganz, was da geht. Müssen wir aber auch nicht, weil eben – sie ist für uns „Engel, Kind und Hund". (ha)

Drittes Kapitel:
Erfahrungen mit dem GPS

Verantwortung für die Strecke

Mit wenig Routine und ohne Erfahrung habe ich zuhause viele Abende und Wochenenden damit zugebracht, die Route zu planen. Bis Bulgarien schaffte ich eine detaillierte Planung, annähernd 2000 km. Doch schon in Südtirol, Italien, musste ich lernen, dass eine improvisierte Abkürzung auf einem Kohlfeld endet und die Bauern sagen, am Ende des Feldes gehe es nicht mehr weiter, weil es über einen kleinen Bach keine Brücke gäbe. Es ist schwer, die Ungewissheit auszuhalten, dass Karten fehlerhaft sind, dass aber auch improvisierte Abkürzungen in Sackstraßen enden, auch wenn es völlig flach aussieht. Welcher Kompromiss ist der Mittelweg? Wo ermüdet ein längerer Wanderweg weniger als die kürzere Straße? Ich tue mich schwer, die auf dem GPS-Gerät angezeigten Distanzen schnell abschätzen und in Zeit umzurechnen. Wie lange laufen wir bis zur nächsten Abzweigung, die ich nicht übersehen darf? Ist es schon diese oder erst die nächste? Besonders in Ortschaften oder Städten ist vorausschauendes Vorstellungsvermögen gefragt, denn die Genauigkeit der Anzeige auf dem Gerät lässt sehr zu wünschen übrig – zwischen hohen Häusern ist der Empfang des GPS-Signals oft schlecht.

Immer wieder frage ich auch Leute an den Wegen, Einheimische, wo es langgeht. In der Regel schicken sie uns auf die Hauptstraße, wo der Verkehr rollt. Ich will aber auf Feldwegen weiterlaufen. Meine Schwierigkeit ist, dass ich oft wohl den Namen des nächsten Dorfes kenne, nicht aber den Namen des nächsten Bauernhofes, der am Feldweg dazwischen liegt. Den würde der Einheimische kennen und mich dann dahin schicken, denke ich. So bleibe ich bei meinen Aufzeichnungen und folge nicht dem Hinweis auf die Hauptstraße.

Die Tagesetappen habe ich auch in Hinblick auf mögliche Quartiere gegliedert. Gibt es einen größeren Ort, wo wir eher ein Quartier finden? In allzu kleinen, so denke ich, wird es schwieriger sein. Die anderen beruhigen mich und sagen: Du bist nur für die Route zuständig, die Unterkunft suchen wir gemeinsam. Aber wo wir am Ende des Tages anhalten, liegt in meiner Hand. Einen Rest der Sorge um die Unterkunft kann ich nicht ablegen, er begleitet mich jeden Tag.

Das führt einige Male dazu, dass wir zu lange Tagesetappen machen. Esther und Hildegard sind am Ende ihrer Kräfte, bleiben aber geduldig, auch wenn sie mir deutlich sagen, es war wieder zu lang. Christian will vorwärtskommen. Ihm wird es fast nie zu lang. Da ich die Strecke nicht kenne, können wir uns nicht trennen. Ich weiß nicht, welchen Treffpunkt wir benennen könnten. So heißt es beisammenbleiben, mindestens in Rufweite.

In Sofia habe ich einen Tag am Computer verbracht, um die weiteren Etappen bis Istanbul im Detail zu planen. Die anderen konnten sich in der Zeit Sehenswürdigkeiten in der Stadt anschauen. Hildegard habe ich gebeten, mir wenigstens ein paar Fotos von den ausgegrabenen römischen Straßenstücken und den frühchristlichen Kirchen mitzubringen. Ich hätte sie gerne selber gesehen, aber die „Arbeit" für unsere Wallfahrt hatte Vorrang.

Ganz im Süden der Türkei haben wir uns das zweite Mal verlaufen, weil ein Steg über einen Kanal fehlte. Ansonsten sind wir ohne große Fehleinschätzungen durchgekommen. Am Abend mancher Tage spüre ich, dass die ständige Aufmerksamkeit auf den Weg anstrengt und ermüdet, sodass ich nicht mehr viel Kraft und Konzentration für weitere anstehende Aufgaben habe. (fm)

Wallfahren heißt für mich: beständig dranbleiben

An der Route dranbleiben, jeden Tag im Rhythmus, jeden Tag das Ziel mit den Abschnitten im Auge behalten. Keine unnötigen Ausflüge. Pausen sind da zum Entspannen, zum Ausruhen, aber das Weitergehen bleibt im Blick. Auch die Unterbrechung ist begrenzt und dient zum Auftanken für das nächste Stück Weg.

Täglich hat für mich die Vorbereitung des Weges für den nächsten Morgen Priorität. Das Aufladen der Akkus für das GPS muss jeden Tag geschehen, auch wenn ich ein paar in Reserve bei mir trage. Die Wäsche ist jeden Tag zu waschen und aufzuhängen. Jeden Tag stelle ich eine Zeit für Gott, für das Gebet zu ihm und für die Menschen zur Verfügung.

Treu bleiben im Kleinen, um dem Großen entsprechen zu können. (fm)

Besuch beim Info-Team in Belgrad

Wir haben Ruhetag in Belgrad. Diesen nutze ich dazu, im Büro der Firma, die die GPS-Geräte vertreibt, vorbeizugehen. Als ich in das Büro trete, werde ich von einem Mitarbeiter begrüßt mit: Hallo, Franz! Seit einem Jahr stehen wir in E-Mail-Kontakt und jetzt diese herzliche Begrüßung mit Kaffee und einem Glas Wasser! Das Gespräch entwickelt sich sofort. Es ist bekannt, dass wir eine Wallfahrt nach Jerusalem machen. Esther und ich werden nach unseren Erlebnissen in Serbien gefragt. Offenherzig erzählen wir von den Sonnen- und Schattenseiten. Auch von unserem Blog sprechen wir, dessen Link er seiner Frau nach Erfurt schickt. Sie verbringt dort gerade einen Studienaufenthalt für ihr Doktorat zum Thema „Verhältnis von Staat und Kirche in Serbien". Er ermutigt uns, gibt uns einige Tipps und seine Natelnummer und sagt: Sie können mich jederzeit anrufen, wenn

Sie etwas brauchen, even in the middle of the night – don't hesitate!

Wir werden ihn auf unsere Liste von Menschen schreiben, die uns auf dem Weg etwas Gutes getan haben und für die wir auf dem Weg und in Jerusalem beten werden. Er ist gerührt und mir scheint, sowohl er als auch wir sind den Tränen nahe, als wir das Büro verlassen. So viel warmherzige Hilfsbereitschaft und Verstehen werden uns hier geschenkt. (fm)

Planung der Tagesetappen

Mit den Informationen, die ich hier in Plovdiv einholen konnte, habe ich unsere Route für die nächsten Tage umgestellt. Man sagte mir, dass die Autobahn quer durch Bulgarien Richtung Türkei nicht fertig gebaut sei. Deshalb wird sich der große internationale Schwerverkehr wohl auf der bisher als „alte Autobahn" bezeichneten Hauptstraße südlich der Maritsa bewegen. Diese Straße ist wie eine Kantonal- oder Bundesstraße bei uns. Das Schlimmste für mich ist, dass wir meistens auf der linken Straßenseite gehen und den uns entgegenkommenden Verkehr sehen. Wenn allerdings ein Fahrzeug auf unserer Seite von hinten her überholt, bin ich immer überrascht, oft sehr erschrocken, weil ich es nicht kommen sehe noch höre und es mit hoher Geschwindigkeit knapp an mir vorbeirauscht. Diese Art Verkehr ist für uns der anstrengendste. Deshalb möchte ich ihn morgen vermeiden.

Bei der Routenplanung versuche ich immer vier Kriterien zu berücksichtigen:
1. die Wunschdistanz von 25 bis 30 km pro Tag.
2. Wenn höhere Berge auf der Route sind, braucht das zusätzliche Kraft und die Kilometeranzahl soll aufgrund der zusätzlichen Leistung reduziert werden. (In der Türkei wird mir meine elektronische Karte keine

Informationen mehr über Steigungen und Berge bieten ...).
3. *Wir bevorzugen Nebenstraßen gegenüber Hauptstraßen, weil es weniger Verkehr gibt, weniger Lärm und mehr Sicherheit.*
4. *In den Blick zu nehmen versuche ich, ob es am Zielort eine Unterkunft gibt oder geben könnte. Nur manchmal geben meine Karten dazu Auskunft. (fm)*

Der Weg durch die Türkei und Syrien

Dieser Tag war kein freier Tag für mich. Vom Morgen bis zum Abend war ich daran, die Route durch Syrien und Jordanien für das GPS zu planen. Ich versuchte die kürzeste Strecke von Antakya in der Türkei nach Süden am Bergrücken entlang, am Libanon vorbei, durch Damaskus und Amman, über den Berg Nebo an das Tote Meer und Jericho zu beschreiben. Ich habe die üblichen Tagesetappen abgesteckt und eine Liste davon gemacht. Darin führe ich auch die kleinsten eingezeichneten Dörfer auf. Die Aufzählung soll möglichst dicht sein, damit wir notfalls auch ohne das Gerät gehen können – von Dorf zu Dorf. Ich weiß nicht, ob ich das Gerät über die türkische Grenze hinaus mitnehmen darf.

Jetzt bin ich müde davon, den ganzen Tag vor dem kleinen Bildschirm des Netbooks zu sitzen. (fm)

Unser Historiker Franz

Die Gegend des heutigen Pilgertages ist geschichtsgeladen, sind wir doch in einer Region der Türkei angelangt, die erst nachträglich, nämlich 1938, zur jungen Türkischen Republik hinzugekommen ist. Diese hatte die Provinz Hatay/Antiochien mit Hilfe der Franzosen im Grenzstreit mit Syrien annektiert. Frankreich war an einer

Allianz mit der Türkei interessiert, damit diese nicht an der Seite von Hitler-Deutschland in den Zweiten Weltkrieg eintrat. Doch nicht nur moderne Geschichte, sondern auch jene des Altertums kam heute in den Blick. Wir marschierten nämlich durch Dörtyol, das antike Issos, wo Alexander der Große 333 v. Chr. das Perserheer von Dareios III. zum ersten Mal schlug. Zudem liegt einige Kilometer hinter uns der Fluss Saleph, wo Kaiser Friedrich I. Barbarossa beim dritten Kreuzzug ertrank.

All diese Ereignisse ließen auch unseren Historiker Franz nicht unberührt. Vielleicht wollte er hier auch große Geschichte schreiben. Auf jeden Fall führte er uns heute mit seinem GPS durch die Felder, bis wir zu einem kleinen sumpfigen und verwachsenen Kanal kamen, den wir nicht überqueren konnten. Weil Franz aber unbedingt den Weg auf der andern Seite erreichen wollte, legte er seinen Rucksack ab und begann kurzerhand mit Steinen im Wasser einen Übergang zu bauen. Er versuchte, auf wackligen Steinen stehend und mit den Wanderstöcken immer wieder Halt suchend, genügend feste Tritte über dem Wasser zu schaffen. Mehr als einmal rutschte er dabei mit dem Schuh ins Wasser, während Hildegard ihn in seinem Eifer zu stoppen suchte. Schließlich konnten wir Franz überzeugen, das Unterfangen aufzugeben, da wir, mit unseren Rucksäcken beladen, uns nicht vorstellen konnten, ohne Schaden über diese Furt zu kommen. Wir wollten auch nicht, dass Franz wie Barbarossa endet. Dies wäre doch zu viel der Identifikation des Historikers mit seinem Objekt! Schließlich wurde die Aktion abgebrochen. Wir suchten einen Umweg, den wir auch fanden. Wohl haben wir Franz davor bewahrt, wie Barbarossa zu enden, doch haben wir auch verhindert, dass er als Kirchenhistoriker zu einem Pontifex Maximus (Größter Brückenbauer) wird. Dass er jedoch ein Pontifex Minor (Kleinerer Brückenbauer) ist, steht außer Zweifel, weist doch schon sein Name Mali, zu Deutsch „Klein", darauf hin. (chr)

Routenplanung für Jordanien

Für Syrien und Jordanien habe ich nur eine Karte für mein GPS-Gerät gefunden, die ich gratis von „openstreetmap" Lambertus herunterladen konnte. Diese Karte ist frei zugänglich, und jeder, der dazu fähig und willens ist, kann dort Verbesserungen und Details eintragen. So hängt es von freiwilligen Enthusiasten ab, wie gut die Pläne für bestimmte Regionen oder Städte ausgearbeitet sind und dargestellt werden. Diese Karten sind sehr hilfreich, allerdings keineswegs vollständig. Die zweite Quelle – die aber in Syrien nicht verfügbar war – ist Google-Earth. Da versuche ich, die Wege und Straßen anzuschauen, wo ich durchlaufen möchte. Die Qualität der Fotos ist unterschiedlich, manchmal hervorragend, manchmal sehr grob, sodass Details in der Landschaft nicht immer klar sichtbar sind. Vielleicht liegt das aber zum Teil auch an der mittelprächtigen Bildschirmauflösung meines kleinen Netbooks. Die Route nach Amman hinein und das Durchqueren der Stadt habe ich nur mit Hilfe von Google-Earth im Computer vorgezeichnet, weil auf der GPS-Karte einzig die großen Verkehrsadern und kein Stadtplan angegeben ist.

Sehr spannend ist daraufhin das Nachgehen in der Natur. Bei einem Fehler nämlich, etwa einem unüberbrückbaren Entwässerungskanal oder einem hohen Zaun, der für mich nicht sichtbar war, kann Endstation sein. Was ist dann zu tun ohne genaue Karte? Den Umweg finden oder gar umkehren? So sind solche Tage bei mir am Anfang mit einer gewissen Nervosität verbunden und am Ende des Tages mit großer Dankbarkeit, wenn der Weg im buchstäblichen Sinne gangbar gewesen ist. (fm)

Viertes Kapitel:
Pilgeralltag

Immer wieder

Unsere Tage gleichen sich. Immer wieder Rucksack packen, weitergehen, Essen suchen, Unterkunft finden, duschen, Kleider waschen, das Bett bereiten, essen und beten. In all dem werden wir Profis. Kommen wir in ein Zimmer, schweift unser Blick umher, wir ziehen die Schuhe aus und checken ab, wo die Steckdosen sind, ob das Wasser warm wird, wer in welchem Bett schläft, ob es den Schlafsack braucht oder nicht. Und am Morgen haben wir in null Komma nichts gepackt – alles hat seinen Platz. Und ein neuer Tag beginnt.

Ein kleines Beispiel für unseren Alltag ist die Wäscheleine. Von wo bis wo hält sie den nassen Kleidern stand? Passt es von der Schranktüre zum Fensterriegel, oder ist es besser, den Nagel des Bildes mit dem Türschloss oder die Heizröhre mit der Bettkante zu verbinden? Es geht immer irgendwie, oft quer durch das Zimmer. Handwäsche ist etwas Schönes, weil ich den Schmutz des Tages richtig davonfließen sehe. Und doch, mit der Zeit wünschen wir uns eine Tiefenreinigung, suchen am freien Tag eine Wäscherei oder fragen, ob wir privat die Waschmaschine benützen dürfen. Immer wieder staune ich, wie alles klappt, staune, wie es Hildegard gelingt, in einer türkischen Stadt unsere „Nicht-ganz-gleich-wie-man-sie-wäscht-Kleider" in ein paar Stunden sauber und in der gleichen Größe zurückzubekommen.

Was für eine Wohltat ist es jeden Tag, geduscht und in sauberen Kleidern auf dem Bett zu liegen. Die Haare sind gewaschen und die Fußpflege, die viel wichtiger ist als die Gesichtspflege (obwohl ich für alle Fälle einen Kajal mittrage) ist erledigt. Nur etwas kann die Situation noch toppen und zur Vollkommenheit bringen: eine Fußmassage. Etwas Wohltuenderes kann ich mir nicht vorstellen. Nach vielen Stunden Pilgern die Füße einem Masseur hinzustrecken und zu genießen ist wunderbar. Lustig ist auch immer wieder zu sehen, wer zuerst einschläft, der, der massiert, oder die, die es genießt. Bei Franz ist es einfach. Er schläft so oder so meistens ein …

Ich bin in dem ganz Alltäglichen immer wieder überrascht und staune. Denn in all dem Gleichen ist jeder Tag doch anders, ist jeder Tag neu, birgt sein Geheimnis, erzählt seine Geschichte, bringt die kleinen Wunder des ganz Normalen an den Tag. (er)

Pilgeralltag

6 Uhr: Gerne stehen wir bislang um diese Zeit auf. 6:30 Uhr: Frühstück, wenn möglich. 7:10 Uhr: Rucksäcke aufschnallen, in einem Kreis stehen und mit einem Morgengebet den Aufbruch begleiten. In der Folge alle halbe Stunde, wenn es zum Frühstück Kaffee gegeben hat: Biopause für Esther und Hildegard. Nach ein bis zwei Stunden Laufen eine größere Pause, etwas essen und vor allem trinken und Morgenimpuls mit Lied, Bibeltext, einem Anliegen aus dem Pilgerband und den Anliegen auf dem Namenskalender (aufgeschaltet auf dem Blog). Dann Frage von Hildegard: Franz, wie viele Kilometer sind wir schon gelaufen? Ausruf von Esther oder Hildegard: Was, schon so weit? Oder: Was, erst so weit? Weiterlaufen im abgemachten Schweigen, ca. eine bis eineinhalb Stunden. Manchmal sind wir bis hierher schon schweigend gegangen. In dieser Zeit tragen wir die uns mitgegebenen Anliegen besonders mit. Frage von Hildegard: Christian, wie spät ist es? Aha. Franz, wie viele Kilometer sind es bis hierher? Und wie viele bis zum Ziel?

Was, noch so weit? Weiterlaufen. Überlegen, ob und wo wir zu Mittag essen. Das sind meistens die beim Frühstück eingepackten Sandwiches. Nach dem Essen gegenseitiges Versichern, dass wir im nächsten Dorf einen Kaffee trinken werden. Oftmals gibt es dann zwar Dörfer, aber kein Gasthaus. Weiterlaufen und dabei nicht an die Kilometer denken, vor allem dann nicht, wenn es über dreißig sind. Frage von Hildegard: Franz, wie weit ist es noch? Ach, dann brauche ich nochmals eine Pause vor dem Schlussstück. Schließlich ankommen, Quartier suchen und beziehen. Esther und Hildegard in einem Zimmer. Franz und Christian im anderen. Duschen und Handwäsche machen, eine Wäscheleine improvisieren. Beine mit Franzbranntwein (Marke Holzhacker) einreiben, ein paar Minuten aufs Bett legen, manchmal unter die Decke, weil wir frieren. Und schließlich Blogschreiben, Telefonieren, SMS schreiben etc. Franz versucht schon vor dem Duschen die gelaufene Strecke vom GPS auf den Blog zu übertragen. Abendessen, am liebsten etwas Warmes, und wenn möglich früh schlafen gehen. (ha)

Auf Türkisch waschen

Alle zehn Tage gönnen wir uns den Luxus, unsere verschwitzte Wäsche nicht von Hand, sondern wieder einmal kräftig mit einer Waschmaschine zu waschen. Im Hotel von Edirne gibt es sie nicht. Aber auf einen Zettel schreibt mir der Rezeptionist, wie der Laden heißt, wohin ich die Wäsche bringen kann. Ich will von ihm in Erfahrung bringen, was es denn kosten würde. Er weiß es nicht. Vielleicht 5 Lira das Wäschestück, meint er. Kann nicht sein, denke ich, das wäre pro Socke und Unterhose etc. fast 2,50 Fr. Also gehe ich mit drei Plastiksäcken voll Stinkware über den Platz und zeige meinen Zettel drei Leuten und schon bin ich in der Waschküche, wo für Großbetriebe, wie z.B. Hotels, Bettanzüge, Morgenrö-

cke, Frottéwäsche gewaschen und gebügelt werden. Mit meinem Nateltranslator bin ich ein wenig vorbereitet, weil ich neben dem Preis auch mitteilen will, dass alle Wäsche zusammen nur 40 Grad gewaschen und ja nicht gebügelt werden soll. Der erste Mitarbeiter kann kein Englisch. Ich halte ihm die Säcke hin und frage: Kaç para? Was kostet das? Er nimmt die Säcke und stellt sie auf eine Waage. Es sind 3,8 kg. Dann zeigt er auf eine Liste. Da steht: pro Kilo 7 Lira (ca. 3,50 Fr.). Ich versuche mit Gesten und meinen mageren Türkischkenntnissen zu erklären, dass die Wäsche nicht gebügelt, ja falls möglich nicht einmal getrocknet werden soll. Er versteht nicht. Da kommt der Chef. Mit little english. Yes, yes, good price. I expert here! Ich schreibe auf einen Zettel: 40 Grad. Er sagt. No, not 40 Lira, only 28 Lira. Ich sage: this temperature und zeige nochmals auf den Zettel. Aha. Dann gehe ich zum Bügeleisen und sage: Hayır, nein bügeln. Er rümpft die Nase. I expert here. Evet, evet. Ja, ja, sage ich, aber bitte nicht bügeln, lütfen, bitte. Until when? Bis wann? Tomorrow at 4. Früher nicht. Viel Arbeit. O.k. Weiter komme ich nicht. Ich vertraue ihm mehr als die Hälfte unseres Hab und Gutes an. Von Franz sind alle drei Hemden dabei. Er läuft, bis die Wäsche geholt werden kann, in einer Damenbluse herum. Wir sind gespannt auf den Ausgang unserer Wäschegeschichte.

 Und hier ist er: Unsere Wäsche ist tipptopp frisch, ungebügelt, trocken in einem Sack verpackt bereit und wird vor meinen Augen mit einem Feinduftprodukt besprüht. Alle strahlen. Selam. Güle güle. Heißt es zum Abschied. (ha)

Ganz einfache Dinge

Unser Alltag ist geprägt von den ganz einfachen Fragen. Franz fragt sich im Stillen fast täglich, ob wir wohl eine Unterkunft finden werden. Ich mache mir darüber kaum je

Gedanken. Die Sorge scheint bei Franz aufgehoben zu sein. Meine Fragen lauten jeden Tag: Wie weit ist es bis zum nächsten Dorf? Gibt es da einen Laden? Wann machen wir Pause? Habt ihr Hunger? Braucht ihr auch einen Kaffee? Ich bin auf die Zwischenmahlzeiten angewiesen. Die Kraftlosigkeit oder Gefühle der Übelkeit können mich blitzschnell überkommen. Für den Notfall haben wir immer Kleinigkeiten im Rucksack. Gesalzene Erdnüsse und eine Tafel Schokolade gehören über weite Strecken zu unseren Vorräten. Keiner von uns ist wählerisch. Wir essen überall das, was es gibt, in einfachsten Lokalen, immer das, was gerade im Angebot steht. Wir essen auch Rohkost. Ich hatte mir vorgenommen, nach der slowenischen Grenze auf Salat zu verzichten, um Darmerkrankungen vorzubeugen. Daran hielt ich mich keinen einzigen Tag. Wie ein Wunder kommt es mir vor, dass nur Christian mal kurz mit Durchfall zu kämpfen hat. Ansonsten bleiben wir vor Krankheiten aller Art verschont. Zum wichtigsten Nahrungsmittel wird für mich die abendliche Suppe. Wärme, Flüssigkeit und Salz bringen den ausgelaugten Körper wieder in Balance. Ich bin erstaunt, dass es in allen Ländern außer Bulgarien immer Suppe gibt. Dass die Çorba, die Linsensuppe, in der Türkei schon zum Frühstück gegessen wird, habe ich nicht gewusst.

Für uns alle erstaunlich ist, dass wir punkto Wasser kaum Probleme haben. Es gibt einen oder zwei Tage, an denen die Route durch menschenleere Gegenden führt. In der Regel aber taucht alle paar Kilometer ein Dorf auf. Wir können einkaufen oder bei Menschen anklopfen und unsere Flaschen auffüllen. Wir tragen selten mehr als einen Liter Wasser mit uns. Solange wie möglich trinken wir es aus dem Hahn. Als eines Tages, wieder in Bulgarien, an der Hotelrezeption eine Flasche Mineralwasser ins Zimmer mitgegeben wird, stellen wir um. Von jetzt an kaufen wir auch Wasser ein.

In den ersten Monaten des Pilgerns halten wir morgens immer Ausschau nach einer Tasse Kaffee. Wir freuen uns, ja lechzen an etlichen Tagen danach. Es scheint uns, dass wir gar nicht richtig wach werden, wenn in der morgendlichen Pause dieses Getränk fehlt. In Serbien wird uns dadurch bewusst, dass einige Dörfer als Folge des Krieges keine funktionierende Infrastruktur mehr haben. Wir müssen auf unseren Kaffee verzichten, weil die Bar geschlossen ist. Die Arbeitslosigkeit hat die Menschen aus den Dörfern vertrieben. Dafür – welche Überraschung – wird uns in Serbien der beste türkische Kaffee gebraut. In Lokalen und bei Straßenhändlern wird er angeboten und genau so, wie es sein muss, wird er auf einer Gasflamme im Alutopf gebraut. In der Türkei wird der Verzicht auf Kaffee fast selbstverständlich, weil wir alle mit der Nescafé-Welle, die gerade vorherrscht, nichts anfangen können. Dafür werden wir im anatolischen Hochland mit den Ernteerträgen verwöhnt. Wir essen im Oktober noch frische Erdbeeren, stopfen uns in der Nähe von Bursa mit Qualitätsfeigen voll, knacken Nüsse und haben oft die Hände voller Tomaten. Wir lernen Kornelkirschen in Salz getunkt kennen, tragen schwere Melonengeschenke über Land und halten frisch gebackenes Brot in Händen. Einzig mit den frisch gepflückten und uns geschenkten Quitten können wir nichts anfangen. Später, in der Mittelmeergegend, lernen wir Granatäpfel öffnen und schauen immer wieder den Olivenpflückerinnen zu, die uns ohne Umstände an ihrer Pausenmahlzeit teilhaben lassen. (ha)

Vom Essen

Esther: Sie klappert jede Speisekarte auf eventuelle Peperoni ab. Die mag sie nicht. Dann hat sie die Gabe, genau das aus der Speisekarte auszuwählen, was es nicht gibt. Ihr Volltreffer der ungenießbaren Sorte waren Spaghetti Milanese. Es kam ein Teller mit etwas weißlich Verkochtem plus Unmengen Ketchup. Einfach grässlich, selbst für das Auge.

Christian: Er ist kein Frühstücker. Findet sich aber irgendwo frisches, süßes Hefegebäck, dann schlägt er zu. Es darf auch mal ein Eis zwischendurch sein. Der Balkan mit seinen üppigen Fleischgerichten ist für ihn nicht ganz das Wahre, also schlägt er sich tapfer mit allerhand Salaten durch. Leider ist die Radlerphase vorbei. Dieses Limobier kennt in Bulgarien keiner mehr.

Franz: Seine Essenspause beginnt immer damit, dass er für uns andere die Speisekarte zu entziffern und zu übersetzen beginnt. Ohjee, wenn dann was anderes kommt, als er uns gesagt hatte. Zum Glück hat er eine Elefantenhaut. Er selber pflegt aus der Karte das auszuwählen, was er nicht kennt. Lieben tut er Fisch.

Hildegard: Sie liebt Fleisch. Die Dauergrilladen werden ihr nicht zuviel. Die Suppen, die es bis an die serbisch-kroatische Grenze gab, machten ihr gleichermaßen Freude. Auf das Süße kann sie interessanterweise gut verzichten, ganz entgegen ihren sonstigen Gewohnheiten.
(ha)

Der Blog

Am Anfang ist es schwer für mich, jeden Tag den Blog zu füttern. Ich gerate unter Druck, denn die andern schreiben aus meiner Sicht so locker und frei. Ich kämpfe mit Minderwertigkeitsgefühlen. Meine Texte sind zu banal, zu einfach, zum Teil fehlerhaft. Immer wieder drängt sich der Miesmacherdämon in mein Bewusstsein und lacht mir ins Gesicht. Aber mit der Zeit, auch durch die Reaktionen der Leserschaft, treten die schlechten Gefühle in den Hintergrund und Freude macht sich breit – die Freude darüber, das Alltägliche zu teilen, das in Worte zu fassen, was mich an diesem Tag beschäftigt: von den Gesprächen, vom Gebet, von den Begegnungen, von dem, was in mir ist. Es ist wunderbar, die Menschen zuhause mitzunehmen, stellvertretend für die zu gehen, denen es nicht möglich ist, sich so auf den Weg zu machen, sie Anteil nehmen zu lassen. Durch die liebevolle Bestätigung der vielen Leser und Leserinnen, ihr ehrliches Mitleben, Mitgehen, das Sich-Freuen und Leiden mit uns und immer wieder die Zusage des Gebets für uns tragen dazu bei, dass ich schreiben will. Ich sehe es als unsere Aufgabe, nicht nur für uns zu sein, sondern unsere Erfahrungen fruchtbar zu machen für viele. Es ist für mich erstaunlich, in wie vielen Familien plötzlich über Gott und das Gebet, über Jerusalem und den Frieden in der Welt, über das Christentum, das Judentum und den Islam geredet wird. Kinder fragen nach, Eltern suchen nach Antworten. Sie gehen mit ihren Sprösslingen in die Kirchen, um für uns eine Kerze anzuzünden. Durch unsere Erfahrungen und durch die Selbstverständlichkeit, mit der wir berichten, bekommen Glaube, Kirche, Pilgern, Gott eine neue Farbe. Wir sind Stellvertreterinnen für viele, nehmen ihre Anliegen mit, gehen für ihre Bitte, beten mit ihren Worten. Wir sind auch Motivatoren, zum Beispiel für Eva, die sich zuhause auf den Weg macht. Obwohl es für sie körperlich eine große Anstrengung ist, geht sie ein Stück für uns als Stärkung und Begleitung – sie trägt mit. Natürlich dringen auch kritische Stimmen zu uns: Das ist gar nicht richtiges Pilgern mit Laptop und Telefon und immerwährender Erreichbarkeit. Es geht doch um das Alleinsein, darum, von Zuhause mal richtig weg und auf sich gestellt zu sein.

Was heißt Pilgern eigentlich? Ich wusste es nicht. Ich habe mich drauf eingelassen. Ich spüre, das Wesentliche des Pilgerns ist, mich jeden Tag dem Ungewissen auszuliefern, aufzubrechen, das Gewohnte hinter mir zu lassen und mich darin zu erleben. Es tut mir gut, davon zu erzählen und damit nicht alleine zu sein. Ich bin froh, dass wir uns entschieden haben, Blog zu schreiben und unsere Erfahrungen zu teilen. (er)

Ein wichtiges Fenster

Das Blogschreiben ist eine wunderbare Sache. Ich lerne es als kreatives Fenster schätzen. Der Blog fordert mich heraus, die Ereignisse eines Tages unter dem Aspekt der kleinen Besonderheiten anzuschauen. Ich überlege, was ich gerne berichten möchte, was es im Alltag des Pilgerns Neues gibt, was die zuhause Gebliebenen interessieren könnte. Ich genieße es abends, den Computer von Franz für 20 Minuten oder sogar eine halbe Stunde für mich beanspruchen zu dürfen. Jetzt schreibe ich von unserem Tag und verantworte diesen Text allein. Ich fülle diesen Freiraum, ohne ihn mit den andern zu besprechen. Das tönt vielleicht eigenartig. Während der sieben Monate, in denen ich kaum eine halbe Stunde allein bin, ist diese Zeit am Blog ein echtes und wichtiges Fenster, das ich ohne Rücksprache und Entscheidungsfindung gestalten kann. Wenn ich rückblickend daran denke, fällt mir ein, dass für mich das Schreiben eine Art des Gebets der liebenden Aufmerksamkeit darstellte. Dieses Abendgebet, das Ignatius von Loyola sehr empfiehlt, leitet auch an, den Tag Revue passieren zu lassen und ihn liebevoll zu bedenken.

Das Wichtigste aber ist für mich die Erfahrung geworden, wie unterstützt ich und wir alle durch jene werden, die unsere Einträge lesen und kommentieren. Es gibt keinen einzigen Tag, an dem aufmunternde Worte fehlen würden. Für mich ist diese Unterstützung maßgebend. Sie trägt dazu bei, dass ich es schaffe, in Jerusalem anzukommen. Die Botschaften und Kommentare meiner Eltern und Geschwister sind Balsam. Die Treue von Lausa, einer Freundin, die wohl jeden meiner Blogeinträge mit Herzblut und Anteilnahme bedachte, ist unvergleichlich. Die Freundschaft zu D., die sich über den Blog entwickelt, ist kostbar. Und all die vielen, die täglich lesen und an uns denken, ohne zu schreiben, bilden ein bergendes Netz um uns. (ha)

Gut erzogen

Das bin ich! Ich weiß, dass die Kirschen, die mir fast in den Mund wachsen oder ganz einfach zu pflücken wären, nicht mir gehören. Wo kämen die Bauern hin, wenn jede Wanderin auch nur zwei von ihnen nehmen würde! Aber ehrlich, Lust auf sie habe ich immer. Jeder einzelne Baum lockt mich mit seinen roten Früchten. Gut Ding will Weile haben! Und am erstbesten Stand kaufen wir ein Kilo. Wie fein, prall, süß und – ehrlich erworben. Und bald sind die Marillen reif und dann die Pflaumen, irgendwann die Äpfel und Trauben. Noch aber sind die Früchte in den von uns durchwanderten Plantagen Gott sei Dank grün – wir warten. (er)

Wallfahren heißt für mich: Große Dinge werden klein und kleine werden groß

Große Dinge werden klein: Wenn wir gegen Ende unseres Tages nach einer Unterkunft fragen, bekommen wir wiederholt die Antwort: Es sind nur 6 km oder es sind nur 10 km bis zu einem Hotel. Oder manchmal will uns jemand einen Tipp geben, welche einmalige Sehenswürdigkeit wir unbedingt anschauen sollten, denn es sind ja „nur" 30 oder 40 km bis dahin. Solche Auskünfte werden sofort sehr klein, denn sie haben keine Bedeutung für uns. Wir können keine 10 km weiterlaufen, wenn wir schon annähernd 30 km in den Beinen haben. Und: Wir wollen auf unserer Route bleiben, und zu Fuß sind Umwege mit zig Kilometern nicht zu machen; daher solche Vorschläge zur Seite legen, jetzt sind sie irrelevant.

Kleine Dinge werden groß: Eine Heuschrecke, ein Käfer oder eine Raupe auf der Straße finden meine Aufmerksamkeit. – Eine Flasche Wasser oder ein Brunnen mit Trinkwasser wird lebensnotwendig, ein Restaurant oder ein Laden sind begehrt. Am Abend beim Ankom-

men sich gründlich waschen oder duschen zu können ist reine Freude. Ebenso wenn es einen sauberen Teppich gibt zum Schlafen oder frische Bettwäsche und genügend Decken. Meistens können wir unsere verschwitzte Wäsche im Lavabo mit der Hand waschen. Nur auf 1400 m über Meer und bei einer Temperatur nahe am Gefrierpunkt trocknet sie dann nicht mehr über Nacht. – Alltägliches wird wesentlich.

Großartiges am Wegrand (das kann z.B. ein Strandbad sein, an dem wir nicht mehr vorbeikommen werden) muss sich unserem Ziel unterordnen oder ganz übergangen werden, da Umweg und Aufwand zu hoch sind. Und scheinbar weniger Bedeutendes erhält seinen Wert zurück. Ich erlebe, dass wir auf Selbstverständlichkeiten bisweilen sehnsüchtig oder gar schon aufgeregt warten. Der Blick wird klar für das, was notwendig ist (vgl. Lk 10,42) und worum wir beten sollen (Lk 11,3). (fm)

Wallfahren heißt für mich: die erste Gelegenheit beim Schopf packen

Ich habe einen Hang, Sachen auf die lange Bank zu schieben. Die Dinge, die mir leichtfallen, erledige ich schnell, und Dinge, die mir schwerfallen oder mit deren erster Lösung ich nicht zufrieden bin, schiebe ich vor mir her. Ich hoffe, mir kommt noch eine bessere Antwort, wenn ich eine Nacht darüber schlafe. Und aus der einen Nacht werden zwei, drei, fünf Nächte. Aus der Wallfahrt lernte ich: Wenn die erstbeste Lösung gut genug ist, reicht sie aus.

In Serbien kamen wir in ein Dorf, das ich als Endstation dieses Tages vorgesehen hatte. Wir fragten nach einem Theater, einem Kino, einem Gemeindesaal, wo wir uns einquartieren könnten. Der junge Mann aber lud uns ein, bei ihm in sein kleines Häuschen einzukehren. Ich meinte, dass wir vielleicht noch etwas Vernünftigeres,

„Passenderes" finden würden. Die anderen aber meinten, dass dieses Angebot schon gut sei, dass wir dableiben sollten. Ich ließ mich von ihnen überreden; wenn sie es in Ordnung fanden, sollten wir es so machen. Die anderen hatten schneller als ich verstanden, dass diese Gelegenheit am Schopf zu packen ist.

In Syrien, mehrere Monate später, hatte ich an einem Abend kapiert, dass wir zugreifen müssen, wenn der Moment da ist, wenn das Angebot steht. Ein leicht alkoholisierter Lehrer hatte uns ein Klassenzimmer in der Schule als Quartier angeboten. Esther wehrte sich vehement gegen diesen angetrunkenen Schulleiter. Wir diskutierten untereinander und versuchten Esther zu überzeugen. Schließlich konnte sie es auch annehmen, dass wir mit ihm zu seiner Schule fuhren. Kalt war es im Klassenzimmer: Wir zogen alle Kleider an, die wir dabeihatten, und der Lehrer organisierte uns einen Teppich, auf dem wir schlafen konnten. Man muss nicht auf Luxuslösungen warten. Wenn es genügt, genügt es. (fm)

Die Verständigung

Von der Schweiz bis Slowenien fallen wir kaum auf mit unseren Rucksäcken, erzählen aber allen, die es wissen wollen, was wir tun. Die Reaktionen sind sehr unterschiedlich. Je weiter wir unterwegs sind, desto unglaublicher ist für die Menschen unser Vorhaben. Immer wieder stellen sie die gleichen Fragen: Woher kommt ihr? Was tut ihr? Seid ihr verheiratet? Habt ihr Kinder? Und immer wieder lernen wir von Franz, unserem Sprachtalent, wie die Antworten in der jeweilige Sprache heißen. Und wenn er nicht helfen kann, hilft uns die Übersetzungsapp des iPhones.

Neun verschiedene Sprachen begegnen uns. Für mich sind alle fremd. Ich habe mich im Vorfeld davor gefürchtet, dass ich einfach nichts verstehen werde und immer auf die anderen angewiesen bin, wenn ich etwas will oder etwas zu fragen habe. Aber meine Befürchtungen zerschlagen sich schnell im Wind. Die Sprache der Augen, der Hände und der Herzen ist in allen Ländern gleich. Ich lerne, was es heißt: Das Wesentliche ist für die Augen unsichtbar, man sieht nur mit dem Herzen gut. Ich werde immer mutiger, rede mit den Menschen, besonders mit den Frauen. Ich unterstreiche mit Gesten und Gesichtsausdruck und komme so weit, dass ich in der Türkei manchmal einfach Schweizerdeutsch rede. Zu meinem Erstaunen klappt es meistens und wenn nicht, ist es auch nicht so schlimm. Die Begegnungen sind schön und freundlich und bleiben im Herzen derer, die gehen, und derer, die bleiben.

Ein Erlebnis, das uns allen noch in Erinnerung ist, ist die Nacht in Adana, als die Mücken mich fressen wollen. Leider habe ich mein Spray kurz zuvor weggeworfen. Also ist für mich klar, dass ein neues Spray hermuss, um die lästigen Viecher zu vertreiben. Nur, was heißt Mückenspray auf Türkisch? Hildegard und Christian, die beide ein bisschen Türkisch gelernt haben, wissen es nicht. Auch das iPhone lässt mich im Stich. Ich mache mich auf in die Apotheke, um mir helfen zu lassen. Kaum zwei Minuten später bin ich zur Überraschung der anderen mit Spray zurück. Ich sehe die Fragezeichen in den Gesichtern meiner Mitpilger: Wie ging das denn? Nun, da der Apotheker kein Englisch konnte, spielte ich ihm die Szene einfach pantomimisch vor: Ich spraye mich ein, die Mücke kommt, und ihr wird schlecht. Der Apotheker verstand sofort und gab mir das Gewünschte. – Türkisch brauche ich für so was also nicht, gebe ich lächelnd zurück. (er)

Mein Herz berührt

Wir kommen an zwei älteren Frauen vorbei, die auf einer Bank inmitten von Blumen sitzen. Ich reagiere, lächle und zeige auf die Pracht mit den Worten: Sehr schön!

Die eine strahlt mich an, sagt wahrscheinlich danke und deutet auf den Innenhof. Ich verstehe, dass es dort noch mehr gibt, ich soll nur hineingehen und schauen. Das mache ich. Ich betrete gemeinsam mit ihr den Garten und bin wirklich überrascht ob der ganzen Blumenpracht. Ich soll aber noch weiter gehen. Sie will mir noch mehr zeigen. Hinter dem Haus ist ein prächtiger Garten – wunderbar! Sie spricht und erzählt mit Händen und Füßen. Ich auch. Gerne nehme ich zwei Tomaten an. Ich kann ihr nur mühsam erklären, dass zwei wirklich genug sind und wir sie – versprochen – teilen werden.

Dann verabschiede ich mich, aber sie lässt mich nicht gehen. Sie ruft mich ins Haus. Ich gehe mit. Es ist großräumig und schön, aber das will sie mir nicht zeigen. Sie holt ein Säcklein aus dem Schrank, um uns frische, selbstgebackene Kekse mitzugeben. So beschenkt, ziehen wir unseres Weges und mein Herz ist voll Dankbarkeit und Freude!

Was so eine Herzensbegegnung ausmacht, um sich in einem Land wohlzufühlen! Ja, das ist mein Weg. Ein Weg durch die Herzen der Menschen, im einfachen Lächeln, im Wohlwollen und Verstehen auch ohne Worte. Danke dir, Frau aus einem Dorf im bulgarischen Irgendwo! (er)

Die neue Kommunikation

Seit wir die Türkei betreten haben, ist unsere Gruppe vor ganz neue Herausforderungen gestellt. Franz kann kein Türkisch, nicht ein einziges Wort. Esther auch nicht. Christian und Hildegard je ein wenig = biraz. Wir waren so eingespielt, dass Franz kommunikativ fast alles bewältigte und wir nur dauernd rufen konnten: Franz, was heißt dies und das? Franz, kannst du noch fragen, ob?, Franz, kannst du mal sagen, dass? ... Diese Zeiten sind vorbei. Jetzt fragt Franz mal unterwegs: Wie spricht man dieses Wort aus und was heißt schon wieder nein = hayır? Kommen wir an eine Tankstelle oder in ein Restaurant, testen wir zuerst die Englisch- oder Deutschkenntnisse der Einheimischen. Wenn sie gar nichts können, sind Hildegard oder Christian dran. Der Wortschatz von Christian ist vielleicht etwas größer, aber er ist weniger frech als Hildegard, die einfach mal alle auswendig gelernten Sätze dahersagt und damit die Gunst der Gegenüber = immer Männer erobert. Der alles schlagende Satz heißt: türkçe öreğniyorum = ich lerne Türkisch. Sie kann Türkisch, sagen sie dann strahlend zueinander.

Mittlerweile, mit der Erfahrung von sieben durchwanderten Ländern, wissen wir ziemlich genau, was die Leute von uns wissen wollen: woher wir kommen, wohin wir gehen, zu Fuß, wirklich alles, ohne Bus und Autostopp, wie viele Kilometer im Ganzen und pro Tag, wie schwer der Rucksack ist und hie und da auch, was wir von Beruf sind. In der Türkei kommt schneller auch die Frage nach dem Zivilstand. Auf diese Fragen sind wir vorbereitet und können sie einigermaßen im Langsam-Wörter-Zusammensetzspiel auch auf Türkisch beantworten. (ha)

Kleine Pausen

Das Laufen, Pilgern ist für uns während gut sieben Monaten die tägliche Arbeit. Dabei sind Pausen ein genauso wichtiges Thema wie sonst im Alltag auch. Die häufigsten kleinen Pausen fordern wir Frauen ein. Vor allem am Morgen müssen wir regelmäßig nach Plätzen hinter den Büschen Ausschau halten. Zu Beginn sprechen wir gepflegt schweizerisch von der Biopause. Später rufen wir den Männern zu: anhalten, Pinkelpause. Für Verpflegungs- und Trinkpausen entwickelt sich mit der Zeit ein Rhythmus heraus, der aber nie etwas Stures hat. Wir sind auf Brunnen, Läden und kleine Gasthöfe am Wegrand angewiesen, später in der Türkei auf Teestuben oder Moscheen, wo es Toiletten und Wasser gibt. Die Pausen werden von unseren Bedürfnissen und der Infrastruktur bestimmt. Sie sind eine wichtige Unterbrechung. Wir können den Rucksack einen Moment lang abstellen und absitzen. Das Aufstehen allerdings wird mit der Zeit immer mühevoller. Es braucht ein regelrechtes „Anlaufen", um wieder in die Gänge zu kommen.

Wichtig sind auch die großen Pausen. Alle acht bis zwölf Tage legen wir einen freien Tag ein. Dazu braucht es eine größere Stadt mit entsprechender Infrastruktur. Wir suchen eine Herberge, meistens ist es ein Hotel, selten ein Kloster. Esther und ich sind dann immer auf der Suche nach Postkarten, Marken und einem Briefkasten. Über unsern Blog organisieren wir einen kleinen Wettbewerb. Alle, die mitmachen, erhalten von uns eine Postkarte. Franz ist wie jeden Tag mit der Route beschäftigt. Christian liest die NZZ, macht eine Stadterkundung, schmiedet Zukunftspläne. Hie und da müssen wir etwas Spezielles einkaufen, Schuhe oder Brille flicken lassen, uns ums Bargeld kümmern. Wir genießen es auch, auszuschlafen, an einem Ort etwas zu verweilen. Die Unterbrechung ist wichtig, und es tut uns gut, zweimal im gleichen Bett zu schlafen und am Morgen nicht sofort nach dem Aufstehen wieder den Rucksack zu packen. (ha)

Verschiedene Wege und Straßen

Die erste Pilgerstrecke durch die Schweiz ist für uns in vielerlei Hinsicht wie Gehen auf einem roten Teppich. Zum einen genießen wir die uns begleitende Gruppe, die uns in Müstair, an der Schweizer Grenze, in die Viererschaft entlässt. Zum andern sind die Wanderwege, die gepflegte Landschaft, die Schönheit und die Abwechslung der Natur in unserer Heimat atemberaubend schön. Durch die Schweiz beschreiten wir fast durchwegs abseitige Wege, sogar Naturpfade. Das ändert sich schnell. Von der Streckenplanung her ist klar, dass wir einerseits so gut wie möglich die direktesten Wege nehmen – wir laufen beinahe Luftlinie – und andererseits jene, die uns immer wieder durch Dörfer und in Städte führen. Wir tragen Proviant für einen Tag mit und haben einen Liter Wasser dabei. Die bewohnten Gebiete sind für den Nachschub und abends für ein Dach über dem Kopf wichtig. Aus diesem Grund werden, je weiter wir pilgern, die leicht und später auch schwerer befahrenen Straßen zu unserer Pilgerstrecke. Wenn es plötzlich Feld- oder Flusswege gibt, empfinden wir das meistens als Wohltat. An dem Fluss Drau in Kärnten sind wir für ein paar Tage auf einem Damm unterwegs, der auch Fahrradweg ist. Später, in Kroatien, laufen wir praktisch die ganze Zeit durch Straßendörfer. Vor dem Laufen auf Teerstraßen hatten wir uns im Vorfeld gefürchtet, aber interessanterweise gewöhnen wir uns schnell daran. Mit der Zeit bevorzugen wir manchmal sogar die geteerte Straße, weil wir uns beim Laufen weniger konzentrieren müssen. Durch Serbien und Bulgarien gibt es Abschnitte, die durch Berglandschaften führen. Wenn es sogar wieder einmal ein Waldweg ist, fühlen wir uns wie im Paradies. Im europäischen Teil der Türkei bis Istanbul ist es dann über Hunderte von Kilometern fast ausnahmslos die Autostraße, der entlang wir pilgern. Sie ist aber nicht so schwer befahren, wie wir das von zuhause her kennen. Es gibt einen sehr breiten Pannenstreifen, auf dem auch Pferdekutschen, Fahrräder und andere Fußgänger unterwegs sind. Wir empfinden dieses Stück zwar endlos und heiß, weil fast jeglicher Schatten fehlt, aber es gab gefährlichere Abschnitte als diesen.

Eine Herausforderung auf dem ganzen Pilgerweg sind für uns die toten Tiere am Straßenrand. An den Gestank, der von ihnen ausgeht, gewöhnen wir uns nicht. Meistens sind es Hunde, einmal ein Esel, vor Istanbul bedauerlicherweise auch die überfahrene mauretanische Landschildkröte. Was für ein Jubel, als Esther eines Tages eine lebendige Schildkröte in Händen hält.

Eine wunderbare Entdeckung ist für uns eine Blume, die uns sage und schreibe von der Schweiz bis Jerusalem immer wieder auffällt. Wir sehen sie zur Blütezeit über viele Wochen hinweg und später in Syrien, Jordanien und Israel/Palästina als verdorrte Pflanze. Es ist die Wegwarte. Für mich ein kleines Zeichen am Wegrand. Wir haben keine Wegweiser mehr entlang unseres Weges, dafür aber die Wegwarte.

Als wir uns Istanbul nähern, wird die Autobahn, die am Flughafen vorbeiführt, zwölfspurig. Es ist unglaublich, aber wahr: Es gibt für uns keine andere Möglichkeit, als ihr zu folgen. Einige Male müssen wir sie queren, dafür über Leitplanken klettern, eine Lücke im jetzt dichten Verkehrsstrom abwarten, mit unseren Rucksäcken auf die andere Seite springen. Im Labyrinth dieses Großstadtverkehrs geschieht es, dass Franz und mir eine prägende Pilgererfahrung zum Wort reift: Die Vorsehung ist pünktlich. Wir stehen im Gewirr der Straßen, es ist laut, und wir wissen, dass wir das verschlungene Knäuel von Autobahnen noch nicht hinter uns haben. Da läuft plötzlich ein Mann vor uns her, der scheinbar für ein Stück den gleichen Weg hat wie wir. Es ist ein Einheimischer, der offenbar diesen Abschnitt gut kennt. Wir laufen hinter ihm her, überwinden Leitplanken, kraxeln eine Böschung rauf und runter, kommen auf die nächste Autobahn, queren sie – immer hinter diesem Mann – und wir fühlen uns und sind wie von unsichtbarer Hand auf einem schwierigen Abschnitt geführt. Die Vorsehung ist pünktlich! (ha)

Vorsehung

Wir laufen eng hintereinander, an den Rand der Straße ohne Trottoir gedrängt. Bei uns wäre das der Pannenstreifen. Auf der andern Seite läuft auch jemand. In Sandalen. Irgendwann quert er zwischen vielen Autos hindurch und will auf unsere Seite wechseln. Wir halten an. Ein 43-jähriger Türke, ein gebildeter Mann, Czingi, der unglaublich gut Deutsch spricht. In der Schule gelernt!! Er stellt uns die üblichen Fragen, bedeutet, dass er, der Arbeitslose, Zeit habe, mit uns zu kommen. Für uns sind das nicht ganz einfache Momente, weil wir unseren Trott haben, dem GPS folgen und keine Umwege zu machen gewillt sind. Wir wissen auch nie genau, wie gut die Menschen unser Tun einschätzen können. Aber wir sprechen miteinander beim Weitergehen und es zeigt sich, dass Czingi ganz gut verstanden hat, was wir wollen. Er bringt uns zu einer Teestube. Dann in die Bäckerei und dann im Stadtkulturhaus auch zu Toiletten. Mir geht durch den Kopf, dass die Bibel ermutigt, mit einem, der bittet, eine Meile mitzugehen, zwei daraus werden zu lassen. Wir haben Czingi um nichts gebeten. Er begleitet uns selbstverständlich ein Stück und bittet vor dem Abschied alle ausdrücklich, für ihn, seine Frau und seinen Sohn zu beten. (ha)

Große Pausen

Zweimal machen wir ganz große Pausen. Zunächst in Istanbul, der exakten Hälfte des Weges. In dieser Großstadt machen wir zwei Wochen Ferien. Wir haben das Glück, bei den Lazaristen im österreichischen Hospiz, dem St. Georgskolleg, eine Wohnung benutzen zu dürfen. Wir stoßen an auf dieses Zwischenziel. Von bester Lage aus können wir diese faszinierende Stadt erkunden. Wir haben Zeit, eine europäisch geprägte und zugleich muslimische Stadt kennenzulernen. Esther und ich nehmen uns vor, in der Stadt einen Sommerrock zu kaufen, um etwas Abwechslung in der Garderobe zu haben. Keine von uns aber hat Lust zum Shoppen. Obwohl wir Touristen geworden sind, bleiben wir Pilger, die sich mit ganz wenigem gut zurechtfinden und begnügen können. In dieser Zeit in Istanbul ist es erstmals möglich, dass jede und jeder für sich etwas allein unternehmen kann. Wir genießen die Privatsphäre, die entsteht, die Distanznahme zueinander, die an anderen freien Tagen kaum möglich ist, vor allem für uns Frauen nicht. Esther setzt sich gerne alleine in die Stadt ab. Sie telefoniert oft mit ihrem Partner. Im Rückblick bezeichnet sie diese kleinen Freiheiten sogar als Ausbrechen. Ich kaufe mir ein Buch von Orhan Pamuk über seine Stadt Istanbul und genieße die Stunden beim Lesen.

Gegen Ende der Ferienzeit stößt eine Gruppe aus der Schweiz zu uns. Wir werden von diesen Menschen einerseits besucht, andererseits aber haben sie ein kulturelles und interreligiöses Programm in der Stadt. Wir dürfen auch daran teilnehmen. Schließlich läuft diese Gruppe die erste Tagesetappe des zweiten Abschnittes mit. In diese Zeit fällt auch der zweite Kontakt mit der Filmcrew. Sie hatte unsern Weg durch die Schweiz bereits festgehalten. Unter der Leitung von Christof Wolf entsteht der Dokumentarfilm „Die Schrittweisen". Es macht Spaß, dass unser Abenteuer auch auf diese Weise andern vermittelt werden kann, aber es ist strapaziös, den berechtigten Anforderungen einer Filmcrew gerecht zu werden. Die Filmaufnahmen, die am ersten Tag des Weiterpilgerns gemacht werden, bringen uns an die Grenze der Belastbarkeit.

Die zweite große Pause machen wir in Amman, schon ganz nahe an Jerusalem. Für mich ist es eine Zwangspause. Fünf Tagesetappen vor unserem großen Ziel nach vielen und langen Wochen des Pilgerns müssen wir drei Wochen unterbrechen und warten, weil wir auf einen bestimmten Zeitpunkt hin wiederum mit einer Gruppe abgemacht haben, die eigens aus der Schweiz per Flugzeug anreist, um mit uns die letzte Etappe nach Jerusalem zu pilgern. Bei der Vorstellung, drei Wochen in einer Stadt, die mir nicht gefällt, warten zu müssen ohne geringste Lust auf touristische Unternehmungen oder Shoppingtouren gerate ich in eine richtige Krise. Ich beschreibe im Blog meinen ersten großen Pilgerkoller und werde wie bei allen vorangegangenen kleineren Krisen von so vielen aufgefangen und getragen. Die ganz große Hilfe für diese drei Wochen ist schließlich die Bewusstwerdung, dass der Advent begonnen hat. Zeit des Wartens. Und plötzlich beginnt diese Zeit sehr kostbar zu werden. Ich entdecke, dass die biblischen Texte, die in der täglichen Liturgie vorgetragen werden, aus der Gegend stammen, in der ich mich aufhalte. Vor allem die Texte aus dem Buch Jesaja kommen mir auf nochmals neue Weise nahe. Rückblickend darf ich sagen, dass dieser Zwangsaufenthalt in der jordanischen Großstadt wesentliche Vorbereitung für ein gutes Heimgehen ist. (ha)

Fünftes Kapitel:
Unterkünfte

Wo um Himmels willen schlafen?

Nachdem wir uns in der Schweiz gar keine Sorgen um Unterkünfte zu machen brauchten, begann die Suche nach der Grenze. Vereinzelt halfen uns Bekannte, Quartiere zu finden: privat bei Freunden, im Pfarrheim, mal im Kloster. In Südösterreich war es schwer, privat unterzukommen, Pensionen waren offen. Ein altes Ehepaar, das Zimmer vermietete, zeigte uns seine Unterstützung durch ein äußerst gepflegtes Zimmer, vielleicht mit den feinsten Bettanzügen des gesamten Weges. Ein anderes Mal kamen wir bei einem Witwer unter, der das uns vermietete Zimmer wohl seit dem Tod seiner Frau vor einigen Jahren kaum mehr betreten hatte. (fm)

Bei einem Witwer

Die letzten zwei Tage waren wir mit Anni und Carlos, Freunden von Franz, unterwegs. Die beiden boten ihr Geleit bis heute Mittag. Schön war es mit ihnen. Sie verwöhnten uns mit ihrer Jause! Nach dem Abschied packten sie drei unserer Rucksäcke in ihr Auto und fuhren heimwärts Richtung Graz. Aber nicht, ohne vorher für uns in Möderndorf eine Unterkunft zu suchen. Gesagt, getan. Wir erhielten kurze Zeit später ihren Telefonanruf mit der Ankündigung, dass wir bei einem Herrn, dessen Name unbekannt sei, der aber nach der Brücke südwärts im zweiten Haus rechts wohne, übernachten könnten. Nein, einen Straßennamen gäbe es auch nicht.

Der Hausherr sei Witwer und ginge gerade zur Heuet. Zwei einfache Zimmer ohne Frühstück seien für uns reserviert. Ja, und übrigens die Schlüssel lägen in der Postrolle. Alles klar. Wir sind dankbar, um eine Unterkunft zu wissen. Mit Ausnahme von Franz – ein Rucksack muss immer bei uns bleiben – haben wir die Freiheit, die restlichen Kilometer bei herrlichstem, nicht allzu heißem Wetter und Gegenwind ohne Rucksäcke zu gehen. Immer am Fluss Gail entlang – es ist ein richtig schöner Sonntagsspaziergang. (ha)

Nachzeichnung einer Herbergssuche

Franz: Griaß Gott, i darf Ihnan a schöana Gruaß va da Christa aus Vorderdoarf aosrichtan.
Frau W. aus Arnoldstein: Jo danke.
Franz: I wullt frogn, obs denn a Unterkunft für viar Personan hettan auf Empföhlung va der Christa aus Vorderdoarf. Entwedar a Viererzimmer odar zwa zwaiar.
Frau W.: Gearn. Sans denn a Familie?
Franz: Na. Viar Erwochsne.
Frau W.: also zwa Ehepoar?
Franz: Na. Zwa Menner und zwa Frauen.
Frau W.: Aha ... Jo, das geat schon. Für hait Nocht, gö. Daun geb i Ihna a Appartment. Zwoa aufm Sofa und zwoa im Doppelzimmar.
Franz: Wichtig sind oafach viar Deckan. Es san ols Singals. (ha)

Katholische Welle

Überrascht waren wir von der Unterkunft in Maribor/Marburg in Slowenien, wo wir mit der Hilfe eines Freundes im Kloster der Franziskaner eine Unterkunft bekamen. Die Bettwäsche war so ungepflegt, dass der Pater nur wenig später mit neuen Kissen anrückte, die er für uns eingekauft hatte.

In Slowenien und Kroatien genossen wir eine außerordentliche Gastfreundschaft, die wir als „katholische Welle" bezeichneten. Von einem Kloster konnten wir zum nächsten Pfarrhaus oder wieder zu einem Kloster weiterwandern. Ganz herzlich war die Aufnahme im Pfarrhaus von Ormož, wo wir im Gästezimmer und im Pfarrsaal unser Lager aufschlagen durften. Überrascht von unserem Kommen waren die Kreuzschwestern in Donji Miholjac; sie quartierten uns in der sommerlichen Gluthitze im gut verdunkelten und kühlen Pfarreisaal ein. Tags darauf lag der Pfarrsaal gegenüber einer Diskothek, die an diesem Freitagabend bis in die frühen Morgenstunden lauten Betrieb hatte – die Katechetin Sr. Daniela hatte uns vorgewarnt. Als wir um 4 Uhr wieder aufstanden, hatten wir gerade zwei Stunden geschlafen. (fm)

Bühne Nummer 1

Ein Tag auf dem Weg nach Stari Gradac (Kroatien), den wir nur entlang befahrener Straßen liefen. Mehrere Male wurden wir am Straßenrand zu einem „Gemischten" oder Kaffee eingeladen, was wir auch annahmen. So kamen wir gut durch den Tag. Als Franz und ich am Zielort beim Pfarrer anklopften und um Unterkunft bei ihm oder im Dorf fragten, war er sehr reserviert und wollte uns 10 km weiterschicken. Wir blieben hartnäckig und rangen ihm schließlich ab, in seiner Blechgarage schlafen zu können. Natürlich hätte uns das große Pfarrhaus gereizt, zumal wir auch mit einer der gedeckten Terrassen zufrieden gewesen wären. Doch wir stellten fest, dass die Garage schon ein nicht leichtes Zugeständnis für ihn war. So gingen wir zur Bar zurück, wo die Frauen warteten in der Hoffnung, dass es möglich würde, WC und Wasser dann im Pfarrhaus benützen zu können. Auch leer stehende

Häuser am Straßenrand inspizierten wir weiter. Als wir mit Rucksack zum Pfarrhaus zurückkamen, versuchte der Pfarrer, mit Hilfe der Nachbarn gerade den Wasserhahn im Garten in Funktion zu bringen. Wir wurden spontan von den Nachbarn zu einem Drink eingeladen. Langsam wurde der Pfarrer etwas zugänglicher und sagte, er würde zum Bürgermeister gehen, damit wir die Schule benützen könnten. Nach dieser Möglichkeit hatten wir ihn schon im ersten Gespräch gefragt. Nach kurzer Zeit kam er an unseren Tisch zurück und sagte, er hätte im Vereinshaus eine Unterkunft für uns gefunden, und zeigte den Schlüssel in seiner Hand. Wir waren froh, dass er sich immer mehr bewegen ließ und uns schließlich dieses Dach über dem Kopf, nur wenige Meter entfernt, ermöglichte. Hier begannen wir uns im Saal mit Bühne einzurichten, nachdem wir ihn etwas gereinigt hatten. (chr)

Bühne Nummer 2

Diese Nacht verbringen wir auf Bühne Nr. 2. Sie ist schlecht und recht gewischt worden, und wir helfen nach. Leider gibt es keine Toilette, dafür einen richtigen Wasserhahn, den wir mit dem Schraubenzieher öffnen und schließen können. Am meisten freut uns, dass die Regenponchos endlich wieder zum Einsatz kommen. Wir bedecken die Bühne mit unseren aufknöpfbaren Regenschutzen und haben einen wunderbar sauberen Boden, auf welchen wir gerne unsere Luftmatratzen samt Seidenschlafsäcken ausbreiten. Die Nacht ist trotzdem nicht so toll. Wir werden durch die Scheiben mit Taschenlampen betrachtet. Klar, ist ja auch das Lokal, vor welchem sich die Jugend nachts zum Tratschen trifft. Um Mitternacht herum wird endlich eine der Fensterscheiben mit einem Plakat beklebt, welches die Band XY ankündigt. Danach kehrt langsam Ruhe ein. (ha)

Katholiken unerwünscht

Der heutige Tag führte uns in die Stadt Ilok (Kroatien), wo in der Kirche auf dem Stadthügel der im 15. Jahrhundert bekannte Franziskanerprediger Johannes Kapistran begraben ist. Er ist als Inquisitor, Judenverfolger und militanter Verteidiger des katholischen Glaubens bekannt. Für uns heute hat er nicht nur eine positive Biographie. Dann ging es über die serbische Grenze ins hügelige und waldige Naturschutzgebiet von Fruška Gora. Während des Mittagsregens nahmen wir in einem Bushäuschen Zuflucht. Danach gingen wir weiter zum orthodoxen Frauenkloster Dipša. Wir fragten, ob wir übernachten könnten. Wir erhielten eine Absage. Eine Begründung gab es nicht. Im Gespräch wurde aber klar, dass wir Katholiken sind; bezeichnet wurden wir als „Alpinisten". Wir durften allerdings, nachdem wir unsere schmutzigen Schuhe ausgezogen hatten, die Kirche besichtigen. Dann zogen wir durch Wald und Feld etwa 7 km weiter zum orthodoxen Männerkloster Kuveždin. An der Tür mussten wir vom jungen Mönch hören, dass nur Orthodoxe im Kloster übernachten dürfen. Als Katholiken könnten wir nicht für eine Nacht aufgenommen werden. Da es schon auf Abend zuging und wir nicht weiterkonnten, baten wir, auf den Bänken unter den Bäumen vor dem Kloster schlafen zu dürfen. Dies wurde uns erlaubt, wobei jeder Entscheid vom Abt geholt werden musste, der in dieser Zeit das Abendgebet leitete. In der Nähe waren auch ein Brunnen und eine öffentliche Toilette. Was brauchen Jerusalempilger mehr!? Nun hofften wir, dass die Nacht nicht zu frisch und es nicht regnen würde.

Später, gegen 20 Uhr, kamen der Mönch, seine Novizen und andere Personen aus dem Abendgebet und setzten sich zu uns, um Melone zu essen sowie Kaffee und Tee zu trinken. Wir kamen kurz ins Gespräch und stellten fest, dass uns einer der Anwesenden gerne ins Klos-

ter aufgenommen hätte. Nun entschuldigte er sich. Es wäre hier einfach nicht möglich.

Schon war es dabei, Nacht zu werden, als sich ein Gewitter ankündigte. Wir suchten nach mehr Unterstand und fragten, ob wir nicht in die Blechgarage könnten, die zwischen zwei Bäumen stand. So wurde das Auto des Abts herausgefahren. Wir konnten – inzwischen hatte es schon zu regnen begonnen – noch einige Holzbänke vom Klostervorplatz holen und hineinstellen. Auf dem Boden und den Bänken richteten wir uns mit unseren Matten und Schlafsäcken ein. Der Regen prasselte auf das Dach. Esther versuchte sich vor den Tropfen vom Garagendach mit einem Schirm zu schützen. Alle hätten wir nach dem langen Tag in dieser staubigen Blechkiste gerne geschlafen, doch es war kaum möglich. Die Nacht war den Umständen entsprechend nicht sehr erholsam. Noch im Dunkeln vor Sonnenaufgang standen wir auf, stellten die Holzbänke auf den Platz zurück und aßen unter den Bäumen etwas Kleines zum Frühstück. Als wir um 5 Uhr in den neuen Tag hinein aufbrachen, gingen die Mönche zum Morgengebet. Der Mann, der uns am Vorabend gerne ins Kloster eingelassen hätte, kam und verabschiedete sich. Die Mönche und wir Pilger gingen je unsere Wege. (chr)

Wenn wir uns am Ziel wähnen

Ankunft in Crvena Reka (Serbien), nach einer langen Etappe ohne Kaffee, ohne offene Bar oder Laden. Wir schauen uns zuerst einmal nach einer Bar um. Die erste Lokalität – zwei junge Männer hängen in Sesseln unter einem riesigen Pilzschirm herum – ist keine Bar mehr und nein, Unterkunft gibt es am Ort nicht. Christian schildert auf Englisch, was wir tun. Der eine junge Mann verdrückt das Lachen, der andere wagt sich mutig vor mit einigen Fragen. Sie schicken uns weiter zu einem Res-

taurant. Da, endlich, bekommen wir etwas zu trinken – Christian und Franz ein Limobier, Esther und Hildegard einen Ananassaft mit einem Liter Wasser, der dann als Erdbeersaft serviert wird. Beim anschließenden Kaffee beginnen wir wieder nach einer Unterkunft zu fragen. Nein, am Ort gibt es nichts. Wir erklären, dass wir mit einem Zimmer, einer Schule, dem Kulturhaus sehr zufrieden wären, weil wir Luftmatratze etc. dabeihätten. Nein, das geht nicht. Aber es gibt etwas, ein paar Kilometer weiter, bei einem Freund. Klar, da wird sofort angerufen und ja, Zimmer sind frei. Super. Das nehmen wir. Nur, wie kommen wir da hin? Wir laufen keine 7 km mehr. Aha, es gibt einen Bus und ups, der Bus fährt in zehn Minuten. Wir zahlen, wecken Esther auf, die sich auf einer Bank schlafen gelegt hat, eilen über die Straße und setzen uns ins Wartehäuschen, das schwer erhitzt ist, und warten. Die zehn Minuten sind heute lang, vielleicht 40 oder 50 Minuten lang. Hildegard hat die blendende Idee, die Autos auf der schwer befahrenen Straße zu zählen, und zwar so: Esther zählt jedes Fahrzeug, Franz die Serben, Hildegard die Deutschen. Wir sind überrascht, dass in Serbien von 100 Autos nur 23 mit serbischem Kennzeichen, 33 mit deutschen und der Rest mit türkischen unterwegs sind. Endlich kommt der Bus, und schon stehen wir vor unserer Unterkunft, dem Stari Fijaker (alter Fiaker). Alles bestens. (ha)

Das Rehabilitationszentrum

Am Nachmittag kamen wir in Mladenovac (Serbien) an, marschierten durch die ganze Stadt, bis wir zu einem Gebäude kamen, wo man uns hingeschickt hatte, um übernachten zu können. Hotels oder Pensionen gibt es in dieser doch größeren Stadt nicht. Dort angekommen, mussten wir aber feststellen, dass es ein Rehabilitationszentrum war. Was sollten wir tun? Wir gingen zur Re-

zeption, erklärten uns und fragten nach Unterkunft. Die Dame war zunächst sehr reserviert und meinte, wir hätten buchen müssen. Schließlich wurde sie zugänglicher und versuchte, für uns im sehr belegten Haus noch Betten zu finden. Nach Telefonaten gelang es, dass wir für Esther und Hildegard ein Doppelzimmer erhielten. Franz und ich wurden jedoch je in ein Dreibettzimmer eingeteilt, wo je bereits zwei Patienten untergebracht waren. Wir gingen mit unseren Schlüsseln auf Zimmersuche. Doch, oh Schreck: Franz und ich traten in Frauenzimmer ein und wurden gleich wieder auf den Flur befördert. Wir trafen uns also wieder an der Rezeption, wo sich die Dame entschuldigte. Es gab schließlich keine andere Lösung: Die beiden Männer hatten das Doppelzimmer zu nehmen und Hildegard und Esther wurden den Frauenzimmern zugeteilt. – Rehabilitationszentrum, wieder eine neue Erfahrung in Serbien. (chr)

Durch den Regen zu Oliver

Zum ersten Mal seit langem verlassen wir unsere Unterkunft in voller Regenmontur. Für zwei Tage ist Regen angesagt. Ein düsterer Morgen, der nicht richtig Tag werden mag, empfängt uns. Immer wieder regnet es. Das ist nicht schön, wenn man an der Hauptstraße ohne Trottoir entlanggeht. Und doch haben wir Glück. Die Autofahrer nehmen Rücksicht auf die seltsame Truppe am linken Straßenrand. Sie weichen den Pfützen aus, die uns vollgespritzt hätten, und sie fahren langsamer an uns vorbei. Am Mittag taucht die seit Stunden ersehnte Bar auf. Die hygienischen Zustände dort sind aber dermaßen bescheiden, dass wir das, was wir trotzdem speisen, mit einem Sliwowitz hinunterspülen müssen. Später laufen wir durch eine schöne serbische Hügellandschaft, der Regen lässt nach, aber wo um Himmels willen sollen wir hier eine Unterkunft finden? Am Dorfeingang des Ziel-

ortes – ich weiß schon nicht mehr, wie er heißt – sprechen wir einen jungen Mann an, der in seinem Vorgarten arbeitet. Oliver ist hocherfreut über die Fremden, bittet uns herein und bietet uns sofort Nachtlager an. Das nehmen wir auch an, müssen uns aber doch etwas an die häusliche Enge und Bescheidenheit gewöhnen. Wie wir hier schlafen werden, wissen wir noch nicht, aber auch dafür wird es eine Lösung geben. Jedenfalls hat Oliver für uns Wasser warm gemacht und im Schuppen eine Notwaschstelle eingerichtet. Esther und ich finden im Dorf einen Laden und kochen Suppe, Teigwaren mit Tomaten- und Rühreisauce. (ha)

Auf der Hotelwelle

In den vergangenen Tagen durch Zentralserbien hatten wir stets Unterkunft in Hotels, Pensionen oder Motels an Autobahnraststätten gefunden. Die Freundlichkeit der Bedienung war dabei so verschieden wie die Qualitätsunterschiede der einzelnen Häuser. In Jagodina begegnete uns der sozialistische Charme eines staatlichen Hotelkomplexes aus der Zeit Ex-Jugoslawiens. Nicht nur die Infrastruktur war überaltert, sondern auch die Bürokratie an der Rezeption, wo der ältere Herr uns sogar einen Hotelstempel in den Pass machen wollte. Nicht so unpersönlich und grau war es im Autobahnmotel in Markovac: auch da ein 24-Stunden-Betrieb, doch alles modern und farbig, voll von Werbung. Reich waren die Möglichkeiten, an Kiosk und Laden auch diejenigen Bedürfnisse zu stillen, die man nicht einmal hat. Ganz anders im Hostel in Niš, wo uns eine junge, trendig gekleidete Dame in englischer Sprache empfing, die Zimmer zeigte und um uns warb. Verkaufstechnisch geschulte Freundlichkeit, die zum Design der Räume passte. Im „Alten Fijaker" hingegen stand alles mehr auf Rustikal. Der Wirt gab sich patron- und kumpel-

haft zugleich. Wir konnten da auch die Waschmaschine benutzen. Doch als wir – nach einem typisch fleischgehäuften serbischen Essen – zahlen wollten, war der Preis für die Zimmer viel höher als mündlich ausgemacht. Natürlich war der Patron verschwunden. Der arme Kellner musste von uns verlangen, was dieser ihm noch schriftlich zurückgelassen hatte. In Aleksinac wiederum waren wir bei einem Wirt, der einst in Italien gearbeitet hatte. Als wir ein Panaché wollten, das er nicht hatte, konnten wir es im Laden auf der anderen Straßenseite holen und bei ihm trinken. Und als wir eine Melone vom Markt brachten, deckte er uns sofort den Tisch mit Teller, Besteck und Serviette, dies alles ohne jeden Aufpreis. In Pirot schließlich waren wir in einem Restaurant mit Zimmern an der Autostraße. Sauber, gepflegt und freundlich mit professioneller Bedienung. Seltsam war nur, dass wir die einzigen Gäste waren. Uns wurde gesagt, nur noch ein Dreibett- und ein Einzelzimmer wären frei, was wir auch genommen haben. Im Restaurant und im Haus war es trotz der Gepflegtheit unheimlich leer. War das wirklich eine Pension oder versteckte sich hinter diesem Betrieb ein ganz anderes Etablissement, gut getarnt? Der Name des Lokals an der Schnellstraße lautete „Stille Nacht", was uns dazu veranlasste, das „Heilige Nacht" ironisch hinzuzufügen. (chr)

Immer finden wir etwas

An den großen Überlandstraßen in der europäischen Türkei kamen wir in Hotels oder Pensionen unter, einmal gab es nur ein Nachtlokal, wo voller Betrieb herrschte und wir unsere Türen nicht abschließen konnten. Die Angestellten versicherten uns am Abend, das Frühstück sei kein Problem. Sie hatten die ganze Nacht Betrieb und konnten uns als letzte Arbeit der Nacht um 4:30 Uhr ein Frühstück servieren.

Überwältigend war für uns die Gastfreundschaft in der Türkei. In den abgelegenen Berggegenden wurden wir beim Bürgermeister aufgenommen und verköstigt. Ein andermal in Hotels, die uns Menschen gezeigt hatten oder wo sie uns hinbrachten. Auch privat wurden wir einmal völlig überraschend aufgenommen: Eine türkische Familie, deren Tochter in Deutschland verheiratet ist, nahm uns voll Freude auf: Wir hatten nach Wochen wieder einmal die Möglichkeit, mit Einheimischen auf Deutsch plaudern zu können. Ein Riesenerlebnis!

Bezüglich Syrien hatten wir keine Ahnung, wie wir Quartiere finden würden. Aber mehrmals gab es in den gebirgigen Regionen heruntergekommene Hotels, die uns aufnahmen. Abgewirtschaftet waren sie, weil der Tourismus aufgrund des begonnenen Bürgerkrieges zusammengebrochen war. Zwischen Homs und Damaskus gerieten wir wieder auf eine neuerliche „christliche Welle": Wir kamen in christlichen Pensionen, Klöstern und Pfarrhäusern unter: dieses Mal mit offener Herzlichkeit auch im Gästetrakt eines orthodoxen und eines maronitischen Frauenklosters. (fm)

Öğretmen Evi

Heute kamen wir in Çay an und suchten das Hotel Fatih auf, das uns zur Übernachtung empfohlen wurde. Es scheint das einzige Hotel in dieser türkischen Kleinstadt zu sein. Doch das Hotel wird renoviert und ist geschlossen. Der Herr im Hauseingang wies uns weiter zum Öğretmen Evi, dem Lehrerhaus. Dies ist eine alte Institution in der Türkischen Republik. Als Mustafa Kemal Atatürk auf Modernisierung des Landes setzte, investierte er in Schulen und in Bildung. Viele größere Dörfer erhielten so in der Folge dieser Reform eine Schule, eine Pension für die Schüler und ein Öğretmen Evi. Es ist also eine Art Pension, wo sich die Lehrer, die oft von auswärts kamen, niederlassen konnten. In Çay fragten wir uns also danach durch und wurden bald von einer ganzen Bande von Buben in Schuluniform hingeführt. Der Schuldirektor empfing uns herzlich, sogar mit einigen Brocken Deutsch. Unkompliziert war die Einquartierung im einfach und sauber hergerichteten Haus mit Empfang, Speisesaal für das Frühstück, den Büros der Lehrer, Aufenthaltsräumen etc. Als Pilger konnten wir nun von dieser Bildungseinrichtung profitieren. (chr)

Heute hier und morgen dort

So ist das beim Pilgern! Wir wissen dank unseres „Sterns" immer, wo wir hingehen. Aber ob es eine Unterkunft geben wird, wissen wir meist nicht. Heute konnten wir beruhigt pilgern, denn schon ganz früh erfuhren wir, dass es am Zielort ein Hotel gibt.

Gestern war das ganz anders. Unsere erste Info hieß: Es gibt ein Öğretmen Evi – super, große Freude. Die zweite Info von einem Bewohner von besagtem Ort war: yok (nein, es hat nichts) – Enttäuschung. Wir liefen weiter, freundeten uns mit dem Gedanken an, dass wir autostoppen. Kurz vor dem Ort sprachen wir Straßenarbeiter an und fragten nach einem Zimmer. Nein, es gibt nichts – Enttäuschung zwei. Doch, sagte einer, fragt nach Mustafa Kahraman. Den Namen schrieb er Franz auf einen Zettel. Der ist doch gestorben, rief ein anderer. Also wurde der Name des Sohnes dazugeschrieben. Fragt einfach im Dorf – Hoffnung. Wir bedankten uns und taten, wie uns geheißen. In der Çaystube fragten wir mit dem Zettel in der Hand, und schon waren wir wieder mitten im Geschehen. Wir sollten uns setzen und Tee trinken, es wurde erzählt und erklärt und telefoniert. Wir verstanden nicht viel, hatten aber im Laufe unseres Türkeiaufenthaltes schon gelernt, dass jetzt alles gut würde.

So war es. Nach ein paar Minuten kam Herr Kahraman auf seinem Motorrad daher, lud uns zu einem weiteren Tee ein, nahm uns mit zu sich und richtete uns den „Empfangsraum" seiner Mutter her: Teppich am Boden, Kissen und vier Matratzen. Auf die Frage, ob es eine Lokante (einen Laden) gäbe, bekamen wir zur Antwort, dass seine Frau für uns kochen würde. Nachdem wir uns in der öffentlichen Toilette gewaschen hatten, servierte uns der Vater mit den Kindern ein fürstliches Abendessen und natürlich fehlte auch der Tee nicht – Dankbarkeit. Zahlen durften wir nichts – so ist das mit der Gastfreundschaft. Einfach grandios, was wir erleben! (er)

Bei Ördeks

Die Sonne verliert an Kraft. Wir auch. Aber da ist das Dorf, das verheißene. Zimmer: yok (gibt es nicht), Otel: yok, sagen Ziegenhirt und andere Gefragte. Also steuern wir den Dorfplatz an und halten Ausschau nach einem Bus, der uns nach Tarsus bringt. Otobüs var (gibt es). In zehn Minuten. Super. Ein paar Einheimische stellen Stühle für uns auf. Sitzen sollen wir, während wir warten. Tamam (o.k). Wir plaudern, was so geht. Deutsch, ja deutsch könnten wir besser. Da wird ein Handy gezückt und nach wenigen Sätzen Franz ans Ohr gehalten. „Hier ist Franz Mali, guten Tag." Auf der andern Seite perfektes Hochdeutsch. Ein paar Sätze hin und her und das Telefon wird wieder dem Anrufer gereicht. Der beginnt zu strahlen. Es klappt. Wir können zu fünft (Giri, ein Jerusalempilger aus den Niederlanden, ist unterdessen zu uns gestoßen) bei Familie Ördek übernachten. Was? Unglaublich! Und schon eilt der Anrufer, um sein Auto zu holen, und fährt uns zu Ördeks, die uns wie längst Bekannte mit größter Selbstverständlichkeit bei sich aufnehmem. Es gibt Nescafé, dann Tee. Gülden kocht respektive backt draußen auf einem lustigen Feuerchen Abendessen.

Das reicht einfach so für alle. Fünf Leute mehr oder weniger spielt keine Rolle hier. Unglaublich, einmal mehr, unglaublich schön. Diesmal klappt es auch mit der Unterhaltung, weil Nesli, die Tochter, die zurzeit zu Besuch ist, seit dem sechsten Lebensjahr in Deutschland lebt. Ihr können wir unsere yok-Geschichten erzählen. Sie übersetzt für alle. Herrlich, wie wir alle zusammen lachen können. Das Tüpfelchen auf dem i: Wir bekommen alle ein Bett. Liebe Ördeks, ganz herzlich DANKE! *(ha)*

Was für ein Glück

Unser heutiges Zimmer hat Fenster, zwei, um genau zu sein, und im Badezimmer noch ein kleines. Wir Frauen sind überaus happy, denn in den vergangenen zwei Nächten war unser Heim eine Höhle, dunkel, ohne Fenster, übler Geruch aus dem Lavabo, keine eigene Klimaanlage, sondern nur eine gemeinsame auf dem Flur. Und wie das so ist, nicht alle wollen frische Luft im Zimmer und stellen die Anlage aus, wir werfen sie wieder an und so weiter. Unsere Lungen füllten sich beim Frühstück richtiggehend mit frischer Luft und während der ersten halben Stunde pilgern gähnten wir abwechselnd.

Heute ist alles anders. Wir haben nichts zu reklamieren, das Bett ist super, es riecht fein, die Dusche ist so gut, wie wir es noch fast nie erlebt haben, warmes Wasser in Hülle und Fülle, die Bettwäsche sauber, sogar Wattestäbchen gibt es, das Zimmer ist groß, wir haben alles – ein Hotelzimmer, wie wir es uns wünschen. Dabei sind wir gar nicht in einem Hotel, sondern in einem Öğretmen Evi.

Nur einen kleinen Haken gibt's, wir haben ihn erst grad entdeckt – heute findet eine Hochzeit im Parterre statt und die Musik ... Zum Glück haben wir Ohrenstöpsel dabei. (er)

In einer andern Welt

Grau zeigte sich mir die Stadt, die letzte große auf unserer türkischen Route. Grau gestern Abend und grau heute Morgen. Der Fluss mit dem wunderschönen Namen Orontes auch grau, um nicht zu sagen Gülle.

Aber dann tauchten wir in die verwinkelten Altstadtgassen Antakyas, in diese zickzackig engen Verschlungenheiten, ein, in wirklich altes Gemäuer. Ein Tor, ein verhängtes Fenster, ein auf die Straße hin baufälliger Balkon, abblätternde Farbe. Und die Atmosphäre des Geheimnisvollen, eines Labyrinths auch.

Wir Glücklichen hatten eine Adresse, die uns davon abhielt, ein schlechtmodernes Hotel zu nehmen: Barbara, eine Deutsche, die seit 35 Jahren hier lebt und als Christin ein Begegnungszentrum leitet. Wir dürfen bei ihr anklopfen und stehen plötzlich in einem fast quadratischen Innenhof. Schlichte Holzbänke rund um einen hohen Zitronenbaum, scheues Lampenlicht im schnell hereinbrechenden Abend, offene Fenster in den Hof hinein, eine stille Stiege, Frieden.

Mein Gedanke war: Ich bin in ein Theaterstück gelangt, und das hier sind die Kulissen. Aber nein, wir sind einfach in orientalischen Charme eingetaucht, haben die Betten für drei Nächte und einen geschützten Raum zum Ausruhen vor dem nächsten Pilgerabschnitt. Sind sehr, sehr zufrieden. (ha)

Bei Imkers

Erster Tag in Syrien. Der Tag neigt sich, wir müssen sehr bald eine Unterkunft finden. In der Dunkelheit zu lau-

fen verbietet die heikle politische Situation. Das Dorf, welches auch unser Zielort ist, liegt vor uns. Wir erreichen die ersten Häuser. Ein Hotel, das wissen wir bereits, gibt es nicht. Wir beginnen sofort mit Fragen. Eine Frau in langem Samtmantel – bei uns wäre es ein Morgenrock – räumt ein Werkzeug weg. Wir sind erstaunt und froh, dass sie etwas Englisch spricht, und sogar glücklich, als sie erklärt, wir seien in einem türkisch-syrischen Dorf gelandet. Und das Schönste! Wir meinen zu verstehen, dass es so etwas wie ein Gästehaus gibt. Zunächst aber, so bittet die Frau, sollen wir in ihre Stube kommen. Oh, wie gemütlich es ist, in der Nähe des Wärmestrahlers sitzen zu dürfen, Tee zu bekommen, mit den Buben und den zwei jungen Frauen ein paar Brocken Englisch und Türkisch sprechen zu können. Gleichzeitig läuft das Fernsehgerät, unsere momentan einzige Informationsquelle. Wieder große Aufstände an verschiedenen Orten. Wir hören, dass Vater Imker der Meinung ist, die Probleme Syriens könnten nur mit dem Tod Assads gelöst werden.

Jetzt werden uns Früchte gereicht. Das Gespräch mit der ganzen Familie läuft in einer großen Warmherzigkeit. Wir fühlen uns wohl bei Familie Imker. Wir dürfen den Papa mit den zwei cleveren Buben fotografieren. Die Frauen nicht. Doch! Plötzlich nehmen sie Esther und mich in ihr Schlafzimmer. Die Mutter stößt dazu. Hier gibt es Frauenfotos und lustiges Getratsche. Und dann fragen sie uns, ob wir nicht bei ihnen schlafen möchten, es wären genug Zimmer. O. k., warum nicht. Gern. Wir teilen es den Männern mit. Aber kurze Zeit später, wir werden wieder ins Mädchenschlafzimmer gerufen, müssen sie das Angebot wieder rückgängig machen. Die Dusche ist kaputt. Weil es deshalb für Muslime ein Problem gibt – wie sollten sich denn unsere Männer waschen –, kann uns die Familie mit zwei noch unverheirateten Frauen nicht aufnehmen. O. k. Schade, aber es gibt ja zum Glück dieses Gästehaus, wohin wir kurze Zeit spä-

ter gefahren werden. Wir sind sehr glücklich, dass wir rechtzeitig, in einem Anlauf, einen Ort zum Schlafen finden konnten. (ha)

In der Klosterküche

Wir sind wieder einmal in Regen geraten. Es war kalt und windig. So kamen wir in Ma'alula (Syrien) im melkitischen Kloster an. Durch eine sehr niedrige Tür, wo Franz mit seinem großen Rucksack tief in die Knie gezwungen wurde, gelangten wir in einen Klosterinnenhof und wurden von Pater Fayez begrüßt. Auf die Frage nach einer Übernachtung ein freundliches Ja und die Einladung zum Tee am warmen Ofen. Bald darauf: Der Tisch ist gedeckt. Wow, einfach schön, warm, gut und genug. Dann duschen und ruhen und dann wieder zum warmen Ofen, um Kaffee zu trinken. Auf Französisch wird heftig parliert, und es ist sichtbar, wie der Père sich freut, Gäste zu haben. Wunderbar für uns ist seine Offenheit und Gastfreundschaft, er überlässt uns Frauen großzügig seine Küche, denn am Abend kocht niemand, wir aber würden gerne etwas Warmes essen. Wir dürfen nehmen, was wir brauchen können, jedes Kästchen öffnen und Schätze suchen.

Es hat richtig Spaß gemacht, zu kochen und zu hantieren. Und fein war es auch: Suppe aus dem Päckli, Nudeln mit Tomaten-Thunfisch-Sauce und frischen Kräutern. Und der Père hat sogar aus lauter Freude noch eine Flasche Wein auf den Tisch gestellt. Matthieu, unser „Mitpilger" aus Paris, durfte ebenfalls Gast sein. Eine schöne, gemütliche Tischrunde. Herzlichen Dank, Père Fayez. (er)

Sechstes Kapitel:
Krisen

Ist es noch weit?

Das ist eine Frage, die mir in den letzten Tagen öfters in den Sinn gekommen ist.

Ich war müde, immer wieder tat mir etwas weh, der Lärm der Autos belästigte uns den ganzen Tag, die Sommerhitze machte mir zu schaffen, die beiden Pizzas der vergangenen Tage waren wenig appetitlich, der Schlaf nachts auf dem Pfarrhausboden ließ trotz guter Luftmatratze auf sich warten, und zu allem wachte ich mit Kopfweh auf, bis zum Mittag war mir übel. Ich glaube, ich leide am „Pilgerkoller". Ich bin so dünnhäutig, bin den Tränen nahe und ich vermisse so einiges und einige.

Also nach fünf Wochen die erste Krise! Eigentlich keine schlechte Bilanz, und meine Mitpilger ertragen mich tapfer. Habt Dank!

Wir kehrten heute häufiger ein und machten Pause, aßen feine kroatische Backwaren, genossen den Kaffee, rasteten auf dem Befestigungswall, und die Hitze machte einem bedeckten Himmel mit wohltuendem Wind Platz. Alles läuft viel besser jetzt, die Übelkeit ist verschwunden und das Kopfweh erträglich, ein nasser Lappen im Nacken erreicht Wunder.

Wir sind trotzdem müde am Ziel. Das schon ausgebuchte Hotel kann uns nicht mehr erschüttern. Wir bitten einen Einheimischen, uns zurück nach Varaždin zu fahren, und finden dort bei den Ursulinen Unterschlupf. Das Pünktchen auf dem i war dann der Besuch des gemeinsamen Freundes Marco aus der Schweiz, der mit seiner slowenischen Cousine Sabina aufgetaucht war – schön war es! (er)

Ich stoße an meine Grenzen

Zu meinen Grenzerfahrungen gehört das letzte Wegstück in Serbien. Nahe der bulgarischen Grenze wird die Autobahn zum einspurigen Flaschenhals. Eine einzige Straße – auch für uns Pilger ist es die gleiche – dient dem ganzen Schwerverkehr aus der Türkei nach Europa. Die türkischen Gastarbeiter brausen mit ihren schnellen Wagen in die Sommerferien oder bereits wieder zurück. Wir laufen links. Einen Pannenstreifen gibt es nicht. Manche der 50-Tonner-Lastwagenfahrer sehen uns, freuen sich an der Abwechslung und hupen genau auf unserer Höhe. Wir erschrecken jedes Mal zu Tode. Der Lärm dieser Straße ist ohrenbetäubend, es ist gleichzeitig sehr heiß, ich fühle mich wie eine Gefangene, empfinde einen solchen Abschnitt als Hölle. Am allerschlimmsten sind die Wagen, die, von hinten kommend, andere genau auf unserer Höhe überholen. Wir sehen und hören sie nicht, aber sie rasen an uns vorbei, und ihr Luftzug zerrt uns in die Straße hinein. Esther wird einmal von einem solchen Wagen gestreift. Als es auch noch eine Brücke mit lediglich 10 cm Platz für Fußgänger zu überqueren gilt, bin ich mit den Nerven am Ende. Nachdem ich sie trotzdem überquert habe, setze ich mich ein paar Minuten später einfach an den Straßenrand und weine. Wir beschließen, dass Esther und ich an der nächsten Busstation den Weg abbrechen und das letzte Stück der Tagesetappe fahren werden.

Ich bin an vielen Tagen des Pilgerns mit körperlichen Grenzen konfrontiert. Kaum sind wir ein paar Tage unterwegs, merke ich, dass ich in unserer Vierergruppe die physisch schwächste Person bin. Diese Tatsache zu akzeptieren fällt mir schwer. Die anderen können schneller laufen, ertragen die Hitze besser und verlangen weniger nach Pausen. Ich bin auch diejenige, die sich wiederholt für kürzere Tagesstrecken ausspricht. Für mich ist nicht das Aushalten eigener Schwachheit neu. In meinem Alltag habe ich damit einen entsprechenden, mir scheint, guten Umgang gefunden. Neu ist, dass ich in einer Gruppe das körperlich schwächste Glied bin. Wie kann ich Tag für Tag während all der Laufstunden meinen Grenzen gerecht werden und trotzdem bei der Gruppe sein? Es fällt mir auf, dass nicht der Schnelle, der vorausgeht, letztlich das Tempo angibt, sondern diejenige, die zurückfällt. Das wird zu einem heiklen Punkt über tausende von Kilometern. Er erzeugt eine Spannung in unserer Gruppe, die es uns letztlich nicht aufzulösen gelingt. Wir leiden alle daran. Ich bin damit konfrontiert, zu überlegen, ob ich mit meinem langsameren Tempo und den körperlichen Schwierigkeiten auf die Gruppe Macht ausübe. Ob ich die anderen unbewusst an mich binde. Ob ich zu verweichlicht mit mir umgehe.

In der ersten Phase der Sommerglut verliere ich in kurzer Zeit einige Kilos an Gewicht. Das, was ich befürchtet hatte, ist eingetroffen. Mit der Hitze habe ich meine Mühe. Die erste einschneidende Krise habe ich in Vukovar, kurz vor der serbischen Grenze. Wir sind bei den Franziskanern hoch über der Donau untergekommen. In einem Schulzimmer haben wir unser Lager erstellt. In dieser Nacht habe ich Probleme mit dem Atmen, und ich schwitze. Ich versuche die Fenster zu öffnen. Das geht nicht. Es ist stickig und heiß. Ich finde nicht mehr zurück zum Schlaf. Am Morgen ist mir übel. Ich bringe keinen Bissen herunter. Die andern sind alarmiert. Wenn Hildegard nicht isst, stimmt wirklich etwas nicht. Mir geht zum ersten Mal durch den Kopf, ob ich die Kraft haben werde, diesen Sommer zu überstehen. Ich entscheide mich an diesem Tag, weiterzulaufen, es zu versuchen. Schritt für Schritt geht es. Mit der Zeit verschwindet die Übelkeit. Ich bekomme Hunger. An diesem Tag entsteht das Gedicht: „Wunden heilen laufend". Von nun an gehe ich jeden Abend mit dem Stoßgebet zu Bett: Hilf mir, Gott, die Glut zu bestehen. (ha)

Aus Wasser wird Honig

Was für ein Tag! Er begann schlecht. Aber die Hitze, vor der ich mich gefürchtet hatte, die auch da war, vermochte mir nicht zu schaden. 5 km vor dem Ziel (wir sind kurz vor der kroatisch-serbischen Grenze unterwegs) waren unsere Wasserflaschen leer. Kein Laden. Keine Bar. Also bei Leuten anklopfen oder besser gesagt in den Garten hineinrufen und schon mal vorsichtig eintreten. Wegen des Hundes. Hier gibt es keinen. Gut. Wir bitten um Wasser, halten unsere Flaschen hin. Wir bekommen es in schönen Kristallgläsern. Dann einen Stuhl. Dann einen Kaffee. Und schließlich ein Kilo eigenen Honig. Wir wollen ihn nicht annehmen. Wegen des Gewichts. Die Lösung der Hausfrau Lydia ist schnell gefunden. Das Kilo wird auf zwei Gefäße aufgeteilt. So. Jetzt könnt ihr es mitnehmen. Wir schlecken vom Rest im großen Glas mit langen Löffeln. Wollen uns bedanken. Nein, kein danke, sagt der Imker Grga. Es ist selbstverständlich, gibt er uns zu verstehen. Wieder auf dem Weg, zwei Häuser weiter, werden wir zu einer Pause eingeladen, noch bevor wir unsere Geschichte preisgegeben haben. Diesmal lehnen wir ab, erfahren aber, dass der Herr zwei Jahre in Baar im Restaurant Delphin gearbeitet hat. So geschah uns in den letzten Tagen häufig. Einmal trafen wir eine junge Frau, die in St. Niklaus aufgewachsen, im Wallis die Schule besucht und in Bern die Ausbildung gemacht hatte und die sich mit uns im breitesten Walliser Deutsch unterhielt. (ha)

Wunden heilen laufend

Immer öfter ist mir am Morgen schwindlig und übel. Ich komme mir vor wie eine Schwangere. Ich weiß, Isostar oder etwas Ähnliches würde mir helfen. Aber solche Produkte gibt es in der serbischen und bulgarischen Pampa nicht. Erst im Süden Bulgariens, in Plovdiv, finde ich eine Dose Isostar. Im Touristenbüro lasse ich mir von der Angestellten auf Bulgarisch schreiben: *Ich fühle mich wie eine Schwangere mit Übelkeit und Schwindel, aber ich bin nicht schwanger. Haben Sie etwas in Ihrem Geschäft, das mir helfen könnte?* Die gekaufte Dose Isostar wiegt ein Kilogramm. Ich darf Franz etwas anderes aus meinem Rucksack an Gewicht abgeben. Das Getränk hilft mir zusehends. Es geht mir besser. Ich bin beruhigt. Nun aber beginnt sich die linke Achillessehne zu melden. Ich schenke ihr wenig Beachtung. Esther stöhnt auch immer wieder unter einem Schmerzpunkt an der Ferse. Wir machen häufig Dehnübungen. An ein gewisses Maß an Beschwerden haben wir uns gewöhnt. Sie gehören dazu. Es geht nun auf Istanbul zu. Die Aussicht auf eine zweiwöchige Pause lässt vieles in den Hintergrund treten.

Jetzt im Nachhinein weiß ich, dass ich mich gerade in dieser Zeit der zweiwöchigen Pause der Achillessehne hätte widmen sollen, mit weiteren Dehnübungen, vielleicht sogar Physiotherapie. Aber weil der Schmerz mit dem Ankommen verschwunden war, vergaß ich ihn. An die ersten Schritte der zweiten Etappe Richtung Bursa erinnere ich mich leibhaftig. Der Schmerz in der Achillessehne meldet sich mit Macht. Ich empfinde Messerstiche. Gleichzeitig taucht der Gedanke auf, ob ich den weiteren Weg schaffen werde. An diesem Tag begleitet uns die Gruppe aus der Schweiz. Abends im Hotel erzähle ich einigen Frauen am Tisch von meinem Problem. Die Anteilnahme und gute fachliche Ratschläge wirken wie Balsam. Ich fühle mich aufgefangen, ernst genommen und unterstützt. Die Wärme und das Mitgefühl erfüllen mich mit

Zuversicht. Am nächsten Tag kaufe ich Schmerztabletten, schlucke gleich zwei und wandere recht ausgeglichen weiter. Bald setze ich die Tabletten wieder ab. Ich mag die Vorstellung nicht, während drei Monaten Schmerzmittel einzunehmen. Die Schmerzen in der Achillessehne begleiten mich bis ans Ziel. An manchen Tagen plagen sie mich sehr, an anderen kaum. Ich finde jeden Tag einen Umgang mit ihnen. Dass ich bei Esther immer wieder ein wenig jammern kann, tut mir gut. Wir Frauen teilen uns mit, wie es uns geht, und kommen dadurch weiter. (ha)

Etwas tut immer weh

Mit der Zeit wird für alle das Anlaufen schwieriger. Ein tiefer Atemzug hilft, den Rucksack zu schultern. Manchmal durchzuckt mich ein Schmerz, einfach so. Es zwickt und zwackt, die Hüfte meldet sich und das Knie, Blasen zeigen sich und die Riemen schneiden plötzlich mehr ein. Wir gehen trotzdem weiter, weiter und weiter, und die Schmerzen begleiten uns. Aber sie vergehen auch jeden Tag wieder. Die Wunden heilen auf dem Weg mit jedem Schritt, die im Herzen, in der Seele und im Körper. Wir lassen sie durch uns hindurch auf dem Weg liegen, die meisten, denn ein paar nehmen wir bis nach Jerusalem und auch nach Hause mit. Aber erstaunlich ist schon, dass von den 220 Tagen Unterwegssein nur an dreieinhalb Tagen jemand nicht gelaufen ist. Einmal, weil Christians und meine Beine nicht mehr weiterwollten, und einmal, weil Hildegards Magen rebellierte. Den halben Tag Fieber von Franz lassen wir beiseite. Er gibt dem Fieber einfach keinen Raum und am nächsten Tag ist es vorbei. Ob es an den Globuli liegt, die ich immer griffbereit habe? Wer weiß. Auf alle Fälle tut die homöopathische Apotheke mit ihren 50 Medikamenten gute Dienste. Es gibt etwas gegen Kopfweh und den unruhigen Magen, etwas gegen Dünnpfiff und Heimweh, gegen Schwindel und Fieber. Ich frage den Patienten genau, wie es um ihn steht, will die Symptome erfahren, will wissen, ob es in der Nacht oder am Tag besser ist, was guttut und wonach sich der kranke Mensch sehnt. So ist die Zuwendung, die Geduld und Aufmerksamkeit die erste Hilfe – und schon geht es besser! (er)

Keine Beschwerden

Das Wichtigste waren wohl die Socken und Schuhe, die die richtigen waren und für die ich dem Berater im Schuhladen sehr dankbar bin. Der Rucksack mit seinem Gewicht auf dem Rücken saß richtig und machte mir keine Beschwerden. Das Gewicht konnte ich gut tragen. Der geschenkte Hut war hervorragend. Obwohl ich als hellhäutiger Mensch sehr sonnenempfindlich bin, holte ich mir keinen einzigen Sonnenbrand. Ich war selbst verwundert, dass ich nie Fußbrennen bekam, keine Schmerzen in den Knien, Oberschenkeln oder Schultern. Ich hatte – Gott sei Dank – alles Nötige dabei und auch nicht zu viel. Sorgen hatte ich am zweiten Tag in Südtirol. Ich hatte den Laptop zu fest in den Rucksack gestopft und dabei den Bildschirm kaputt gemacht. Ein Freund in Lana half mir, innerhalb einer Stunde einen neuen zu kaufen, sodass ich an den folgenden Abenden alle erforderlichen Programme auf dem neuen Gerät installieren konnte.

Überrascht war ich selber, dass ich mit so wenigen Dingen mehr als ein halbes Jahr gut auskam. Jeden Tag hatte ich die nötigen Hilfsmittel, um meiner Aufgabe als Routenplaner nachzukommen und die Strecke in den Blog stellen zu können. Unterwegs hatte ich – unregelmäßig – kurze oder längere Zeiten, um mich dem Gebet oder der Meditation, dem Nachdenken zu widmen. Die Achtsamkeit auf den richtigen Weg war meine ständige Sorge. (fm)

Spannungen in der Gruppe

In Hinblick auf viele praktische Dinge sind wir ein ausgezeichnetes Team. Wir haben eine gemeinsame Kasse und finden uns zurecht mit ganz bescheidenen, ja sogar katastrophalen Unterkünften. Aber ebenso können wir einen plötzlichen Luxus genießen. Wegen des Geldes geraten wir uns nicht in die Haare. Es rechnet auch niemand, wenn mal einer eine zusätzliche Hose braucht, eine andere die kaputte Sonnenbrille ersetzen muss. Unsere Gruppe ist getragen von Großzügigkeit. Wir passen auch punkto Essgewohnheiten gut zusammen. Wir sind unkomplizierte Allesesser.

Trotzdem kommen vom ersten Tag an Spannungen unter uns auf:

Mit Esther habe ich in dieser Zeit fast 24 Stunden am Tag verbracht. Wir teilten immer ein Zimmer. Es gibt Tage, an denen wir einander auf die Nerven gehen, wo Überempfindlichkeiten den Umgang erschweren, wo eine mehr Stille will, die andere aber Mitteilungsbedürfnis hat. Dabei ist beiden bewusst, wie wichtig es ist, dass wir einander ertragen, weil wir ohneeinander niemals unser großes Ziel erreichen können.

Für Christian ist klar, dass er einige Stunden pro Tag allein pilgern will. So ist er meistens voraus, läuft zwanzig, fünfzig oder hundert Meter weit vor uns anderen her. Wir andern im Gänsemarsch hinter ihm oder zu zweit oder dritt plaudernd. Dadurch gibt es mühsame Momente, weil Franz mit dem GPS den Weg lenkt. Gilt es eine Abzweigung zu nehmen, muss Christian informiert werden. An verkehrsreichen Straßen schreien wir lauthals: Christian, rechts! Das ist dann ermüdend. Ab und zu rennt Franz ihm hinterher. Das wiederum ärgert Esther und mich.

Für qualvolle Stunden sorgt Franz mit seiner gut gemeinten Distanzmogelei. Ich frage am häufigsten von allen, wie weit es noch ist. Vor allem an Tagen, an denen wir weiter als 28 km laufen, ist diese Frage für mich wichtig. Ich teile meine Reserven ein. Franz hat die Angewohnheit, ein paar Kilometer weniger anzukünden, vor allem dann, wenn er selber nicht ganz sicher ist. Das Resultat, dass wir an solchen Tagen eine halbe oder eine Stunde länger unterwegs sind als geplant, setzt mir arg zu.

Die eigentliche Bewährungsprobe besteht darin, dass es während der sieben Monate des Unterwegsseins für niemanden Rückzugsräume gibt. Mir kommt schon in den ersten Tagen das Gefühl hoch, mich wieder im Gefüge einer Familie zu befinden. Wir sind aufeinander angewiesen, aber wir engen einander auch ein. Niemand kann sagen, heute laufe ich allein. Niemand kann am freien Tag einfach nur tun, was er will. Wir müssen uns absprechen, die nötigen Dinge zusammen erledigen, für Picknick sorgen, eine Waschmaschine auftreiben, die Geldbörse auffüllen. Weil wir Pilger und nicht Touristen sind, haben wir kaum je ein Einzelzimmer.

An den freien Tagen, die wir alle acht bis zwölf Tage einlegen, nehmen wir uns Zeit für eine Austauschrunde. Einmal in der Türkei starten wir auch den Versuch, uns mitzuteilen, wie es uns miteinander geht. Das ist gar nicht so einfach. Für mich wird immer deutlicher, dass wir an Grenzen stoßen, dass der gute Wille und alles Wissen um Gruppendynamik, Konfliktbewältigung, Kommunikationsregeln in unserer Situation zwar vorhanden, aber nicht immer wirksam sind. Es entstehen in unserer Gruppe aufgrund der Spannungen Tabus, unter denen alle leiden.

In Syrien, an einem freien Tag im Bergkloster Deir Mar Musa, läuft bei mir das Fass über. An diesem Ort, durch die Begegnung mit dem Jesuiten Paolo Dall'Oglio, kommt zum ersten Mal wieder das Thema der Friedenskonferenz in Jerusalem auf, die Christian seit langem eingefädelt und organisiert hat. Mir steht plötzlich vor Augen, dass wir unserem Ziel sehr nahe gekommen sind und dass die Ankunft mit einer interreligiösen Friedenskonferenz gekoppelt ist. Das Pilgern nach Jerusalem als Beitrag zu interreligiöser Verständigung als Werkzeug für einen größeren Frieden ist eine großartige Vision. Ich unterstütze sie voll und ganz. Gleichzeitig wird mein Leiden daran immer größer, dass wir in unserer kleinen Pilgergruppe in manchen Dingen nicht wirklichen Frieden finden. Als mir die Spannung dieser beiden Gedanken bewusst wird, schüttelt es mich durch. Ich bitte die Gruppe um ein Gespräch, in dem ich diese Gedanken ausspreche. Einen Tag später, wieder unterwegs in diesem zerrissenen Land, wo der beginnende Krieg deutlich in der Luft liegt, habe ich zum ersten Mal in meinem Leben eine Migräne. Ich kann keinen Schritt mehr laufen. Der Schmerz darüber, wie groß die Bemühungen, Hoffnungen, Anstrengungen für den großen Weltfrieden sind und wie schwierig es nur schon im ganz Kleinen ist, ihn wirklich miteinander zu finden und zu leben, legt mich an diesem Tag lahm. Wir nehmen alle zusammen ein Taxi und lassen uns nach Yabrud fahren, wo wir Gott sei Dank in einem christlichen Pfarrhaus Aufnahme finden. (ha)

Aggressionen

Durch die Spannungen unter uns, die jeden Tag auftauchen wie treue Begleiter, komme ich in Kontakt mit meinen Aggressionen. Welche Kräfte da wirken! Ein Gespräch bringt ab und zu Entspannung, oft aber auch nicht. Der Impuls, bei den Mitpilgern einen Schuldigen zu suchen, taucht immer auf, aber er hilft nicht weiter. Mit der Zeit weiß ich, dass es ganz einfach meine Aufgabe ist, mich mit diesen Aggressionen auszuhalten. Ich kann nichts dagegen tun, nur aushalten. An einem Tag taucht das Bild von Wildpferden auf, welche mit mir davongaloppieren wollen. Ich versuche, mich nicht mitreißen zu lassen. An einem andern Tag sehe ich mich in einem Dampfkochtopf sitzen. Es brodelt und kocht, es dampft und zischt. Das bin ich.

Oft denke ich an die „Vita Antonii". Diese Lebensgeschichte erzählt vom Einsiedler Antonius in der ägyptischen Wüste. Dieser hatte keinen Menschen um sich, der ihn hätte ärgern können, und trotzdem tauchten in seinem Innern die verrücktesten Versuchungen auf. Er konnte nichts anderes tun, als auszuhalten und zu beten. Das tat ich auch. Ich übte das Herzensgebet: Jesus Christus, Sohn Gottes, erbarme dich meiner. Es hat sich tief in meine Seele eingegraben. Es gehört zu mir. Die Aggressionen haben diese Tiefe geschaffen. (ha)

Sonntag, wie wir ihn lieben

Die vergangenen Sonntage – es war wie der Wurm drin – waren immer die strengsten Pilgertage. Aber diesmal, so kündigt Franz an, sind es nur 24 km. Herrlich! Sofort schmeckt das Frühstück besser. Es gibt Spiegeleier, Tomate, Gurke und Brötchen. Kurz vor dem Loslaufen fällt Franz auf, dass in der Route wieder irgendein Berg drin sein muss, und kommt zum sinnigen Schluss, dass wir unter diesen Umständen auf einer Seitenstraße laufen. So ist es. Wir sind richtig begeistert über die praktisch unbefahrene Passstraße, die uns in die schönste serbische Hügellandschaft bringt. Schmetterlinge umtanzen uns. Und vergnügt über dieses überraschende Geschenk schreiten wir voran, nicht aber ohne einen richtig fetzigen Streit über – wie sollte es anders sein – missverstandene Missverständnisse auszutragen, um uns dann nach einer eher distanzierteren Weiterlaufphase ins hohe Gras zu setzen und jetzt der Reihe nach und innerlich abgekühlter das Ganze nochmals zu betrachten. Gut war's, finden alle, also auf, nur noch 6 km bis zum Pass, und da wollen wir Eucharistie feiern. Aber oha, wo um Himmels willen, gibt es in dieser herrlichen Gegend Wasser? Irgendwo taucht eine Art Ferienhaus auf, und wir werden zum Kaffee eingeladen. Wir aber wollen Wasser. Das gibt man uns aus irgendwelchen Gründen nicht. Weiter oben gäbe es eine Quelle, meinen wir zu verstehen. Gut. Und tatsächlich, kurz vor der Passhöhe finden wir die Tränke für Mensch und Vieh. Weil wir recht müde und hungrig sind, packen wir unsere Vorräte aus und machen eine Picknickpause. Auf der Passhöhe dann, wie vorgesehen, feiern wir Gottesdienst in unbeschreiblicher Landschaft. Anschließend möchte Esther fünf Minuten schlafen. Klar, kein Problem. Bis zum Zielort sind es nur noch 4 km. Hildegard schlägt vor, nicht an der Straße entlang, sondern mitten durch die gemähten Wiesen weiterzulaufen. Franz mag solche Experimente nicht. Er kann sich aber, da die Straße weiter unten immer noch sichtbar ist, doch darauf einlassen. Es ist unglaublich heiß, eigentlich schon den ganzen Tag lang. Und schon treffen wir im besagten Dorf ein, laufen hindurch. Allen ist klar, dass in einem solch halbverfallenen Weiler ohne jegliche Infrastruktur nicht nach Unterkunft gefragt werden muss. Bis zum nächsten Dorf also weiter. Das Wasser ist knapp. Die Hitze drückt. Das nächste Dorf gibt es nicht wirklich. Das Wasser ist alle. Wir beginnen den einzelnen Häusern nachzugehen, aber da bellen uns nur Hunde entgegen. Es ist unerträglich heiß, und wir bräuchten dringend eine Pause. Da, Christian entdeckt eine Frau, die uns an ihrem Brunnen auftanken lässt, dann bietet sie im Schatten ihre Stühle an und schließlich hausgemachte Pita. Wir sind glücklich. Aber – wir müssen weiter, noch über 10 km, weil es erst da eine Unterkunft gibt. Aus der lockeren 24-km-Tour wird schon wieder eine 36er. Franz, dieser Schlaumeier, schafft es einfach fast jeden Sonntag, uns ein Monsterprogramm unterzujubeln. (ha)

Herzklopfen

Dreimal auf unserem Weg hatte ich wirklich Herzklopfen, besser gesagt, richtig Schiss. In Österreich wurden wir von einem Mann aus fast heiterem Himmel als Vagabunden beschimpft und mit vielen bösen Worten von unserem Pausenplatz verjagt. Wir sind noch ganz am Anfang unseres Weges, es ist das einzige Land, wo wir alle die Sprache der Einheimischen verstehen, und gerade hier können wir uns nicht erklären. Das hinterlässt ein mulmiges Gefühl. Womit müssen wir rechnen, wie viel Unmut, Neid, Schimpf und welche Aggressionen kommen noch auf uns?

Ich höre noch genau das Klopfen an der Tür mitten in der Nacht, mitten in der Türkei, mitten in der Woche, in der Christoph, mein Partner, uns begleitet. Er erfährt hautnah, was es heißt, als Pilger unterwegs zu sein. Wenigstens diese eine Woche in sieben Monaten sehen wir uns. Wir genießen die gemeinsame Zeit, wissen, sie ist kurz. So kommen wir also im Konuk Evi, einem Gasthaus oder, besser gesagt, in einem Gesellenhaus, an. Wir brauchen zwei Zimmer bitte, eines für Christoph und mich und eins für die anderen. Ob wir verheiratet seien, fragt uns der Hausvater. Wir zeigen unsere Freundschaftsringe. Das genügt ihm nicht. Er braucht eine Urkunde. So was haben wir nicht dabei. Er wird energisch, das gehe nicht. Nun gut, wir nehmen ein Frauen- und ein Männerzimmer, machen ab, dass wir ja dann schlafen können, wo wir wollen. Christoph ist dagegen. Ihm kommt alles seltsam vor, fast ein wenig beängstigend. Wir teilen uns also „richtig" auf, gehen essen und unterhalten uns noch zu fünft in einem Zimmer. Dann gehen Christoph und ich nach einem Gutenachtkuss getrennt in die Zimmer. Mitten in der Nacht klopft es an unsere Tür: Polizei, aufmachen! Ich springe auf, bin mit einem Satz an der Tür, will öffnen. Da ruft mir Hildegard zu: Nein, nicht, zulassen! Es könnte ja irgendwer sein. Okay, ich versuche auf Englisch zu erklären, warum ich nicht aufmache, sage, sie sollen bei den Männern klopfen. Die draußen lassen nicht locker, klopfen, rufen, drohen, und immer wieder fällt das Wort Polizei. Wir versuchen telefonisch die Männer zu erreichen, es gelingt uns nicht. Wir schauen aus dem Fenster, wollen auf uns aufmerksam machen. Irgendwann erwachen die Männer dann doch ob des Lärms und die wohltuende Stimme von Franz ertönt vor der Tür. Wir öffnen. Da steht tatsächlich die Polizei schwer bewaffnet vor uns. Wir müssen die Pässe zeigen. War es wirklich eine Polizeikontrolle? Wurden wir angezeigt, hatte es System oder war es eine Inszenierung des Hausvaters? Wir wissen es nicht. Wahrscheinlich war es gut, dass wir uns „recht" verhalten haben. Die Angst steckt uns noch eine Weile in den Knochen. (er)

Intensivste Grenzerfahrung

Die intensivste Grenzerfahrung mache ich in Syrien. Ich habe wirklich Angst. Ich kann nicht mehr klar denken, mir kommen viele unschöne, gefährliche, tödlich endende Berichte in den Sinn. Wir laufen zu dritt nebeneinander, Christian geht voraus. Er bleibt bei einem Kleintransporter, der Milch geladen hat, stehen. Als wir zu ihm stoßen, sagt er uns, dass ihn der Milchmann eben mit einer Waffe bedroht habe. Der lässt uns nun aber anstandslos weiterziehen. Wir sind mit einem Schrecken davongekommen. Ein paar Stunden später aber kommt uns der gleiche Wagen nochmals auf der Straße entgegen, hält an, und nun werden wir alle mit der Waffe bedroht. Der Mann fuchtelt mit einer Pistole vor unseren Gesichtern herum, spricht und wird laut. Wir verstehen kein Wort. Die Angst kriecht mir in alle Glieder. Dazu bin ich nicht unterwegs ins Heilige Land. Ich will nichts riskieren und in dem Moment möchte ich nur nach Hause und mich in die schützenden Arme von Christoph werfen. Aber das geht jetzt nicht. Wir versuchen Autos anzuhalten. Erst nach einer gefühlten Ewigkeit hält endlich eines an. Bewaffnete Männer sitzen darin, und ein junger Mann, der Englisch spricht, steht plötzlich bei uns. Er ist von der Geheimpolizei und versucht uns die Angst zu nehmen. Zunächst führt er den Milchmann zu seinem Transporter zurück und bedeutet ihm wegzufahren. Dann schlägt er vor, mit uns weiterzulaufen. So gehen wir zu fünft am Straßenrand entlang, schrecken bei jedem Auto auf, werden zum Essen eingeladen und von den Menschen ferngehalten. Ich habe immer noch Angst, traue der Sache nicht, aber ich habe keine andere Wahl. Am Abend bringt uns der Polizist in ein Hotel. Wir duschen, waschen, schreiben, wir sitzen zusammen, beten, reden. Mir ist vor Angst richtig schlecht. Das Gespräch zwischen uns ist schwierig. Die Situation ist nicht für alle gleich bedrohlich. Für mich löst sich die Anspannung erst durch das Versprechen, dass wir die Route durch Syrien abbrechen und nach Jordanien fahren, falls es mir am nächsten Tag nicht besser geht. Damit falle ich erschöpft ins Bett. Tags drauf steht am vereinbarten Ort ein weiterer Mann von der Geheimpolizei mit seinem Motorrad. Er begleitet uns, beobachtet und beschützt uns. Ich kann weitergehen. (er)

Siebtes Kapitel:
Begegnungen

Verjagt werden und Gastfreundschaft erleben

Wir kamen zu einem Anwesen mit zwei Häusern, dazwischen ein Platz mit einem Brunnen. Den Herrn auf dem Platz fragten wir, ob wir zum Brunnen dürften, um Wasser zu holen. Er erlaubte es. Wir gingen zum Brunnen, setzten uns, füllten die Flaschen, aßen einige Nüsse. Franz schaute sich etwas um und warf auch einen Blick in den offenen Unterstand, wo Autos und Räder standen. Der Herr, der unterdessen zwischen den Häusern hin- und herging, kam aus dem einen Haus. Da fuhr er Franz in einer Heftigkeit an, wie ich seit langem niemanden mehr gehört hatte: Er würde in Privateigentum herumschnüffeln. Wir dürften hier nicht Picknick machen, denn er hätte nur erlaubt, Wasser zu holen. Unser Verhalten auf seinem Privatgrund sei unverschämt. Angesichts der Tirade von Anschuldigungen verstanden wir die Welt nicht mehr. Franz schwieg. Bei einem kleinen Versuch der Rechtfertigung jedoch drohte der Herr gleich mit der Polizei. Wir sollten so rasch wie möglich verschwinden. Unter seinen wiederholten, lauten Empörungsrufen, die in keinem Verhältnis dazu standen, dass wir am Brunnen und auf dem Platz waren, schulterten wir die Rucksäcke und gingen schweigend weiter.

Ganz anders am gleichen Abend: Wir hatten mit Karl-Heinz, dem Internetbeauftragten der Diözese Gurk-Klagenfurt, einen Treffpunkt in Winkl unter der Autobahnbrücke ausgemacht. Wir wussten, dass er und vielleicht noch jemand die letzte Stunde des Tages mit-

gehen und ein Interview mit uns machen würde. Wir vier Pilger waren zu früh bei der Brücke. So warteten wir im Schatten eines Nussbaums, bis ein Herr vorfuhr und meinte, wir würden 100 m weiter unten nach der Kurve erwartet. So nahmen wir den Rucksack auf uns und gingen da hin, wo schon eine Handvoll Leute standen. Neben Karl-Heinz waren Monika, die Pastoralassistentin des Ortes, und Leute da, die sich über einen Facebook-Flashmob gesammelt hatten. Nun war unsere Pilgergruppe auf einmal auf zehn Personen angewachsen. Ganz überrascht gingen wir nun gemeinsam das letzte Stück des Tages und lernten uns dabei erst kennen: Gregor, der Bäcker, Heinz, ein Informatiker, eine kleine Schwester Jesu, die in Algerien und Ägypten lebte, Nadja von der slowenischsprachigen Presse etc. Wir kamen zu einer kleinen Kapelle, wo wir uns zu einer Abendandacht einfanden, die Monika vorbereitet hatte. Die Gruppe war inzwischen auf zwölf Personen angewachsen. Im Vorhof der Kapelle wurde der Tisch reichlich mit Getränken und Esswaren gedeckt. Das war Gastfreundschaft. Von Monika wurde alles vorbereitet, auch für die, die zu dieser Begegnung hinzustoßen wollten. Karl-Heinz machte in dieser Zeit diskret seine Arbeit. Er lud uns vier Pilger nacheinander vor die Kamera, damit er Material für einen Youtube-Film hatte. Nach dem freudigen Zusammensein im warmen Abendlicht konnten wir noch ein Picknick für den nächsten Tag mitnehmen. Dann wurden wir zur Unterkunft geführt, die bei einem Ehepaar in einem Haus in der Nähe vorbereitet war. Ein überraschend schöner Abend! Ein Dankeschön von Herzen! (chr)

Tischlein, deck dich

Wir bekamen Besuch von meinem Bruder Hugo, seiner Frau Gerlinde und ihren beiden Kindern Eva-Maria und

Johannes. Wenigstens sehen wollten sie den Onkel auf seiner Wallfahrt, wenn die Zeit schon nicht reichte, um ein Stück mitzugehen. Nach Vuzenica fuhren sie etwa anderthalb Stunden von Graz aus über den Radl-Pass. Überrascht haben sie uns alle, indem sie zunächst einen vierstimmigen Jodler sangen und danach heißen Kaffee – mitgebracht in der Thermosflasche – und frischen, selbst gebackenen Schokolade-Kuchen servierten. Nach einer Pause tischten sie uns in der kleinen Pilgerherberge eine Jause auf, die Zvieri, Znacht und Zmorge (Nachmittags-, Abendessen und Frühstück) in einem war. Als Ausklang des üppigen Essens sangen sie wieder einige Jodler, und wir sollten mitsingen! Danke für den schönen und herzlichen Besuch! (fm)

Wanderer oder Pilger

Immer wieder wurde uns heute von Autofahrern zugewinkt oder gehupt. Sie haben wohl am Vortag die Radioreportage gehört – drei Mal wurde über uns gesendet – und uns nun auf der Straße erkannt. Überhaupt werden wir in Slowenien, vor allem hier in der Ebene nach Osten hin, anders wahrgenommen als in der Schweiz, in Südtirol oder in Österreich. Mit Rucksack und Stöcken waren wir da Wanderer, Menschen, die ihre Ferien mit Trecking verbringen, Teil der Freizeitindustrie. Hier wandert nun niemand mehr bei dieser Hitze die Straße entlang. Wir fallen auf als Exoten. Die Leute müssen mit uns sprechen, um uns einordnen zu können. Schon habe ich die kleine Ikone für den Rucksack bereit gemacht, damit wir als Pilger rascher erkennbar sind. Wie unterschiedlich doch die Wahrnehmung ist, je nach kulturellem Kontext. (chr)

Exoten

Wir überschritten die slowenisch-kroatische Grenze. Wenige Kilometer später begann uns klar zu werden, dass mit dem Eintritt in dieses Land in verschiedener Hinsicht für uns wieder Neues begonnen hatte. Das Auffälligste: Jetzt sind wir endgültig die Exoten. Kein Mensch hier versteht, warum sich vier Leute hintereinander mit Stöcken, Wanderschuhen und schweren Rucksäcken durch die Mittagshitze mühen. Auch zu anderen Tageszeiten geben wir Pilger ein ungewohntes Bild ab. Wir werden erstaunt beobachtet, auch mal angestarrt und hie und da angesprochen. Dann bleiben wir immer stehen, warten, bis Franz (zu uns) aufgeschlossen hat, um mit seinem Slowenisch-Kroatisch zu erklären, was die Leute aber auch nicht immer verstehen. Dass wir bis Weihnachten in Bethlehem sein wollen, das kommt am besten an. Schön ist es, wenn wir auf Einheimische treffen, die Deutsch sprechen wie heute am Straßenrand. Sofort wird uns ein kühles Getränk gereicht, weil in dieser Hitze nicht einmal die Schafe den Schatten verlassen. Schon zweimal wurden wir zum „Gemischta" eingeladen. Das ist halb Weißwein, halb Mineralwasser, was uns für den Sprung in die heiße Luft – also unseren Weiterweg – beflügelt. (ha)

Und es ward

Genau in dem Moment, als sich vier Pilger – zwei Männer und zwei Frauen, zwei Priester und zwei Pastoralassistentinnen, zwei Theoretiker und zwei Praktikerinnen, zwei Schnelle und zwei nicht so Schnelle – heute Morgen sehnsüchtig eine Bar wünschten, stand am Straßenrand das erste Haus des Dorfes – ein Gasthaus. Wir traten ein, tranken zwei Radler und zwei Fruchtsäfte und fragten Franz, wie das denn nun sei mit der 1000 Kilometerlinie, ob die nicht bald käme? Er schmunzelte, schaute auf sein

GPS und strahlte: Ebengerade überschritten, genau jetzt! Ein Grund zu feiern, aus der Schweiz bis Kroatien, alles zu Fuß – 1000 km. (er)

Polizeikontrolle

Ich saß in der Sonne am Straßenrand am Boden, neben mir der Rucksack, hinter mir die Autos und auf den Knien die Heilige Schrift. Nach der Lektüre des Buchs Sacharja mit seinen Visionen zu Jerusalem begann ich eben, Maleachi zu lesen. Ich nahm wahr, wie hinter mir ein Wagen langsamer heranfuhr, schließlich anhielt und wendete. So drehte ich mich wirklich um und sah ein Polizeiauto. Es parkte am gegenüberliegenden Straßenrand. Zwei Polizisten stiegen aus und kamen über die Straße auf mich zu. Ich legte die Bibel zur Seite und stand auf. „Dokumente bitte" oder etwas Ähnliches sagte der eine auf Kroatisch zu mir. Ich verstand auf jeden Fall richtig und zeigte die Identitätskarte. Dann wurde die Kommunikation schwierig, da es keine gemeinsame Sprache gab. Ich vermutete, dass sie wissen wollten, was ich mache. Das Wort „hodočašće", Pilger, das ich gelernt hatte, verstanden sie nicht. Ich nannte „Jerusalema" und „pesče", zu Fuß, wusste aber nicht, ob sie in diesem Kontext etwas damit anfangen konnten. Aus ihren Worten hörte ich „Zagreb" heraus und nahm an, dass sie wissen wollten, woher ich komme. Auf der Karte konnte ich ihnen mit dem Finger die Route zeigen. Sie schauten mich erstaunt an.

Ich war alleine. Franz und Hildegard waren zu einem Haus unterwegs, um Wasser zu holen. Esther stieß in der Zwischenzeit jedoch zu mir. Auch sie musste den Polizisten ihre Identitätskarte zeigen. Sie skizzierte auf der Karte noch „CH – 4300 km – Jerusalem". Irgendwie verstanden die beiden Polizisten oder schätzten uns als nicht gefährlich oder illegal ein. Nachdem sie unsere Identi-

tätskartennummern notiert hatten, verabschiedeten sie
sich und gingen zu ihrem Wagen zurück. Wir standen am
Straßenrand, schauten dem Polizeiauto nach und schulterten den Rucksack, um am vereinbarten Ort wieder
auf Hildegard und Franz zu treffen. Wir waren um eine
Erfahrung reicher! (chr)

Srećan put!

Am Ausgang des Dorfes, das wir soeben durchschritten
haben, hocken am Straßenrand im Schatten eines Baumes zwei Buben. Wir sagen dober dan – guten Tag – und
einer der Jungs fragt – nur Franz kann es verstehen –:
Wohin geht ihr? Nach Jerusalem in Israel, antwortet
Franz. Die Jungen verziehen das Gesicht, nix verstanden
mit Israel. Dorthin, wo Jesus gelebt hat, versucht es Franz
weiter. Jetzt strahlen die Buben. Es sind noch 3700 km,
fährt Franz fort. Wow, scheint ihr Gesicht zu sagen.
Srećan put, gute Reise, ruft jetzt der Kleinere, und beide
stehen auf. Wir sagen tschüss und gehen weiter. Die Buben stehen jetzt mitten auf der Straße, winken mit beiden Armen und rufen immer wieder srećan put, srećan
put. Wir winken zurück. Sie stehen da, immer noch, winken, rufen, bis wir weit entfernt, kaum mehr sichtbar
sind. Solch kleine Begegnungen rühren mich zu Tränen.
(ha)

Mensch und Tier

Zu Fuß unterwegs begegne ich den Tieren neu: Hund
und Katze machen sich am Wegrand bemerkbar. Kleintiere wie Hühner und Hähne, Gänse und Enten, Truthahn und Pfau, Störche und andere Vögel schnattern und
krähen und klappern, wenn wir vorbeikommen. Wir
schrecken in der Frühe Hase oder Reh auf und können

das Wild in der Ferne nicht immer identifizieren. Vor allem stoßen wir am Straßenrand auf zahlreiche Tierkadaver, die schon mehr oder weniger verwest und zuweilen nicht mehr zu identifizieren sind. Opfer des Straßenverkehrs. Blutig liegen dann Eingeweide von Katzen, Igeln, Füchsen, Mardern, Maulwürfen etc. auf der Fahrbahn. Ich nehme an, dass in der Schweiz ähnlich viele Tiere auf Straßen liegen wie hier in Kroatien, nur dass ich sie dort als Autofahrer oft nicht wahrnehme. Gibt es keine Möglichkeit, diese Tiere zu schützen?

Schließlich haben mich die zahlreichen Hunde, die uns täglich anbellen – aus einem Käfig heraus, an die Kette gebunden oder vom Gartenzaun gehalten –, zum Nachdenken über einen ikonographischen Topos gebracht: Der Heilige mit dem gezähmten Tier. Gallus mit dem Bären, der ihm dient. Franziskus, der den Vögeln predigt. Meinrad, der von den Raben genährt wird, etc. Geht es da um einen geschwisterlichen Umgang mit den Tieren, oder geht es darum, das eigene Tier im Innern gezähmt zu haben und so ganz erlöster und freier Mensch geworden zu sein? Ich staune, welche Gedanken beim Gehen täglich in mir aufsteigen, ausgelöst durch die Beobachtungen am Wegrand. (chr)

Gerührt – beschämt – dankbar

Ganz ehrlich, was habt ihr für Bilder im Kopf, wenn ihr Kroaten, Serben, Albaner – halt „Jugos" – hört? Meine waren nicht nur positiv. Das muss ich zugeben. Und von Tito, Tudjman und Ex-Jugoslawien hatte ich keine Ahnung, mangels Zeit, in der Schule nicht durchgenommen, weil ich mich nicht dafür interessiert hatte. Jetzt aber gehen wir durch diese Länder, sehen zerbombte Gebäude, Ruinen, Verletzungen an Häusern und Menschen, werden vor Minen gewarnt, kommen mit betroffenen Menschen ins Gespräch, erfahren vom Krieg, vom Elend, von

KZs, vom Verlassen-Müssen der Heimat und Zurückkehren. Und wir beten gehend für den Frieden, im Schweigen und im Reden.

Täglich erfahren wir so viel Herzlichkeit und Gastfreundschaft, wie ich es noch nirgendwo erfahren habe. Wir werden hineingerufen auf einen Kaffee oder ein Glas Wein. Noch kaum sind wir zurückgewiesen worden, wenn wir um Wasser gebeten haben. Es wird uns aufgetischt und für uns gekocht. Wir tragen geschenkte Äpfel, Honig, Magnesium, Socken im Rucksack mit. Es werden uns die Türen geöffnet, und wir bekommen ein Nachtlager, wie gerade jetzt bei einem Franziskaner, der uns sein Haus zur Verfügung stellt – es ist wunderbar!

Und ich? Bin ich auch so? Öffne ich fremden Leuten die Tür, gebe, was ich habe? In Zukunft sicher! (er)

Erste Rast in Serbien

Wir sitzen in einem Bushäuschen und staunen, wie im Vergleich zu den bisher durchlaufenen Ländern einiges anders ist: die Häuser, die Menschen, die Tierhaltung. Wir essen unsere noch in Kroatien gekauften Brötchen, und es verlangt uns nach mehr. Weil sich gerade gegenüber ein Laden befindet, machen Franz und ich uns auf den Weg, um einzukaufen. Aber hoppla! Wir haben kein serbisches Geld. Ein Bankomat? Nein, den gibt es hier nicht, erst ca. 30 km weiter! Aber kein Problem, wir können mit Euro zahlen. Wir kaufen: Brot, Wurst, Kekse, Schokolade, ein Bier für die Männer und wir gönnen uns eine Zigarette, genau! Wir blödeln herum, lachen und posieren für Fotos, erzählen einander Kindheitserinnerungen – die Zigaretten sind nämlich aus Kaugummi. (er)

Eindrücke aus Serbien

Jedes Mal, wenn wir ein Land verlassen und ein neues betreten, frage ich mich, welche neuen Herausforderungen uns erwarten werden. Wie sehen die Läden aus? Wo gibt es sie, respektive nicht? Wie ist es mit dem Trinkwasser, dem Kaffee in den Bars? Sollen wir einen türkischen Kaffee, hausgemacht mit Milch, oder einen Espresso mit Milch bestellen? Und das Geld? Die neue Währung, wie heißt die schon wieder? Aha – in Serbien sollen wir alles durch 83 teilen, dann kommen wir in die Denkregion mit dem Franken. Ganz neu in Serbien ist für uns nun auch die Schrift. Wir sind in ein Land eingetreten, in welchem kyrillisch geschrieben wird, manchmal dazu auch lateinisch. Nichts also mit Lesen, einer schönen Beschäftigung, wenn endlich wieder eine neue Ortschaft herannaht und das Ortsschild ins Blickfeld tritt.

Während der allzu heißen Tage in Kroatien sprach ich mit „Dem-ich-spreche-ohne-zu-sprechen" und stellte die Frage, ob ich mich auf diese Hitze bis Ende September einstellen müsse oder ob es in diesen Regionen auch mal abkühlende Momente gäbe. Und siehe da – es gibt sie. Seit wir in Serbien sind, ist der Himmel bedeckt, es regnete sogar. Nachts musste ich das Fenster schließen, weil ich fror.

Einer von uns ist immer müde. Esther fallen manchmal die Augen beim Gehen zu. Heute zum Beispiel. Geschlafen hat sie dann in der Bar. Ein Witz, der unter uns kursiert, lautet: Heute darf ich während des Morgengebetes schlafen, oder bist du dran?

Wir merken schon bald, dass in diesen Landstrichen keine Kriegshandlungen geschehen waren. Die Dörfer sind in der gleichen Art gebaut wie in Kroatien, aber sie sind in einem besseren Zustand. Dafür stoßen die Autos schwarze und stinkende Rauchwolken aus ihren Auspuffrohren aus.

Eine wichtige Diskussion von heute Nachmittag: Wie steht man in den Stehklos? Mit Blick zur Tür oder zur Wand? Wir entscheiden uns für die Tür, weil man die nie abschließen kann. (ha)

1. August

In Sinji Vir trafen wir Dobri, einen Serben und Schweizer Staatsbürger. Für den 1. August genau die richtige Begegnung! Er bewirtete uns gleich mit Grappa und Kaffee und erzählte, dass er zu Beginn der 70er Jahre mit seiner Frau in die Schweiz gekommen sei. Als Gastarbeiter im Gastgewerbe hatten sie begonnen, zuletzt hatte er bei der Aargauer Zeitung gearbeitet. Nun geht er in Pension. In Aarau hat er auch seine Eigentumswohnung, denn in der Schweiz hat er nun seinen Bekanntenkreis, und da fühlt er sich zu Hause. Doch in Serbien, im Dorf seiner Herkunft, hat er auch ein Haus gebaut, wo seine 86-jährige Mutter noch lebt und von seiner Schwägerin betreut wird. Nun besucht er sie, doch seine Frau und sein Sohn sind in der Schweiz geblieben. In Serbien hat sich in den 40 Jahren seiner Abwesenheit viel geändert, so dass er hier Gast ist. So stießen wir Pilger mit Dobri an unserem Nationalfeiertag auf die Schweiz an, die man mit all ihren guten und weniger guten Seiten lieben muss. Da sind wir uns einig. (chr)

Wünsche

Ich laufe fast täglich mit kleinen, aber ganz konkreten Wünschen durch die Gegend. Zum Beispiel wünsche ich mir eine Wolke oder einen Windstoß (im Moment wird dies ohne Wünschen gewährt), oder ich hätte in Slowenien oder Kroatien gern ein Tschateratsch (eine Eierspeise) oder mal gefüllte Tomaten oder Peperoni gegessen (konnte bisher nicht erfüllt werden), oder ich wünsche mir Brombeeren und wieder mal süße Reineclauden (wird laufend erfüllt) oder auch schon seit langem endlich eine Portion Spanferkel (wird hoffentlich bald erfüllt). Seit ein paar Tagen bin ich nun aber mit dem Wunsch nach baumfrischen Birnen unterwegs. Sie sind reif und hängen schwer an den Bäumen. In Läden zu kaufen gibt es sie nicht und Märkte scheint es auf unserer Route nicht zu geben. Bei Dobri, dem Schweizer gewordenen Serben, lagen Birnen auf dem Tisch. Nach ein paar Kennenlernminuten getraute ich mich zu fragen: Darf ich eine von diesen Birnen essen? Oh ja, klar. Sie sind von meinem Baum. Du kannst nachher einen ganzen Sack mitnehmen. Mmh. Wie fein. Ich und wir essen nicht nur eine Birne, sondern alle. Ein schönes 1.-August-Geschenk, die Begegnung mit Dobri, der seine eigene Freude über die wie aus dem Nichts aufgetauchten Schweizer alle paar Minuten ausdrückt. (ha)

Rätsel

Kurz nach einer Passhöhe liefen wir lange an einem ganz neuen Maschendrahtzaun entlang. Dahinter pflügte ein Mann von Hand. Die Pflanzen waren noch ganz klein, in Reihen angelegt. Sie wurden immer größer, je weiter wir liefen. Es war ein riesiges Feld, und wir konnten nicht erkennen, was angebaut wurde. Klar hatten wir Ideen: Gewürze, etwas Verbotenes, Lavendel (aber die Blüten fehlten, es war alles nur grün), Blumensetzlinge für Gärtnereien. Wir fanden es nicht heraus und mussten mit diesem Rätsel schlafen gehen.

Am nächsten Morgen dann hält ein Auto neben uns an. Belgrader Nummer, ein Mann sitzt darin, spricht uns direkt auf Englisch an (wir fragen uns, warum?), hält einen kleinen historischen Vortrag über die Römer in diesem Tal und fragt uns, woher wir kommen. Wir erzählen freimütig, dass wir aus der Schweiz sind, zu Fuß unterwegs nach Jerusalem, gestern von dort und dort gekommen, und er, so nebenbei, sagt, er kenne den Weg, den Pass: Ah, dann seid ihr am Lavendelfeld vorbeigekommen, ganz oben, es ist das größte Feld Europas, aber erst seit ein paar Jahren. Also doch Lavendel! Moment aber: Das Feld hatte keine Blüten, warum? Da seid ihr sieben Tage zu spät, die wurden gerade erst geerntet.

Man muss sich nur ein bisschen gedulden, und schon wird einem des Rätsels Lösung, sozusagen im Vorbeigehen, präsentiert. (er)

Durch die Grenzpolizei begrüßt

Schon vor 8 Uhr kamen wir zur serbisch-bulgarischen Grenze und passierten sie als Fußgänger an den Autokolonnen vorbei ohne Probleme. Allein, die Beamten und Autofahrer konnten es kaum glauben, als wir erzählten, wir seien von der Schweiz bis hierher zu Fuß gegangen. Danach suchten wir den Weg heraus aus dem weitläufig abgesperrten Abfertigungs- und Zollgelände. Man wies uns entlang der Autostraße, doch wir entschieden uns, über eine Schranke gleich auf einen Feldweg zu gehen. Schon nach weniger als einem Kilometer kamen wir zu einem kleinen Dorf. Mit zwei Frauen, die vor ihrem Haus saßen, kamen wir ins Gespräch und lernten die ersten Worte Bulgarisch. Währenddessen kam ein Polizeiauto auf der holprigen Straße daher und hielt neben uns an. Ein Beamter drehte die Autoscheibe herunter und fragte uns, woher wir kämen. Wir sagten, dass wir eben ganz legal und kontrolliert über die Grenze gekommen seien. Der Polizist begnügte sich mit der Aussage. Das Auto fuhr weiter. Wir verabschiedeten uns von den beiden Frauen. Wir nahmen nicht den Weg durch das schluchtartige Tal, wo Schnellstraße und Eisenbahnlinie sich durchschlängeln, sondern eine alte, geteerte Bergstraße, die uns über 500 Höhenmeter durch Wälder auf den Bergkamm führte. Oben schwitzend angekommen, setzten wir uns mitten auf die Straße für ein Picknick, denn ein Auto war nicht zu erwarten. Da gab es Schatten, und der Boden war nicht so verwachsen wie nebenan. Auf einmal hörten, wir Motorenlärm und sprangen auf, da sich doch ein Auto zu nähern schien. Tatsächlich kam ein blauer Opel und hielt an, als wir gerade unsere Rucksäcke von der Fahrbahn räumten. Drei Männer in Zivil, mit Pistole bewaffnet, stiegen aus. Sie kamen auf uns zu und sagten: Border Police. Wir zeigten unsere Ausweise, die sie sorgfältig prüften, und erzählten auf ihre Fragen hin unsere Geschichte. Diese klang im ersten Augenblick für sie unglaubwürdig, doch alles, was wir sagten, war stimmig. Einer der Polizisten telefonierte, ziemlich sicher, mit dem Zoll, wo unsere Pässe eingescannt worden waren. Wir waren also nicht über die grüne Grenze gekommen, sondern kontrolliert eingereist. Dies schien die drei Herren zu beruhigen. Wir wurden gefragt, wie wir uns auf diesen Ab- und Waldwegen orientierten. Franz zeigte das GPS, an dem die Polizisten Gefallen fanden. Moderne Pilger, meinte einer und zündete sich eine Zigarette an. Es entwickelte sich ein lockeres oder scheinbar lockeres Gespräch. Auf einmal wurde nämlich wieder eine Fangfrage eingeflochten: Was haben unsere Kollegen in Dragoman zu euch gesagt?, meinte einer. Wir erklärten, dass wir noch nicht in Dragoman gewesen seien, was sie ja wissen sollten. Wieder ein Element, das sich genau in das einfügte, was wir berichtet hatten. Schließlich fragten wir die Polizisten, wo wir Unterkunft in Dragoman finden könnten, und erhielten einige Hinweise. Die Männer stiegen wieder in ihren Wagen und fuhren weg. Wir standen auf der schmalen Bergstraße, schauten ihnen nach und staunten, wie viel Zuwendung wir von der bulgarischen Grenzpolizei erhalten hatten. *(chr)*

Aus dem Bett gekrochen

Es ist Nachmittag halb fünf und ich bin tatsächlich gerade aus dem Bett gekrochen. Obwohl wir „nur" 13 km gelaufen sind, war es für mich unheimlich anstrengend. Die ganze Zeit an der stark befahrenen, drei- bis vierspurigen Straße entlang, schnurgerade hinein nach Sofia. Es war laut und trist, und dazu kamen auch noch vereinzelte Begegnungen mit Menschen, die schnell über die Straße sprangen, die nicht grüßten, in deren Gesichtern keine Freude strahlte. Dann sah ich auch das erste Mal Menschen, die in Holzverschlägen quasi auf dem Müll lebten, nahe einem sehr dreckigen Flüsschen, zwei Pferde, die aus dem Kehrichtcontainer etwas zum Fressen herauszupften, Roma, die am offenen Feuer saßen zwischen Abfall, Teppichen und Dreck. Ich war aufgelöst und aufgewühlt.

Und dann ging es im Eiltempo weiter zum Haus des Bischofs. Wir kamen an, sahen von weitem die vatikanischen Farben, traten in den Garten und wurden sofort empfangen. An der Tür stand ein grauhaariger Mann, der uns anlächelte und sagte, dass wir erwartet würden – wie schön! Es ist wie heimkommen. Viel Wohlwollen kommt uns entgegen. Nur Wasser gäbe es heute keins, aber wir sollen einfach eintreten. Alles geht ganz schnell. Wir stehen zu zweit im Lift und ich frage: War das der Bischof? Franz: Klar, hast du den Ring nicht gesehen? Oben angekommen, heißt uns ein weiterer freundlicher Mann, P. Petko, in Englisch und Italienisch willkommen, zeigt uns die Zimmer und meint: Sobald ihr bereit seid, gibt es Mittagessen. Damit habe ich nicht gerechnet, aber es ist so. In diesem Haus hat man auf uns gewartet. Ich sitze bei Tisch und vor lauter Freundlichkeit kommen mir die Tränen, immer wieder muss ich mich zusammenreißen, damit ich nicht gleich losheule. Nach dem Essen werden wir in die bischöfliche Wohnung zum Kaffee eingeladen und erfahren einiges über die Stadt und das Le-

ben. Wir schauen uns Fotos von Gästen und der Bischofsweihe an und Bischof Christo scheint alle Zeit für uns zu haben. Wir sind wirklich seine Gäste – HERZLICHEN DANK! (er)

Kontrast

Noch im Dunkeln verließen wir Pazardžik (Bulgarien) und gelangten bei Morgendämmerung in die weite und offene Ebene. Die Sonne als blutroter Ball war noch nicht emporgestiegen, als uns erste Pferdewagen entgegenkamen. Die einen fuhren mit Gemüse in die Stadt, die andern waren sonst schon unterwegs und zeigten an, dass wir in eine landwirtschaftlich geprägte Gegend kamen, wo auch Roma zu Hause sind. Ein Pferdewagen hielt an und wollte uns aufsteigen lassen, was wir dankend ablehnten. Wir fotografierten jedoch den Bauern, der mit Pferd und Handpflug seinen Acker bestellte.

Wir begegneten am Fluss Maritsa Hirten, und es ergab sich ein fast idyllisches Bild. Hinter dem Flussdamm jedoch, der an einer Stelle eine Abfallhalde bildete und wo es zum Himmel stank, kamen wir in ein Roma-Dorf. Vor schäbigen Häusern und Hütten saßen Frauen und spielten Kinder, die uns Pilger mit Rucksack und Stöcken verwundert anstarrten. Container standen in den Höfen, die die Regierung hier wohl einmal hatte aufstellen lassen. Darin hauste man nun. Männer saßen da und diskutierten oder arbeiteten an Maschinen. Es war arm und schmutzig, doch die Menschen schienen zufrieden ... Ein Kontrast zu unserem Leben zu Hause in einer ausdifferenzierten, spätmodernen Gesellschaft. Ein Kontrast zu uns Pilgern, die wir uns geradezu strategisch organisieren müssen, um Tag für Tag weiterzukommen. Ein Kontrast auch zum Leben in Pazardžik, wo in einem EU-gestützten Projekt die Innenstadt saniert wird und die

Frauen auffallend herausgeputzt durch die Fußgängerzonen flanieren. (chr)

Ein Drink mit dem Bürgermeister

Um 9:00 Uhr schien die Sonne schon kräftig. Hildegard fragte, wann die nächste Pause geplant sei. Ich antwortete, um 9:30 Uhr, da wir dann wieder zwei Stunden gegangen seien, es sei denn, es würde sich etwas anderes ergeben. Um 9:15 Uhr kamen wir zum Dorfschild von Stalevo. Darauf war auch die Homepage des Dorfes angegeben. Franz meinte: Seht, ein solches Kaff hat sogar eine eigene Homepage. Wir kamen zum Dorfplatz und kreuzten den Weg mit einem beleibten Herrn in schwarzem T-Shirt, Jeans und Hausschuhen. Bei unserem Anblick blieb er fragend stehen. Wir erzählten, dass wir zu Fuß nach Jerusalem unterwegs seien. Erstaunt gratulierte er uns und lud uns zu einem Drink ins Café am Dorfplatz ein. Er sprach einige Brocken Deutsch und sagte, seine Frau arbeite in Frankfurt. Da lebten auch seine Kinder. Wir stellten unser Gepäck an die Hausmauer und wollten uns an den Tisch im Café setzen, als er erwähnte, er sei der Bürgermeister des Ortes. Gleich teilte er auch seine Visitenkarte aus und bestellte für uns die Getränke. So kamen wir in ein interessantes Gespräch mit ihm. Er meinte, all die Männer, die im Café säßen, hätten keine Arbeit. Die Arbeitslosigkeit im Dorf liege bei 30 Prozent. Sein Monatslohn läge umgerechnet bei nur 200 Euro. Sie, die Bulgaren, würden wie die Menschen aller Länder in Osteuropa gerne in die Schweiz gehen, da bei uns die Verhältnisse viel besser seien.

Hildegard brachte dem Bürgermeister ihren Wunsch vor, einmal auf einem Wagen mit Esel eine Runde drehen zu können. Sofort stand der Bürgermeister auf und hielt einen der Eselskarren an, die gerade über den Dorfplatz fuhren. Schon konnten Hildegard und Esther zu einer

Kutschfahrt die Straße auf und ab aufsteigen, was ich gleich im Bild festhielt. Als wir uns wieder setzten, fuhr ein Auto mit einer modisch gekleideten Dame vor. Sie stieg aus und setzte sich zu uns. Sie war vom Bürgermeister gerufen worden, denn sie hatte 17 Jahre in Linz gelebt und konnte gut Deutsch. Nun hatte sie in ihrem Heimatort ein eigenes Haus gebaut. In Österreich hatte sie ein Modegeschäft mit Ballkleidern geführt, was sie auch in Bulgarien hatte aufbauen wollen. Dies habe aber nicht geklappt, meinte sie. Daher habe sie ihren Modeladen nun in Griechenland, das ja nur 250 km entfernt sei ...

Es wurde Zeit, dass wir aufbrachen, denn es wurde heißer, und ein großes Stück Weg lag noch vor uns. Der Bürgermeister holte in seinem Büro noch Broschüren zum Dorf und zur nahen Stadt Dimitrovgrad. Die Fotos, die wir zusammen mit ihm machten, stellten wir auf Facebook, worüber er sich freute, denn am 23. Oktober seien Neuwahlen. Er werde sicher von allen wiedergewählt, meinte er. Die Bulgarin mit ihrem Modegeschäft sagte uns jedoch hinter vorgehaltener Hand, er habe wohl kaum Chancen, nochmals gewählt zu werden. So unterschiedlich sind die Einschätzungen. Wir verabschiedeten uns von beiden und gingen unseren Weg. Wir staunten darüber, welche Pause uns wieder geschenkt wurde. (chr)

Ein Jerusalempilger unterwegs nach Assisi

Gleich als wir ins Restaurant eintraten, stießen wir auf Roman, einen polnischen Pilger. Er saß am Tisch, verschwitzt, mit Pilgerstab und Rucksack, einem iPhone und einem Pilgerbuch. Er war somit gleich als Pilger zu erkennen. Wir luden ihn zum Abendessen ein. Er begann zu sprudeln und voll Begeisterung seine Geschichte zu erzählen: Während einer seiner Kollegen in Moskau und ein anderer in Fatima aufgebrochen ist, ist er in Jerusalem gestartet. Alle drei wollten am 27. Oktober 2011 in

Assisi sein, wenn Papst Benedikt das 25-Jahr-Jubiläum des interreligiösen Friedensgebets von Johannes Paul II. begeht. 1986 hatte dieser Ende Oktober – wiederum in Erinnerung an das Zweite Vatikanische Konzil, welches das Dekret zum Dialog der Religionen Nostra aetate am 28. Oktober 1965 verabschiedet hatte – die Oberhäupter und Vertreter der Weltreligionen zu einem Friedensgebet nach Assisi eingeladen. Roman zeigte uns eine Holztafel, die er mit sich trug. Auf ihr sahen wir die Zeichen der drei monotheistischen Religionen und eine Deklaration mit dem Titel „Für eine Zivilisation der Liebe", so wie es Papst Johannes Paul II. immer wieder gefordert hatte. Es entwickelte sich während des Essens zwischen uns vier Pilgern und Roman ein interessantes Gespräch zu Religion und Politik. Roman, ein Mittvierziger, outete sich als ehemaliger IBM-Manager, der zum katholischen Glauben gefunden hatte. Nun widmet er sein ganzes Engagement dem Wiederfinden von christlichen Werten für Europa. Der Eifer eines Neubekehrten und charismatischen Suchers nach seiner neuen Lebensaufgabe haftet ihm noch an. Doch die Begegnung war ganz angenehm und spannend.

Oft waren für uns andere Menschen als „Engel" da, die weiterhalfen. Nun wussten wir, wir haben „Engel" für Roman zu sein. Er pilgert ohne Geld und lässt sich noch radikaler von Gottes Vorsehung führen als wir. So fragten wir ihn rhetorisch, wo er schlafe. Wir luden ihn zu uns ins Hotel ein, wo wir für ihn ein Zimmer zahlten. Frisch geduscht, kam er vor dem Zu-Bett-Gehen noch zu einer Beichte zu mir, die sich zu einem längeren geistlichen Begleitgespräch entwickelte. Ich verabschiedete mich und ging nun später schlafen als üblich. Während wir vier Pilger um 5 Uhr in der Früh schon aufbrechen, kann Roman die Nacht im Hotelzimmer noch länger genießen. Wer weiß, wo er morgen Abend sein Haupt hinlegen kann. (chr)

Ruhetag in Edirne

Eine Sensation in dem Hotel, in dem wir Pause machen: Als wir uns zum Nachtessen in die Stadt aufmachen, sagt uns der Portier: Vor fünf Minuten ist ein Mann aus Paris eingetroffen, der nach Jerusalem geht. Wir schauen uns gegenseitig an und fragen natürlich: Wie heißt er? Logiert er hier? Können wir mit ihm reden? Wann geht er weiter? Der Portier ist beinahe überfordert von unserem Schwall an Fragen, ruft ihn aber gerne im Zimmer an. Der Mann nimmt ab und ist anscheinend nicht minder überrascht. Er hat noch nicht ausgepackt, nicht geduscht, dennoch will er uns sofort sehen. Es ist Matthieu, der am 18. Mai in Paris gestartet ist, er geht allein und alles zu Fuß nach Jerusalem, er will sogar weiter bis nach Alexandrien.

Das sagt er uns bei einem Kaffee um die Ecke. Er quillt nur so über vom Erzählen. So lange ist er schon unterwegs, und noch nie hat er Jerusalempilger getroffen, Menschen, die auf dem gleichen Weg sind wie er! Er erzählt von seinem Allein-Sein, von seinen Anstrengungen auf den stark befahrenen Straßen, seinem elektronischen Gerät, auf dem er Google-Maps installiert hat und mit dessen Hilfe er geht. Er hat ein Zelt dabei, in dem er bisher etwa 14-mal übernachtet hat, was aber mühsam ist, weil man nie so gut ausgeruht ist, wie wenn man in einem Bett schläft. Er hat ebenso Freunde, die seinen Weg über Telefon und Internet begleiten. Ich bin beeindruckt. Für uns ist es auch das erste Mal, dass wir außer Vittorio, der auch von der Schweiz aus gestartet ist, einen Jerusalempilger treffen. Wir essen zusammen Znacht, er verabschiedet sich, will noch die Große Moschee anschauen. Während wir hier in Edirne einen freien Tag genießen, ist er heute Morgen weitergezogen in Richtung Istanbul. (fm)

Andere Jerusalempilger

Esther und Hildegard treffen in einer Papeterie in Konya Giri. Er fiel durch seine einfache Wanderkleidung und seiner großen Rucksack auf. Mit seinen Wanderschuhen lief er schon seit zwei Jahren. Obwohl sie komplett durchgelaufen waren, schaffte er es nicht, sich von ihnen zu trennen – neue hatte er schon lange dabei. Er war als Pilger unterwegs nach Jerusalem, aber ohne Zeitplan und ohne bestimmte Streckenvorstellung. Er könne jederzeit umdisponieren, Abstecher und Umwege machen, wie es ihm behage. Einen kleinen Geldbetrag von zehn Euro hatte er für jeden Tag zur Verfügung.

Bei diesen Begegnungen mit andern Pilgern fiel uns auf, dass diese nach wenigen Minuten voll ins Gespräch vertieft waren und nicht mehr aufhören konnten mit Erzählen. Wir erlebten ihre Sehnsucht nach einer Möglichkeit, endlich einmal reden zu können, ein paar Leuten ihre Erfahrungen mitteilen zu können, die sie verstehen und eine Ahnung davon hatten, wovon sie sprachen. Dann merkten wir, dass wir froh waren, in einer kleinen Gruppe zu laufen. Das half enorm beim regelmäßigen Austausch untereinander, wir konnten unsere Erfahrungen mitteilen. Zudem konnten wir uns gegenseitig korrigieren: Das frühe Aufstehen gehörte zum täglichen Rhythmus, Gebetszeiten und Pausen waren abgesprochen, zu lange Tagesetappen wurden sofort angemahnt, ein zu großes Überziehen wurde nicht zugelassen. Die Herausforderungen sind anders und wohl größer, wenn man alleine unterwegs ist. In kritischen Situationen kann man sich niemandem mitteilen, keiner ist da, der versteht, wie einem zumute ist. Doch auch die enge Gemeinschaft in der Vierer-Gruppe hatte ihre besonderen Herausforderungen, denen sich Solo-Pilger nicht stellen müssen. Wir müssen auf dem Weg zusammenbleiben, denn nur einer hat die Wegplanung gemacht, wir müssen gemeinsam entscheiden, welches Quartier wir suchen oder annehmen, auch die Zuteilung der Arbeiten am Computer muss manchmal besprochen werden.

Ein anderes Stück Vertrautheit ergab sich, als eine Gruppe aus der Schweiz in Amman zu uns stieß. Vieles gab es zu erzählen, Bekannte waren plötzlich wieder da. Wir vier waren nicht mehr so eng aufeinander angewiesen, wir konnten uns unter die größere Gruppe mischen. Es war ein Hochgefühl, sich mit dieser Gruppe auf das letzte Wegstück nach Jerusalem aufzumachen. Denn alle zusammen konnten wir sagen: Wir pilgern zu Fuß nach Jerusalem. (fm)

Achtes Kapitel:
Spiritualität und Sinn des Pilgerns

Vom Beten

Sieben Monate unterwegs sein, pilgernd. Warum mache ich das?, habe ich mich im Vorfeld oft gefragt. Um zu gehen, immer draußen zu sein und für meine Gottesbeziehung. Die ersten beiden Punkte lassen sich leicht erfüllen. Und so versuche ich, mich ganz dem Gebet zu widmen. Ich bin vor Gott, gehe in seinem Namen, fühle mich getragen und in Verbindung, aber es fehlen mir Worte. Worte, die mir helfen, dabeizubleiben, mich nicht so schnell ablenken zu lassen. Da kommt mir in den Sinn: Ich kann üben! Ich habe Zeit zu üben im Gehen. Das Herzensgebet ist eine große Hilfe: *Jesus Christus, Sohn Gottes, erbarme dich unser.* Es ist das Gebet eines russischen Pilgers, welches auch auf unserem Pilgerband geschrieben steht. Der suchende Pilger bekommt den Auftrag, diese Worte so viele Male am Tag zu beten, dass sie ganz alleine in seinem Herzen weiterbeten, auch wenn er andere Dinge tut. Ich versuche es. Bete. Schweife ab. Langweile mich. Komme nicht in einen Rhythmus. Lege es zur Seite. Es geht nicht. Schon wieder aufgeben? Nein, das ist mir jetzt auch zu einfach. Ich nehme mich zusammen, frage die anderen, wie sie es beten und warum. Ihre Antworten kommen nicht wirklich an bei mir. Ich versuche es weiter, Zeit ist ja genug da. Aber der Diabolos meldet sich immer wieder: Das Gebet sagt dir ja gar nichts. Noch nie hast du es gebetet. Warum willst du es jetzt lernen? Ich wehre mich. Woher kenne ich denn eigentlich die Worte des Herzensgebetes? Ah, natürlich, wir singen es im Team in den Laudes. Plötzlich entsteht ein neuer Wille. Ich verbinde mich mit zuhause, bete mit meinen Arbeitskollegen, nein, singe mit ihnen im Stillen: Jesus Christus, du Sohn des lebendigen Gottes, erbarme dich unser. Jesus Christus, du Sohn des lebendigen Gottes, erbarme dich unser. Jesus Chr... wieder und immer wieder klingen die Worte nach der Melodie des Kirchengesangbuchs in mir. Und es betet und schwingt mit der Zeit in meinem Herzen ganz von alleine. Ich freue mich darüber. Habe eine leise Ahnung, was der russische Pilger beschreibt. Und dann, an einem regnerischen Tag in einem Wald – ich sehe die Wegstrecke noch vor mir, ich selbst eingehüllt in meinen Poncho –, fällt mir auf, dass das Gebet nicht nur in mir ist! Es schwebt vor mir wie eine liegende Acht. Ich folge der Acht mit der Bewegung des Auf und Ab. Entlang der Zahl verbinden sich die Worte. Es fließt automatisch. Es geht! Die Freude ist riesig, es geht und betet unendlich weiter und weiter. Ich bin glücklich. Stundenlang pendeln sich die Worte in mich hinein. Und noch jetzt ist es so: Sobald ich die Schuhe schnüre, springt mein Herz und freut sich: Jesus Christus, du Sohn des lebendigen Gottes, erbarme dich unser! (er)

Im Gänsemarsch

Oft laufen wir im Gänsemarsch an den Hauptstraßen entlang, es ist lärmig, Reden geht nicht. In diesem schweigenden Hintereinander übe ich das Herzensgebet. Immer wieder aber werde ich abgelenkt: Schau, das große Industriegebäude dort unten! Wahnsinn, bestimmt Holzverarbeitung. Jesus Christus, du Sohn des ... Hundegebell, ich erschrecke und falle aus dem Gebet – also wieder von vorne anfangen: Jesus Christus, du Sohn des lebendigen Gottes, erbarme ich unser ... Ein freundliches Dober dan (Guten Tag) über den Gartenzaun lässt uns anhalten und ein paar Worte wechseln. Jesus Christus, du Sohn des lebendigen Gottes ... Wie geht es wohl meiner Freundin Claudia? Genau, heute Abend will ich ihr unbedingt eine Mail schreiben. Wieder zurück: Jesus Christus, du Sohn des lebendigen Gottes, erbarme dich unser. Jesus Christus ... Wow, heute schmerzen meine Fersen unglaublich. Hoffentlich geht's bald besser. Jesus Christus, du Sohn des lebendigen ... Franz, wie weit ist es noch? Wie viele Kilometer sind wir schon gegangen? Jesus Christus, du Sohn des lebendigen Gottes, erbarme dich unser. Jesus Christus, du Sohn des lebendigen Gottes, erbarme dich unser. Jesus Christus, du Sohn des lebendigen Gottes, erbarme dich unser. Was soll ich heute Abend im Blog schreiben? Jesus Christus ... ich bleibe dran und übe und übe und übe – und freue mich, wenn es klappt. (er)

Das geistliche Programm

Unser tägliches geistliches Programm beginnt mit einem Lied oder einem Psalm, den wir nach dem Verlassen unserer Unterkunft auf der Straße singen oder beten. Esther oder Hildegard schauen davor immer, welche Anliegen von anderen Menschen im Kalender auf der Homepage des Blogs eingetragen sind. Und vereinzelt gibt es Anliegen, die jemand von uns für diesen bestimmten Tag benennt: sei es der Geburtstag eines Bekannten, ein besonderes Ereignis oder eine belastende Sorge.

Im Laufe des Vormittags machen wir dann an einer ruhigen Stelle eine längere Pause für eine Gebetszeit. Dafür legen wir immer unser Pilgerband in die Mitte. Wir lesen eine der Tageslesungen aus der Liturgie der katholischen Kirche vor und tauschen anschließend unsere Gedanken dazu aus. Wir nehmen einen Zettel aus dem Pilgerband, tragen die Anliegen vor und ergänzen sie mit frei formulierten Fürbitten und dem Vaterunser. Nach dieser Gebetszeit laufen wir schweigend weiter. Ich versuche jeden Tag mindestens einen Rosenkranz unterzubringen. Auch wenn manchmal der Blick auf das GPS-Gerät und die Suche nach der richtigen Abzweigung die Aufmerksamkeit unterbricht, kann ich danach wieder gut fortfahren. Gleichzeitig gilt es, im Blickkontakt mit den anderen zu bleiben. Besonderes Anliegen ist mir meine Mutter, die aufgrund ihres Alters gebrechlich und zum Pflegefall geworden ist. Ein anderes Anliegen sind die Umgebung meiner Arbeitsstelle, das Klima unter den Kollegen und die Sorge um die Studierenden. (fm)

Wallfahren heißt für mich: schweigen

Wir haben abgemacht, jeden Tag nach dem geistlichen Impuls eine Stunde im Schweigen zu gehen. Auch wenn wir an vielen Tagen nicht nur die eine Stunde schweigend gelaufen sind, so war es gut, diese Abmachung getroffen zu haben. Es ist eine Gemeinsamkeit und man weiß voneinander, jetzt will jeder/jede in der Stille sein. Über lange Strecken hat es sich ergeben, dass wir zusätzlich mehrere Stunden in Stille gegangen sind. Manchmal mussten wir explizit abmachen, ich möchte mit dir etwas besprechen, wann können wir das heute tun? In diesem Schweigen kann ich den Regungen meiner Seele „nach-gehen": Was treibt sich so alles in mir umher, was beunruhigt mich, was stärkt mich, an wen denke ich, wo ist Gott? Lieder und ihre Melodien, die wir beim Morgengebet oder beim Impuls gesungen hatten, sind mir oft „nachgelaufen", manchmal stundenlang. Als sie mir bewusst wurden, merkte ich, dass ihre Texte etwas von meiner Seele ins Wort brachten. Es ist ein Lernen, sich selber auszuhalten. Und alles soll vor Gott in den Dienst dieser Wallfahrt gestellt werden. Vielleicht entspricht dem der Aufruf des Apostels Paulus: „Sorgt euch um nichts, sondern bringt in jeder Lage betend und flehend eure Bitten mit Dank vor Gott!" (Phil 4,6) – Aber insbesondere kann gelten: Erst als der Prophet Elija nach Sturm, Erdbeben und Feuer ein sanf-

tes, leises Säuseln vernimmt, tritt er aus der Höhle hinaus und stellt sich vor den Herrn, der dann zu ihm spricht (1 Kön 19,11-14). So kann es in der Seele stürmisch, erschütternd und schmerzlich brennend zugehen, bevor die Stille Platz greift – und ich auf Gott warte. (fm)

Wallfahren heißt für mich: beten

Ich bete für liebe und schwierige Menschen, für Wünsche in meinem privaten Leben und am Arbeitsplatz, für die Menschen am Weg, die wir getroffen haben, in besonderer Weise in Kroatien und Serbien, wo viele an den Nachwehen des Krieges leiden; für unsere Gruppe, für unsere täglichen Sorgen und ein gutes Gelingen unseres Unternehmens. Im für mich schwierigsten Land, Syrien, habe ich sicherlich am meisten gebetet: gerade für die Leute hier und alle, die das Land von außen unter Druck setzen, was für viele die Situation noch angespannter macht. Jeden Sonntag feiern wir Eucharistie und sagen Dank, manchmal in der Natur, selten im Hotelzimmer, einige Male konnten wir bei Gemeinden mitfeiern. Schließlich ist Wallfahren beten mit den Füßen: Gerade diese Zeit sei Gott zur Verfügung gestellt – sie hat keinen anderen „Zweck". (fm)

Wenn Gebete sich verbinden

Jerusalempilger und Ramadanfastende haben etwas gemeinsam: Sie frühstücken vor Sonnenaufgang. Wir machen uns oft noch in der Dunkelheit auf. Wie immer beginnen wir unser Gehen mit einem Wort aus der Bibel: „Ihr aber, Brüder, lebt nicht im Finstern, so dass euch der Tag nicht wie ein Dieb überraschen kann. Ihr alle seid Söhne des Lichts und Söhne des Tages ... Darum wollen wir nicht schlafen wie die anderen, sondern wach und nüchtern sein." So aus der Tageslesung des Thessalonicherbriefs heute. Noch war es Nacht, doch die Straßen von Havsa waren beleuchtet. Da Ramadan ist, flatterten Girlanden mit Fähnchen der Türkei und der Stadt im kühlen Morgenwind. Ich begann beim Gehen in Stille zu beten, doch nicht wie üblich mit dem „Höre, Israel" und dem „Ich preise dich, Vater" aus dem Matthäusevangelium, sondern mit dem Benedictus. Mir war es ums Loben und Danken. Noch bevor ich zu Ende gebetet hatte, begegneten wir Trommlern, die durch die Straßen zogen und die Leute an diesem letzten Fastenmorgen weckten. Es war der erste Bairam-Tag, das Fest zum Ende des Ramadan. Ich hörte das Trommeln. Zugleich begann ich mit dem Beten des Gloria, das ich stets auf das Benedictus folgen lasse. Das Benedictus endet mit der Friedenszusicherung, während das Gloria damit beginnt. An Weihnachten, wenn wir in Bethlehem ankommen werden, soll es dann in aller Fülle erklingen: „Ehre sei Gott in der Höhe und Frieden auf Erden den Menschen seiner Gnade."

Jetzt aber mischte sich in meinen Lobpreis der Muezzin. Er rief zum Wachen und zum Aufstehen und stimmte das Gebet an: „Allahu akbar". Ich war berührt. Ja, Gott ist größer als alles. Er ist in der Höhe. Ich empfand eine tiefe Verbundenheit mit den Muslimen. Dass Gott größer ist, macht den Menschen nicht klein, sondern gibt ihm endlich Frieden, ging es mir durch den Kopf. Nicht dass ich empfände, wir hätten beide einfach denselben Gott, denn die Vorstellungen, wie er sich offenbart hat – und dies ist für den Lebensvollzug entscheidend –, sind doch verschieden. Doch ich habe mit den Muslimen ebenso viel gemeinsam wie mit all den säkularen, nicht-christlichen Zeitgenossen bei uns im Westen. Verbundenheit und Differenz mit beiden liegen auf je anderer Ebene, sind meinerseits gegenüber beiden jedoch mit Wertschätzung und Abgrenzung zugleich verbunden. Auf jeden Fall: Gott ist größer, und er ist der Andere.

Der Rucksack will sorgfältig gepackt sein (Bild: Pilgergruppe)

*Begleitung von vielen am 1. Pilgertag vom Lassalle-Haus
Bad Schönbrunn nach Einsiedeln (Bild: Reto Bühler)*

Zu viert unterwegs (Bild: Werner Schönthaler)

Mittagsschlaf muss manchmal sein (Bild: Pilgergruppe)

Mit Luftmatratze und Schlafsack ist Improvisieren einfach
(Bild: Werner Schönthaler)

Tischlein deck dich in einer Pfarrei in Kärnten
(Bild: Pilgergruppe)

*Die schönsten Begegnungen immer wieder
mit den ganz einfachen Menschen (Bild: Pilgergruppe)*

*In orthodoxen und muslimischen Ländern
feierten wir draußen Eucharistie (Bild: Pilgergruppe)*

Krise: bei Regen entlang der Autobahn in Bulgarien
(Bild: Pilgergruppe)

Immer wieder helfen uns türkische Frauen weiter
(Bild: Pilgergruppe)

*Wunderbare Wege und Landschaft in der Türkei
(Bild: Pilgergruppe)*

*Syrische Geheimpolizisten wollen Kontrolle und geben Schutz
(Bild: Pilgergruppe)*

*Im Gespräch mit Pater Paolo Dall'Oglio SJ
im Kloster Deir Mar Musa, Syrien (Bild: Pilgergruppe)*

*Der Blick über das Tote Meer zum lange ersehnten Ziel
(Bild: Pilgergruppe)*

*Ein griechischer Mönch salbt unser Pilgerband
in der Grabes- und Auferstehungskirche (Bild: Pilgergruppe)*

*Das Pilgerband – Begleitung
und bleibendes Symbol der Wallfahrt (Bild: Pilgergruppe)*

So schritten wir aus dem Dorf Havsa auf die große Umgehungsstraße und die weite Ebene hinaus. Der Muezzin war schon verstummt, doch die kläffenden Hunde hörte ich noch lange. Im Osten lag nun bereits ein Lichtschimmer am Horizont. Der werdende Tag ließ die Landschaft um uns herum langsam aus dem Dunkel in die Helle erstehen. Die Geschöpfe waren in dieser Morgenstunde noch ganz bei sich. Langsam wurden sie in den Goldstrahl des Morgenrots gehüllt. Ich ging in den Morgen hinein wie ein Sohn des Lichts, denn so klang die Lesung aus dem Thessalonicherbrief noch nach. Als die Sonne nach eineinhalb Stunden Gehen selbst erschien, fielen ihre Strahlen auf einen kleinen Friedhof am gegenüberliegenden Hang. Gedanken der Endlichkeit des Menschen und der Begrenztheit seiner religiösen Vorstellungen stiegen in mir auf. Und mein Blick ging hinüber zum schlanken weißen Minarett der Dorfmoschee von Necatiye: Ja, Allahu akbar. (chr)

Wallfahren heißt für mich:
Glauben ist mehr tun als reden

Ein geflügeltes Wort sagt: Wallfahren ist beten mit den Füßen. Mit seinen Füßen laufen ist etwas ganz Konkretes, etwas ganz Sinnliches. Wir gehen mit den Füßen, laufen mit den Beinen, Schritt für Schritt.

Gerade für mich als Akademiker, als Mann, der im Büro sitzt und arbeitet, der seinen Kopf anstrengt und nachdenkt, ist es ungewohnt, so viel mit dem Körper zu unternehmen. Wallfahren ist ganz handfest und konkret. Wallfahren ist für den ganzen Menschen: Tun mit Körper und Geist, mit Herz und Verstand.

Angefangen vom täglich „treuen" Aufstehen in der Früh, dem freundlichen „Guten Morgen"-Gruß und dem gemeinsamen Frühstück, weiter über die Verständigung und Information über die Wegstrecke, die ehrlich und nicht gerundet oder gemogelt sein darf.

Mein Glauben ist gefragt im Umgang mit den Menschen am Weg: dass ich ihnen mutig und höflich begegne, nicht ängstlich und misstrauisch, sondern vertrauensvoll und mit einer guten Meinung.

Meine Spiritualität zeigt sich im Vertrauen darauf, dass der Weg richtig ist und zum Ziel führt, dass die Planung gut ist; in der Zuversicht, dass wir jeden Tag gut vorankommen; jeden Tag eine Unterkunft finden, um uns ausruhen zu können; dass wir auf dem Weg rechtzeitig daran denken, einen Brunnen zu finden, wo wir die Wasserflaschen auffüllen können.

Sie erweist sich in der Dankbarkeit für jeden Baum und jede Wolke, die in der Tageshitze ein wenig Schatten spenden, für jedes Essen und Trinken, das wir rechtzeitig bekommen, sei es in einem Laden oder bei einer Familie.

Beten auf dem Weg ist ganzheitlich, mit allen Sinnen: mit dem Kopf, der mitdenkt, mit den Fingern, die den Rosenkranz durchgreifen, mit den Beinen, die laufen, mit den Augen, die auf den Weg schauen, mit dem Herzen, das sich vor Gott zeigt.

Was ich gelernt habe, ist, dass mein Glauben, meine religiöse Praxis, meine Spiritualität nicht einfach primär eine intellektuelle Frage oder Emotion sind, sondern dass sie zugleich etwas ganz Körperliches, etwas Sinnliches ist. (fm)

Zum Ignatiustag einen Marathon

Nach der Etappe durch klebrigen und schweren Lehm war ich so k. o., dass ich über das Vorhaben einer 38-km-Strecke für den nächsten Tag nur ungehalten nachdenken konnte. Ich hatte diese vorher eigens unterstützt, weil ich mit einem kurzen Blick ins Internet am Zielort ein

Hotel entdeckt hatte, das auch tatsächlich noch existierte. Als aber Christian auch noch zu verstehen gab, dass die Eucharistiefeier für ihn dazugehöre, und Esther wollte, dass diese während des Tages stattfinden müsse und nicht am Abend, wenn alle nur noch Füße ausstrecken wollen, war ich komplett überfordert. Welch anderen Vorschlag ich denn habe, fragte Christian. Ich hatte keinen. Also musste ich mich darauf einstellen, so weit wie möglich zu kommen und notfalls ein Taxi zu nehmen. Und siehe da. Ohne eigens nennenswerte Probleme schaffte ich diese gewaltige Tour.

Die Eucharistiefeier nach 16 km mit der Einleitung von Franz – wir schenken Gott von der Zeit, in der wir alle fit sind – trug ihr eigenes dazu bei. (ha)

Wallfahren heißt für mich: Gemeinschaft haben

Die anderen richten auf, wenn ich ein Tief habe. Diese Freunde tragen mich mit, wenn ich an die Grenzen meiner Kräfte komme; auf diese Gemeinschaft kann ich mich verlassen. Sie verhilft zur Disziplin, sei es beim Aufstehen oder bei den Pausen. Im Zusammenspiel der Aufmerksamkeit und der Fähigkeiten geht vieles leichter, anderes wird erst dadurch möglich. In der Gemeinschaft tauschen wir persönliche Erfahrungen aus, nur da hat das Mitteilen von Glaubenseinsichten seinen Platz. Da darf ich mich öffnen, aus mir heraustreten und auf die anderen zugehen. Vieles Schöne nehme ich zunächst nicht wahr, sondern erst, wenn ein anderer/eine andere mich darauf hinweist – auf einen besonderen Stein, eine einzigartige Blume oder den Storchenzug am Himmel. Großartige Momente werden doppelt schön, weil ich sie mit anderen teilen kann. Gemeinschaft schützt mich davor, übermütig kühn zu sein, denn wir wollen alle vier gemeinsam an das Ziel kommen. Die MitpilgerInnen stutzen mich zurecht, wenn ich das Maß nicht einhalte und zu lange oder zu kurze Tagesetappen plane. Mit ihnen kann ich schweigen und beten, oder sie beten für mich mit, wenn ich zu müde bin. Dieser kleinen Gemeinschaft, die Tag und Nacht irgendwie zusammen ist, kann ich kaum ausweichen. Es braucht lange, bis man mit den Gewohnheiten und Macken der anderen leben lernt. Die Gruppe ist die Nagelprobe, ob wir Frieden im Kleinen leben können, für den wir auf dem Weg beten; dieses Grüpplein ist die Feuerprobe, ob wir faire Gespräche führen und Konflikte gut austragen können oder ob wir das nicht können, obwohl wir uns dafür einsetzen und es uns von anderen so sehr wünschen. Diese Gruppe ist eine „winzige Kirche im Kleinen", aber sie ist eine echte und authentische, in ihrem Glanz und in ihren Schattenseiten. Das darf ich erleben. Danke euch anderen! (fm)

Wallfahren heißt für mich: bitten um die Lösung der täglichen Not

Jesus hat es uns im Vaterunser gezeigt: Um das heutige Brot betet. So bitte ich um die heutige Unterkunft, nicht um die morgige, einzig um die heutige, nicht mehr und nicht weniger. An einigen Tagen habe ich nicht nur am Morgen gebetet: Gott, gib, dass wir am Abend an ein gutes Ziel gelangen! Sondern ich habe am Nachmittag immer wieder intensiv darum gebetet: Wir haben keine Aussicht auf Unterkunft, ich weiß nicht, was dort sein wird, wo ich das Ende unserer Tagesetappe geplant habe. Ich bitte dich, lass uns alsbald eine brauchbare Unterkunft und Essen finden, bevor wir völlig müde sind oder es dunkel wird. – Und jedes Mal hat es geklappt! Wiederholt musste ich deshalb weinen, so gerührt war ich. (fm)

Wallfahren heißt für mich:
Gottes Fürsorge schmiegt sich an meine Pläne

Während der Wallfahrt stelle ich mich jeden Tag auf den geplanten Weg ein; wenn es einmal Umwege gibt, muss ich zurückfinden. Wallfahren heißt zugleich, bereit sein, flexibel auf Unvorhergesehenes einzugehen, weil die Wirklichkeit immer stärker ist als meine Schreibtischpläne. Das Ziel bleibt im Blick. Wallfahren ist auch ein Bild für mein alltägliches christliches Leben. Immer wieder muss ich überprüfen, wenn ich in Neuland unterwegs bin, ob ich auf dem rechten Weg gehe, auf den mich Christus gerufen hat. Und manchmal muss ich dann meine Route nachjustieren, damit ich nicht von der Hauptlinie abkomme. Gott wartet auf meine Unternehmungen. Zugleich schmiegt sich seine Fürsorge an meine Pläne und Verwirklichungen, sie koordiniert sich bestens mit meinem Entwurf – ich bin völlig verblüfft und beinahe irritiert. (fm)

Der Sinn des Pilgerns

In einem kleinen Restaurant am Weg machen wir Halt, trinken den Mittagskaffee und rasten. Als uns ein Ehepaar mit Kleinkind am Nebentisch nach dem Wanderziel fragt und hört, dass wir nach Jerusalem unterwegs sind, fragt der Mann spontan: „Habt ihr eine schwere Sünde zu büßen, geht ihr aus religiösen Motiven oder einfach weil das Unterwegssein Spaß macht?" – Der Mann versteht einiges vom Pilgern! (chr)

Hie und da und besonders dann, wenn es mühsam ist, fragen wir uns selber nach dem Sinn des Pilgerns. Hier eine Sammlung von Gedanken:

Heraustreten aus der Sesshaftigkeit mit all ihren Vorteilen und dadurch näher das Leben in seiner Ursprünglichkeit erfahren.

Jeden Tag das Offene betreten. Nicht wissen, wie die grundlegenden Bedürfnisse gestillt werden.

Die Fähigkeit üben, in kleinen wie großen Angelegenheiten zu vertrauen.

Sich in vielfacher Hinsicht aussetzen: dem Wetter, den Mitpilgernden, sich selber, den Menschen am Weg.

Spüren, wie Menschen aufeinander angewiesen sind, wie notwendig wir ein kleines Netz von Eingebundenheit und ein großes Netz der Verbundenheit brauchen. Paulus sagt im Römerbrief: Wir leben nicht nur uns selber.

Sich selber neu erleben: Es geht auch ganz anders, als ich mir vorstelle und meine. Ich habe mehr Kraft, mehr Geduld, mehr Liebe im Vorrat.

Pilgern, wie wir es leben, heißt beten: für die Menschen des jeweiligen Landes, für die Anliegen, die uns mitgegeben sind, für die Menschen, die uns beim Laufen in den Sinn kommen.

Was wir von Anfang an erfahren: Das Pilgern macht dünnhäutig. Wir sind ohne Masken, ohne Rollen, ohne Schutzmöglichkeiten unterwegs und erleben, wie wir geführt, begleitet und behütet sind.

Esther sagt: Ich übe mich darin, darauf vertrauen zu können, dass diese Zeit für mein Leben, meinen Partner und mich, meine Arbeit einen Sinn ergibt, auch wenn ich diesen im Moment nicht benennen kann. Deshalb übe ich mich vor allem auch in Gelassenheit.

Hildegard sagt: Mich freut es, wenn unser Pilgern auch als Zeichen für die Kirche von heute wahrgenommen wird, als positives, starkes und lebendiges Christsein unterwegs.

Franz sagt: Mein Anliegen, für Frieden und Versöhnung zu laufen, ist nicht verblasst, sondern intensiver geworden, gerade auch im Hinblick auf unsere weitere Route Richtung Naher Osten. Die eindrücklichste Erfahrung bisher ist für mich die Gegenwart Gottes in Zeichen und Hilfestellungen genau dann, wenn wir es nötig hatten.

Christian sagt: Pilgern ist Ausdruck dafür, dass das ganze Leben ein Weg ist, stets ausgerichtet auf ein letztes Ziel, auf Gott. (ha)

"Wer darf betreten deinen heiligen Berg?"

Obwohl in der Geschichte die Jerusalem-Wallfahrt immer wieder zur Vergebung von großen Sünden unternommen wurde, ist mir diese Motivation selbst fremd. Vielleicht kommt meine Bitte, das Pilgern möge mich innerlich reifen und heiler werden lassen, der klassischen Bitte um Sündenvergebung am nächsten. Doch nun, nahe dem Ziel, ist es für mich selbstverständlich, dass ich zum Beichten gehe. Schuldhaft kann sich der Mensch Gott nicht nähern, da Sünde per definitionem von Gott trennt. Oder anders und bildlich gesagt: Wer sich Gott nähert, bei dem wird das Schuldhafte durch das Feuer der Liebe Gottes ausgebrannt, was ein schmerzhafter Prozess sein kann. Die Sinaierzählung im Buch Exodus und die Psalmen (vgl. Ps 24,3) vom heiligen Berg Gottes, dem Zion in Jerusalem, formulieren immer wieder, dass nur der Gerechte den Berg betreten darf. So gehört die Beichte zur alten Pilgertradition zu diesen beiden Bergen. Ich füge mich gerne in sie ein. (chr)

*Wallfahren heißt für mich:
das Ziel meines Lebens im Auge haben*

Wenn wir auf dem Weg für eine sterbende oder verstorbene Person beten, singen wir das Lied "Zum Paradies mögen Engel dich geleiten". Es ist einer meiner Lieblingsgesänge: Es liegt sehr viel Vertrauen und Hoffnung darin, dass der Mensch, für den es gesungen wird, in Gottes Schoß aufgehoben wird, dass er geborgen wird, dass er Ruhe findet, dass er Wärme und Angenommen-Sein in der ganzen Fülle erfahren darf, für die das „himmlische Jerusalem" ein Bild ist. – Ich möchte den Text wiedergeben: „Zum Paradies mögen Engel dich geleiten, die heiligen Märtyrer dich begrüßen und dich führen in die Heilige Stadt Jerusalem. Die Chöre der Engel mögen dich empfangen und durch Christus, der für dich gestorben, soll ewiges Leben dich erfreuen."

Jerusalem ist hier ein Bild für das Heil in der Gemeinschaft Gottes, ja für das ewige Leben. Jerusalem braucht keine Sonne mehr (Offb 22,5), denn „die Herrlichkeit Gottes erleuchtet sie und ihre Leuchte ist das Lamm" (Offb 21,23). So ist diese Wallfahrt nicht nur ein Abschnitt in meinem Leben, sondern ein Symbol für mein ganzes Leben.

Das Ziel unseres Pilgerweges ist das irdische Jerusalem. Das Ziel meines Lebensweges ist das „himmlische Jerusalem", sei nun dieser Pilgerweg des Alltags dorthin monoton wie eine flache Autobahn oder verwinkelt und unübersichtlich wie das Straßengewirr einer Altstadt, aus dem ich kaum herausfinde. Immer ist mein Leben ausgerichtet auf dieses Zuhause, auf diese himmlische Stadt, die von Gott geschenkt wird. Dieser Blick nach vorne beinhaltet für mich den versöhnten Abschied vom Blick zurück und gleichzeitig die Aussicht und unüberbietbare Hoffnung auf Zukunft und Geborgenheit, Behütet-Sein und Weite, Erfüllung und Heimat (vgl. Phil 3,13–14). (fm)

Neuntes Kapitel:
Gastfreundschaft und Hilfsbereitschaft

Gast auf Erden

„Wir sind nur Gast auf Erden" – diese Liedzeile geht mir beim Nachdenken über die Pilgerzeit durch den Kopf. Sie bezieht sich nicht nur darauf, dass wir Menschen sterben werden. Pilger erleben dies Tag für Tag, lernen es anzunehmen und wertzuschätzen. Wir besitzen keine eigenen Wände, kein Bett, keinen Tisch, die wir unser Eigen nennen könnten. Wir sind, wohin wir kommen, Gäste.

Am ersten Tag in Südtirol wird uns in Laas von Bekannten ein ganzes Haus überlassen. Wir dürfen das wunderschöne Badezimmer benutzen, essen und trinken, was von großzügiger Hand für uns bereitgestellt wurde, in sauberen Betten schlafen. In Bozen und Innichen werden wir von Menschen erwartet und bewirtet, die wir über Dritte kennen. Die Gemeinschaft, die beim Erzählen und Essen entsteht, hat die Qualität von guten alten Freundschaften.

In Slowenien und Kroatien erleben wir die „katholische Welle". Wir finden immer wieder Unterschlupf in Pfarr- und Ordenshäusern. Die Franziskaner, die Kreuzschwestern, Priester des Deutschen Ordens und die Jesuiten öffnen ihre Türen und überlassen uns einen Saal, wo wir mit unseren Schlafmatten schnell eingerichtet sind, oder sie bieten uns gar ein Bett an. Wir schätzen die Aufnahme und die Begegnungen, die Herzlichkeit und die Hilfsbereitschaft sehr. Wir fühlen uns sofort zuhause. Wo es möglich ist, nehmen wir an einem Gottesdienst teil und spüren, welcher Schatz es ist, zwar in fremder Sprache, aber im vertrauten Ritus mitfeiern zu können. (ha)

Ich kann kein Serbisch

Auch kein Kroatisch, weder Bulgarisch noch Türkisch und eigentlich auch sonst keine Sprache. Interessant ist aber, dass mir und Christian die Menschen in jedem Land zeigen wollen, was sie hinter dem Haus, im Stall und Garten haben.

Klar gehen wir mit (meistens ist dann Franz, der Sprachmächtige, beim Duschen) und lassen uns alles vorführen. Die Menschen öffnen ihre Türen und zeigen, was sich dahinter versteckt. Mit Hand und Fuß und Drauf-Zeigen geben wir uns interessiert und signalisieren wir, zu verstehen, was wir glauben zu verstehen; ob es stimmt, wissen wir nicht, aber wir können miteinander reden und lachen.

Aber wir sind auch froh, wenn Franz unter der Dusche hervorkommt, das Sprechen wieder übernimmt und das Gespräch ein bisschen mehr Inhalt bekommt. (er)

Marina und Markus

In Kroatien beginnt sich unser Stil zu entwickeln, wie wir vorgehen, wenn wir abends am Ziel keine Unterkunft finden. Wir fahren per Anhalter, nehmen Bus oder Taxi und fahren so ein Stück weiter oder gar zurück. So kommen wir erstmals bei Marina und Markus unter. Ihnen waren wir unterwegs begegnet. Marina hatte uns mehrmals angeboten, bei ihnen zu übernachten. Sie würde für uns kochen. Sie hätte Freude, das spürte ich. Da wir an diesem Tag, schon etliche Kilometer von ihr entfernt, tatsächlich nichts finden, kehren wir per Autostopp zurück und erleben wunderbare Gastfreundschaft. Wir sind die Attraktion eines halben Dorfes. Alle kommen und bringen eine Kleinigkeit zum Essen mit. Am andern Morgen, in aller Herrgottsfrühe, bringt uns eine Nachbarin mit ihrem

Auto dahin zurück, wo wir unser Pilgern unterbrochen hatten. (ha)

Der Gartenzwerg

Eine Anekdote von der Begegnung mit Kreuzschwestern in Kroatien wird uns immer in Erinnerung bleiben. Wir treffen nach einem unglaublich heißen Tag am Etappenziel ein. Aufgrund einer Übernachtung bei den Ursulinen wissen wir, dass wir auch hier auf Ordensfrauen stoßen werden, und sind entschlossen, bei ihnen anzuklopfen. Die Tür wird geöffnet. Im ersten Moment werden wir zögerlich begrüßt. Dann aber tauchen weitere Schwestern auf und im Nu stecken wir in einem lebhaften Austausch. Jetzt werden wir willkommen geheißen und zunächst einmal hinters Haus in eine schattige Laube gebeten. Die Schwestern bringen uns Wasser, Früchte, Kaffee, Kekse. Sie müssen, wenn sie ins Haus eintreten, jedes Mal an einem Gartenzwerg vorbeilaufen. Dieser hat offenbar einen eingebauten Sensor und pfeift regelmäßig hinter den Schwestern her, wie Männer es zuweilen hinter schönen Frauen zu tun pflegen. Wir müssen, als wir diese Besonderheit bemerken, auf die Zähne beißen, um nicht loszulachen. Es ist für uns herrlichste Unterhaltung. Einer nach dem andern dürfen wir bei den Schwestern duschen, die Wäsche zusammenwerfen und in eine Maschine stecken. Schließlich wird uns ein Saal der Pfarrei gezeigt, in welchem wir übernachten können. Wir sind wieder die zufriedensten Pilger der Welt. (ha)

Mutter Željko

In Osijek gibt es Jesuiten! Diese Nachricht von Christian hat auf uns alle beflügelnde Wirkung. Für uns ungewohnt ist, dass Christian sich bei ihnen zuerst als Jesuit ausweisen muss. Zum Glück kann er das. Wir bekommen ein ganzes Stockwerk mit vielen leerstehenden Zimmern und genießen es, für eine Nacht ein Einzelzimmer zu haben.

Wie es nach der Einquartierung mit uns Gästen weitergeht, wissen wir jeweils nicht. Dürfen wir am Gemeinschaftstisch mitessen? Oder machen wir unsere Einkäufe und picknicken für uns? Für uns ist es klar: Wir nehmen immer das an und entgegen, was von den Gastgebern vorgeschlagen wird. Wir schätzen die Gemeinschaft mit uns unbekannten Gastgebern, erzählen gern von unserer Geschichte, aber wir haben auch vollstes Verständnis, wenn man uns einfach ein Nachtlager anbietet und uns ansonsten nicht weiter begegnen will.

In Osijek, wo wir auch einen freien Tag einlegen, entwickelt sich unerwartet eine schöne Tischgemeinschaft mit den Jesuiten. Wir werden vom Hausoberen Željko richtiggehend verwöhnt. Er päppelt uns auf, kommt mir vor. Er will uns Wünsche von den Augen ablesen, Gutes tun, verwöhnen. Wir sind gerührt, als uns bewusst wird, wie aufmerksam er mit uns Pilgern umgeht. Im Laufe der zwei Tage beginnen wir untereinander von „Mutter Željko" zu reden, haben unsere große Freude an solcher Aufmerksamkeit und Zuwendung. (ha)

Katholiken in Serbien

Eine ganz überraschende Begegnung erleben wir in Ruma, einer serbischen Stadt, die wir 15 km vor unserem Tagesziel durchqueren müssen. An einer belebten Straße sehen wir eine katholische Kirche. Wir sind überrascht, in diesem sonst orthodoxen Land eine solche anzutreffen, und beschließen, in die Kirche einzutreten. Dabei werden wir beobachtet. Eine Frau spricht Franz an und fragt, ob wir den Pfarrer suchen. Franz bejaht, und sofort werden wir ins Pfarrhaus geführt. Welche Freude für uns, dass mit Pfarrer Željko uns jemand begrüßt, der sehr gut Deutsch spricht. Wir setzen uns, werden bewirtet und erhalten sehr schnell das Angebot, im Pfarrsaal übernachten zu dürfen. Wir beschließen, die restlichen Kilometer ans Tagesziel doch noch weiterzulaufen, allerdings ohne Rucksäcke, und danach mit dem Bus nach Ruma zurückzufahren. (ha)

Die Geschichte ist lebendig

Die beiden Ruhetage in Belgrad lassen mich auf die vergangene Woche zurückblicken. Wir wurden nach Ruma nochmals in katholischen Pfarreien aufgenommen. Aus der Minderheitenperspektive der Katholiken hier haben wir Etliches über Serbien erfahren. Pfarrer Željko, der uns in Ruma so hilfsbereit und gastfreundlich zur Seite stand, erzählte von den vielen Katholiken, die hier einst in Serbien lebten: Die Donauschwaben wurden in der Vojvodina angesiedelt, nachdem die Türken im 17. Jahrhundert zurückgedrängt worden waren. Nach dem Zweiten Weltkrieg wurden sie als Deutsche vertrieben. Die Kroaten wiederum, die hier auch zahlreich lebten, haben nach dem Jugoslawienkrieg das Gebiet verlassen müssen. So sind die katholischen Pfarreien klein geworden und viele Kirchen zerfallen. In Putinci startete eine unserer Tagesetappen gleich neben der Ruine der einstigen katholischen Kirche.

Hört man sich die Geschichten an, die uns hier erzählt werden, wird einem einmal mehr bewusst, dass im 20. Jahrhundert vor allem der Nationalismus Krieg, Vertreibung und Leid gebracht hat. Dies ist in Erinnerung zu halten, gerade wenn heute die Religionen als Hindernis zu Toleranz und Frieden und als grundsätzlich gewaltbereit dargestellt werden. Nicht nur die Religionen haben ihre Geschichte aufzuarbeiten, sondern auch die säkulare Aufklärung mit ihrer Nationalstaatenidee. (chr)

Der Offizier und die Zigeuner

24 Stunden voller Überraschungen: Gestern Abend ging Franz zur Tankstelle in Ralja, um nach einem Zimmer für uns zu fragen. Esther, Hildegard und ich saßen auf dem Dorfplatz. Ich dachte schon daran, nach Franz zu sehen, der so lange wegblieb. Doch dann kam ein Audi dahergefahren und schwenkte ein, um gleich bei uns zu parken. Ein älterer Herr saß am Steuer und auf dem Rücksitz Franz mit seinem Hut. Es sah aus, als hätte Professor Mali einen Privatchauffeur gefunden! Wir drei lachten von Herzen. Der „Privatchauffeur" wollte uns also in seinem Haus für die Nacht unterbringen. Wir stiegen ein und fuhren aus dem Dorf in den nächsten Ort. Mit unseren großen Rucksäcken ins Auto gequetscht, wussten wir nicht genau, wohin es ging. Schließlich gelangten wir vor ein Haus mit Garten, wo der Herr wohnte. Es stellte sich jedoch heraus, dass dies sein Landhaus war. Eigentlich lebte er in Belgrad. Beim Zeigen der Zimmer fiel mir der Hut der Militäruniform auf einem Gestell auf. So fragte ich, ob er in der Armee gewesen sei. Er entgegnete, dass er Radiologe im Armeespital in Ljubljana gewesen war, und zeigte mir und Franz gleich stolz seine ganze Uniform. Franz fragte: Sie waren Offizier? Die Antwort kam sofort: ein hoher Offizier. Ich wollte die Gelegenheit, bei einem serbischen Offizier Gast zu sein, nicht ungenutzt lassen. Beim Gespräch später fragte ich ihn über den Krieg. Eine schwierige Sache, begann er und erzählte, wie er von einem Tag auf den andern in Slowenien als Besetzer galt, obwohl er da über 30 Jahre als Armeearzt gearbeitet hatte. Aufgrund der sprachlichen Schwierigkeiten erfuhren wir nur, dass er dann nach Belgrad gezogen war. Weitere Details aus dem Krieg waren nicht zu erfahren. Der Mann machte einen durch all diese Ereignisse sehr gealterten Eindruck auf uns.

Am andern Morgen wurden wir von unserem Offizier wieder nach Ralja gefahren; von dort machten wir *uns auf den Weg. Nach 10 Uhr kamen wir in ein Dorf mit auffallend herausgeputzten Häusern, ja fast kitschigen Gartenzäunen und Balustraden an den Balkonen. Dabei kamen wir mit einer dunkelhäutigen Frau ins Gespräch. Sie sprach in echtem Wiener Dialekt. Wir wurden zu Getränk und Kaffee gebeten und erfuhren von ihrem Mann, dass sie Zigeuner waren. Nun hatten wir also andere Repräsentanten der serbischen Gesellschaft als Gegenüber. Wir erzählten, dass wir schmuddelige Roma-Siedlungen gesehen hätten, worauf unser Gastgeber antwortete, es gebe eben auch arme Roma. Er, seine Familie und viele seiner Freunde wären in den 60er und 70er Jahren nach Wien gezogen, hätten dort über 40 Jahre gearbeitet und mit dem Geld die Häuser hier in ihrer Heimat aufgebaut. Als Pensionäre seien sie nun zurückgekehrt, doch die Kinder lebten weiter in Wien. Sie würden nur in den Ferien nach Serbien kommen. Unser anregendes Gespräch gab einen eindrücklichen Einblick in die Familie dieser arrivierten Zigeuner. (chr)*

Gastfreundschaft in Syrien

Besonders der Übergang nach Syrien stellte uns vor Herausforderungen. Zunächst überlegten wir lange und wogen ab, wie wir die Strecke durch Syrien in dieser Situation, da der Bürgerkrieg in einzelnen Städten schon begonnen hatte, verantworten könnten. Meine Routenplanung stellte darauf ab, genau diese Brennpunkte des Konfliktes zu meiden. So wollte ich durch die Berge und auf kleinen Nebenstraßen laufen. Die Aussicht, Unterkünfte zu finden, konnte ich gar nicht einschätzen. Doch vom ersten Tag an fanden wir unkompliziert Übernachtungsmöglichkeiten. Am Dorfeingang fragte ich eine Frau, die im Garten arbeitete, ob wir irgendwo eine Unterkunft finden könnten. Sie antwortete in hervorragendem Englisch, dass ganz in der Nähe eine Wohnung leer stehe und wir dort gut einquartiert werden könnten. Man lud uns zunächst zum Nachtessen ein, wo wir die gesamte Familie kennenlernen durften. Eine Zeitlang unterhielten wir uns auf Englisch, wobei sich der Vater recht offen über die politische Krisensituation äußerte. Die Familie war türkischstämmig.

Am nächsten Tag fragten wir in Salma ebenfalls am Dorfeingang nach einer Unterkunft. Und genau gegenüber der Abzweigung für den Startpunkt am nächsten Tag fand sich ein Hotel, zwar in schlechtem Zustand, aber ein Hotel! Für das Nachtessen wurden wir ins Dorfzentrum chauffiert.

Am dritten Tag in Syrien gelangten wir in ein kleines Dorf. Ich hatte keine Ahnung, ob wir eine Unterkunft finden würden. Doch am Markt kam uns ein Auto entgegen, und der Fahrer fragte uns in bestem Englisch: Can I help you? Er war Schulleiter und stellte uns sofort ein Klassenzimmer als Schlafort zur Verfügung. Auch einen Teppich schaffte er herbei und ein Znacht, damit wir in der zugegebenermaßen kalten Schule gut schlafen konnten. Wir müssten nur um 7 Uhr am Morgen die Schule verlassen, weil um 7:30 Uhr die Schülerinnen kämen.

Am nächsten Tag gelangten wir in einen Ort, der aufgrund seines romantischen Wasserfalls als Ferienort für Syrer einst sehr begehrt war. Zwei Zimmer in einem kaum noch gebrauchten Hotel wurden für uns hergerichtet, damit wir unterkamen. Das Restaurant lag genau gegenüber.

Wenn wir an diesem heiklen Abschnitt unserer Strecke nichts fanden oder das angepeilte Hotel umgebaut wurde, organisierten uns die begleitenden Geheimpolizisten eine Unterkunft in den Bergen – in sicherem Abstand zu den umkämpften Gebieten.

Schließlich fanden wir südlich von Homs Unterkünfte im groß ausgebauten maronitischen Frauenkloster des hl. Yakub in Qarah, anschließend in einem Pfarrsaal in Yabrud, danach im melkitischen Kloster der hl. Sergius und Bacchus in Ma'alula, bevor uns im orthodoxen Frauenkloster neben der Wallfahrtskirche in Saydnaya ein Gästezimmer angeboten wurde.

Trotz der äußerst angespannten kriegerischen Situation in Syrien wurden wir mit viel Gastfreundschaft durch dieses schöne Land gelotst – von Menschen, die uns spontan aufnahmen, von Mitchristen und von der Geheimpolizei, die ein gutes Bild ihres Landes vermitteln wollte. (fm)

Zehntes Kapitel:
Unterwegs in der Türkei

Begegnung mit dem Islam

Wir erreichen die bulgarisch-türkische Grenze. Von weiten schon sehen wir die rote türkische Fahne wehen. Vor uns liegt eine riesige Zollanlage, die größte auf der ganzen Tour. Schlangen von Autos warten auf Durchlass. Wir schreiten beschwingt an ihnen vorbei, staunen über die verschiedenen „Herkünfte" der Reisenden, wechseln ein paar Brocken auf Italienisch und Englisch. Bei den Zöllnern angelangt, wird uns gesagt, zu Fuß könnten wir hier nicht weitergehen, wir sollten zurück und in unsere Autos einsteigen. Wir schauen uns schmunzelnd an, erklären uns. Lange Gesichter. Kollegen werden gerufen. Staunen. Wir sind eine kleine Attraktion und bekommen bald die Erlaubnis, die Türkei zu betreten. Knapp hinter der Zollanlage erhebt sich eine riesige Moschee. Wie ein Bollwerk erscheint sie mir. Sie steht für sich allein, gehört weder zu einem Dorf noch zu einer Stadt. Der Zollübergang bedeutet hier auch Religionsgrenze. Unsere Route führt ab jetzt zwar durch einen säkularen Staat, aber der Islam prägt ihn ganz klar.

Die erste Stadt in der Türkei heißt Edirne. Sie erlebte von 1368 bis 1453 eine Blütezeit als Hauptstadt des osmanischen Reiches. Das ist der Grund, weshalb wir in Edirne wunderbar alte Moscheen besichtigen können. Ich bin beeindruckt ob der Schönheit, bewundere die Schriftzeichen, Farben, Teppiche, und die Andacht der vielen betenden Männer berührt mich. Esther entdeckt auch einen alten islamischen Friedhof, wo die Inschriften der Grabmäler noch arabisch geschrieben sind.

Die muslimische Welt begegnet uns ab der Türkei bis nach Jerusalem. Wir beobachten, wie unterschiedlich sie uns hier, dann in Syrien, Jordanien und schließlich in Israel/Palästina entgegenkommt. In der Türkei ist die Präsenz des Islam eine lautstarke. Die Lautsprecheranlagen, die den Muezzin ersetzen, sind unüberhörbar, manchmal schrill, aber auch ergreifend. Die Intensität des Betens, der Aufruf, sich gemeinsam für Allah zu öffnen, beeindrucken mich. Weil Esther und ich immer wieder auf der Suche nach Postkarten und Marken sind, merken wir schon bald, dass wir die Türkei gegen Ende des Ramadan betreten haben. Die Menschen warten mit Essen und Trinken, bis die Sonne untergeht. Dann beginnen sie sich in Lokalen zu sammeln und gemeinsam zu essen.

Von einem weiteren islamischen Fest berichtet Esther im nächsten Blog. (ha)

Mitten hineingeraten

Als wir nach dem Essen noch ein wenig die Stadt Edirne erkunden wollen und zur großen Moschee hochlaufen, geraten wir mitten in eine große Versammlung hinein. Die vielen Menschen sind uns schon tagsüber aufgefallen – viele Frauen mit Kopftüchern, Männer mit gestrickten Käppchen, modern Angezogene und viele Zigeuner.

Je näher wir zur Moschee kommen, umso mehr Leute drängen sich an uns vorbei, viele andere sitzen und liegen auf den Wiesen. Wir gehen weiter um die Moschee herum. Eine alte muslimische Frau spricht uns mit „Guten Abend" an und lädt uns ein, in der Moschee zu beten. Sie sagt, wir gehen mit Allah reden. Wir folgen ihr, aber nach ein paar Schritten haben wir sie verloren und ein junger Mann, der in Deutschland lebt, nimmt sich unser an. Er erklärt uns, warum sich so viele Menschen um die Moschee niedergelassen haben. Jeder Flecken Boden um die Moschee und auch im Innern des Vorhofs ist belegt mit Teppichen, Tüchern und Tischdecken. Auf ihnen sitzen und warten ganze Familienclans mit Plastiksäcken voller Essen und Getränken auf den Sonnenuntergang und auf das Zeichen, das Fasten zu brechen. Nicht jeder Abend sei so wie heute, es sei ein heiliger Tag, erklärt der Deutschtürke. Wir feiern, dass der Koran vom Himmel kam, darum sind die Menschen von überall her gekommen, sogar aus Istanbul.

Wie das wohl vor sich geht? Wir setzen uns hin, um dem Treiben zuzuschauen. Wer beginnt mit Essen und wann? Gibt es ein Zeichen? Was geschieht? Wir warten – die Frauen fangen an, das Essen auszupacken und herzurichten, Kaffeegeruch steigt uns in die Nase, Trauben werden gewaschen, aber niemand isst oder trinkt. Es ist nach 8 Uhr abends. Wir warten. An den Spitzen der Minarette ist die Sonne bereits verschwunden. Ich muss noch schnell aufs Klo. Das geht aber nicht schnell, denn die Frauen waschen sich dort und das dauert. Nach meiner Rückkehr warten wir noch immer, kommen mit zwei Buben ins Gespräch, die allzu freundlich sind, unsere Hände ehrwürdig küssen, wie man das mit älteren Leuten macht, und die dafür natürlich Money, Money wollen.

Wir warten noch immer – und plötzlich ein Knall, Musik und der Muezzin ruft zum Gebet. Alle beten kurz und dann wird in aller Eile getrunken. Der Mann neben mir leert fast eine ganze Flasche, Kunststück, er wartete den ganzen Tag auf diesen Moment. Dann wird gegessen und geredet und gebetet. Eine schöne und friedliche Stimmung breitete sich über der picknickenden Menge aus. (er)

Hinter Gittern

Zum ersten Mal erlebe ich ein muslimisches Gebet in einer Moschee. Wir sind per Zufall hineingeraten, weil wir die Moschee besichtigen. Immer mehr Männer kommen an uns vorbei, grüßen, nicken, beachten uns oder auch nicht. Einer der Männer schickt uns zu den Frauen auf die Empore, was wir auch tun.

Eine steile Stiege führt uns hinauf aus dem Blickfeld der Männer, auf die Empore. Wir werden nicht gesehen, sehen selber aber auch nicht viel. Hinter Gittern, fern dem Geschehen, nehmen wir Platz. Eine junge Frau mit abgelegtem Tschador ist ins Gebet vertieft. Sie nickt uns freundlich zu und heißt uns damit bei den Frauen willkommen. Drei weitere sitzen schon oben und begutachten die Männer, tuscheln und machen einander mit dem Finger auf irgendwen oder irgendwas aufmerksam. Noch drei Frauen kämpfen sich keuchend die Stiege hoch. Ich strecke ihnen meine Hand entgegen, damit sie sich an mir hochziehen können. Dankbar nehmen sie an, lächeln mir zu. Scharfer Schweißgeruch, der sich in den langen Nylonmänteln hält, kommt mir entgegen.

Das Gebet beginnt. Ich versuche etwas zu sehen, stelle mich ans Gitter. Der Blick ist leider sehr eingeschränkt. Immer wieder schaue ich zu den betenden Frauen, schaue ihren Ritualen, Gesten, Bewegungen zu. Viele Fragen tauchen auf. Was bewegt eine Frau, sich so zu verhüllen? Wie erleben sich die Frauen im Islam? Was beten sie? Was verstehen sie? Hilft ihnen ihr Glaube? Kann ich es mit dem, was mich bewegt, vergleichen?

Das Gebet endet. Die junge Frau kommt auf Hildegard zu und spricht sie auf Englisch an. Ein kleiner Wortwechsel entsteht. Namen werden ausgetauscht. Sie heißt Gül, das bedeutet Rose. Hildegard heißt übersetzt Schützerin im Kampf, das ist auf Englisch schwer zu sagen, da ist Esther, der Stern, schon einfacher. Wie alt wir seien, oh, wir sähen jünger aus. Sie ist 22. Sie freut sich sichtlich, mit uns ein bisschen zu plaudern und noch mehr darüber, als Hildegard ihr sagt, sie habe sich im Stillen gewünscht, mit ihr ins Gespräch zu kommen. Leider muss sie sich bald verabschieden, denn ihr Mann steht unten und wartet. Mit viel Wärme in den Augen sagt sie: Nice to meet you, zieht den Tschador über, knüpft ihn streng unterm Kinn und bis zu den Handgelenken zu und steigt nach unten. Zusammen mit ihrem Mann verlässt sie das Gebetshaus. Gerne hätten wir mit ihr noch länger gesprochen. (er)

Feiern und Feste

Für uns vier beginnt mit der islamischen Welt ein neues Kapitel. Wir feiern jeden Sonntag miteinander Eucharistie und machen uns dafür auf die Suche nach einer Flasche Wein. In Edirne, zur Zeit des Ramadan, war es unmöglich, eine solche aufzutreiben. Christian hatte in mehreren Hotels danach gefragt und war erfolglos geblieben. Auch den Schwarzmarkt konnte er an diesem Tag nicht ausfindig machen. Tage später entdecken wir, dass schwarze, undurchsichtige Plastiksäcke darauf hinweisen, dass jemand Alkohol gekauft hat, dass es also einen Laden geben muss. Da ist allerdings auch die Zeit des Ramadan vorbei.

Während der Vorbereitungszeit zuhause hatten wir uns Gedanken gemacht, wie wir ab der Türkei damit umgehen sollten, unser Ziel Jerusalem zu nennen. Sollten wir vorsichtig sein gegenüber den Moslems? Wir wissen nicht, wie sie unsere Wallfahrt einschätzen. Im Nachhinein empfinden wir unsere Sorge als völlig lächerlich. In der Türkei haben wir während der 75 Tage, die wir uns in diesem riesigen Land aufhalten, nirgendwo Probleme. Wir geben immer unser Ziel an und sagen, dass wir eine „Hadsch" machen. Die Menschen sind genauso offen und beeindruckt wie in allen anderen Ländern.

So wie wir beim Eintritt in die Türkei das Ende des Ramadan miterleben durften, wird uns kurz vor der syrischen Grenze bewusst, dass wir das Land wieder zu Festzeiten verlassen, zur Zeit des Opferfestes, eines der größten Feste für Muslime. In den Bauerndörfern, die wir durchlaufen, begegnen wir Menschengruppen, die dabei sind, ein Opfertier zu schlachten. Überall entdecken wir Plakate und Transparente mit der Aufschrift *iyi bayram* (gutes Fest). Die Menschen rufen uns den Wunsch auch zu und auch wir begrüßen sie in diesen Tagen genauso: *iyi bayram.*

In Syrien fällt uns auf, dass hier der Muezzin kaum hörbar ist. Im Gegensatz zur Türkei empfinden wir den Islam hier stiller, ja beinahe unauffällig. Wir laufen durch Gebiete der Alawiten, erfahren, dass dies eine gemäßigtere islamische Ausrichtung ist. Die Frauen sind ohne traditionelle Kopfbedeckung anzutreffen. Später geht unser Weg auch durch mehrheitlich christliche Dörfer. Wir sind erstaunt und wir freuen uns darüber. (ha)

Themenwechsel

Es gibt große Schlangen und schöne Echsen in Bulgarien, in Kroatien Hasen, Igel, Füchse, Hunde und Katzen, sogar Dachse und vieles mehr. All diese Tiere lagen tot am Straßenrand. Unschön und traurig anzusehen. Immer wieder „riechen" wir sie von weitem. Auf dem Weg nach Edirne in der Türkei bewegt sich etwas am Straßenrand. Ich schaue hin – eine Schildkröte. Wow! Welche Freude! Eine Schildkröte in freier „Wildbahn" habe ich noch nie gesehen. Wie kommt sie denn hierher? Wurde sie ausgesetzt? Ich bin fasziniert. Dass diese Schildkröte keine Einsiedlerin ist, sehen wir an den überfahrenen Resten ein paar Meter weiter. Und immer wieder treffen wir nun Schildkrötenpanzer, die einen überfahren, die anderen auf dem Teer verendet. Gibt es hier vielleicht freilebende Schildkröten? Wenn ja und wenn es ihnen hier gut geht, freue ich mich auf die nächste, hoffentlich lebende! (er)

Eindrücke von unserem Tag

Kurz nach Aufbruch in Edirne um 5 Uhr Stromausfall in der ganzen Stadt. Dunkler könnte es nicht mehr sein. Wir suchen unsere Stirnlampen, ziehen die Leuchtwesten an. Zum Glück dauert die Unterbrechung nicht lange. Die Gehwege in den Städten sind tückisch. Wir laufen auf der D 100. Die Straßen in der Türkei sind breiter, sogar doppelspurig, und wir glauben es kaum – mit Pannenstreifen. Das nennen wir echte Pilgerwege. Die Türken hupen und winken uns fast andauernd aus ihren Autos zu. Wir sind eine Attraktion, wenn wir zu viert mit Rucksack und Stöcken daherkommen. Die Autobusse, die regelmäßig zwischen den Ortschaften hin und her fahren, hupen auch, verlangsamen, warten, ob wir einsteigen wollen. Ein Busfahrer stoppte gar sein Gefährt, fuhr rückwärts, um uns aufzuladen. Wir lehnten dankend ab.

In der Nähe einer Baustelle rennt ein junger Mann über die Straßen auf uns zu. Es ist Enver. Ich bin Berliner, sagt er stolz. Ein Türke – in Berlin aufgewachsen, Studium absolviert, Firma gegründet, für ein paar Monate hier – schätzt uns als Deutsche ein. Er lädt uns zum Tee ein, und ein interessantes Gespräch über seine Einschätzung zu Türkei und EU entsteht. Er gibt uns seine Telefonnummer. Tag und Nacht dürften wir ihn anrufen, falls wir Probleme hätten. (ha)

Ein junger Türke

Gestern standen wir vor Çorlu und kamen mit einigen Männern am Straßenrand ins Gespräch. Auf einmal gesellte sich ein junger Türke dazu, der ein perfektes und ausgewähltes Englisch sprach. Denizhan war auf dem Balkon gesessen, hatte uns beobachtet und war gleich auf die Straße gekommen, weil er dachte, die anderen könn-

ten uns mit ihren Sprachkenntnissen nicht weiterhelfen – und weil er neugierig war, wer wir seien.

Als wir die letzten 5 km zur Stadt unter die Füße nahmen, begleitete er uns und trug später auch Hildegards Rucksack. Noch nie ist er ins Zentrum seiner eigenen Stadt zu Fuß gegangen! Beim Gehen begann er, der 25-Jährige, mir seine Geschichte zu erzählen: Vor vier Jahren war er 125 kg schwer, heute noch 77. 16 Stunden saß er am Computer und aß in sich hinein. Offensichtlich war er nach der Verweigerung des väterlichen Wunsches, die Militärakademie zu besuchen, und nach abgebrochenen technischen Studien aus der Spur gekommen. Nun hat er mit Hilfe von Ärzten und Freunden und eigener strengster Disziplin zur Gestaltung des eigenen Lebens zurückgefunden. Als wir ihn einluden, mit uns am Tagesziel etwas zu Mittag zu essen, trank er nur Wasser, weil er sich immer noch an seine Essensordnung hielt. In wenigen Tagen wollte er mit dem Studium der englischen Sprache und Literatur in Trabzon beginnen. Die Phase der Apathie schien überwunden. Uns fiel aber auf, dass er immer noch stark zitterte; gesundheitlich schien er noch nicht über den Berg.

Denizhan ist ein junger und sensibler Türke, der sich über die Entwicklung seiner Gesellschaft Gedanken macht und mit der Banalität des Alltagslebens seiner Kollegen nicht zufrieden ist. Er sucht – noch etwas sehr idealistisch und trotzdem schon recht differenziert – nach einem Lebensentwurf. Die Menschen des Westens und Asiens faszinieren ihn, weil er in ihnen Menschen sieht, die ihr Leben nach Prinzipien und Einsichten gestalten. Dies vermisst er in seiner Heimat. Als wir uns verabschieden, wünsche ich Denizhan alles Gute. In der Stunde gemeinsamen Weges habe ich ihn ins Herz geschlossen, vielleicht auch deshalb, weil ich in ihm viel Sehnsucht meiner eigenen Studentenzeit gespiegelt sehe. (chr)

Tierische Freude

Gestern beim Wassertrinken entdeckten wir ein unglaubliches Schauspiel. DAS haben ich und auch die anderen noch NIE gesehen! Tausende und Abertausende von Störchen auf ihrem Zug in den Süden. Sie war überwältigend, die riesige Ansammlung der Vögel, die über uns hinwegzog. Wir bestaunten ihre Segelkünste, die Formationen, wie sie wild durcheinanderflogen und doch keiner den anderen berührte. Wir waren begeistert!

Alle diese Störche haben das gleiche Ziel – fliegen uns sogar ein Stück voraus, überqueren den Bosporus, um dann über den Sudan nach Tansania und sogar bis nach Südafrika zu gelangen. Sie legen einige Kilometer mehr zurück als wir, ca. 150 bis 300 km pro Tag, oft mehr als 10 000 km insgesamt. Der Strecke über den Bosporus nach Zentralanatolien bis Iskenderun folgen etwa 500 000 Störche. Es sind die sogenannten Ostzieher. (er)

Mit der Filmcrew unterwegs

In den letzten freien Tagen in Istanbul ist eine Reisegruppe aus der Schweiz mit uns unterwegs. Sie wollen mit uns von Istanbul aus einen Tag lang auf unserem Weiterpilgern begleiten. Gleichzeitig ist auch die Filmcrew aus München angereist, um ihren Dokumentarfilm für „Sternstunde Religion" mit uns fortzusetzen. Wir haben anschaulich erfahren, was es für Kameramann und Regisseur heißt, in einer ihnen völlig unbekannten Umgebung Einstellungen zu entscheiden und so zu drehen, dass Geschichten erzählt werden. Und wir haben es abends nach getaner Arbeit gespürt, was es für die Protagonisten heißt. Wir waren total geschafft.

Hier eine Kostprobe davon, was es heißt, mit einer Gruppe 24 km zu pilgern und gleichzeitig für die Filmcrew zur Verfügung zu stehen (K = Kameramann, R = Regisseur und P = Pilger):

R: *Könnt ihr euch da hinstellen, nein näher zusammen, und jetzt macht ihr mal den Morgenimpuls, wie ihr es gewohnt seid.*
K: *Sorry, aber die Gruppe muss weiter weg, dorthin in den Schatten, weil ich mit der Kamera diesen 180-Grad-Schwenker machen werde.*
P: *Beginnen wir diesen Tag im Namen des Vaters und des Sohnes ... Singen wir „Wach auf, mein Herz, und singe" ... heute ist der Tag des Apostels und Evangelisten Matthäus ... im Kalender ist die Theologengruppe von Freiburg/Fribourg eingetragen, beten wir ... Stellen wir diesen Tag und die zweite Etappe unseres Weges unter den Namen Gottes ...*
R: *tuschelt mit K*
K: *Sorry, aber heute gehört ihr mir. Die andere Gruppe soll nicht auf die Bilder, ihr lauft 190 Tage ohne sie. Ihr müsst das Ganze noch mal machen ...*
R: *Stellt euch nochmals genau an den gleichen Platz. Hildegard bekommt ein Mikro, und ihr macht das Ganze nochmals.*
P: *Beginnen wir diesen Tag ... singen ... Matthäus ... Theologiestudierende ...*
R: *O.k., ist gut.*
P: *laufen zur Gruppe*
K: *Ihr müsst nochmals kommen. Wir filmen, wie ihr weglauft. Macht es in großem Bogen. Vom Ende des Gebetes weg.*
P: *Stellen wir diesen Tag ... Christian: Wir müssen nicht jedes Mal das Kreuzzeichen machen. Das haben sie schon gefilmt ... unter den Namen Gottes ...*
R: *Ihr müsst es wiederholen und nach dem Segen näher zusammen weglaufen. In diesem Bogen.*

P: ... unter den Namen Gottes ...
K: Ich will noch das Objektiv wechseln. Könnt ihr es nochmals machen?
P: Für die Gruppe ist es total bescheuert. Die haben sich für einen Wandertag mit uns angemeldet ... Ja, wir müssen es ihnen erklären ... Ich finde es auch unangenehm ... Ja, aber die Filmcrew hat nur einige Stunden und jede Stunde kostet zigtausend ...
R: O.k. Wir sind wieder bereit.
P: Wir gehen im Namen Gottes ... (ha)

Drei Anekdoten

1: Wir laufen am Rande des Nationalparks Uludağ. Allein auf weiter Flur. Nur hie und da Gärten und kleine Häuschen. Plötzlich lässt uns eine laute Männerstimme auf der Stelle stehen bleiben. Er beruhigt zuerst seine Hunde und kommt dann schnellen Schrittes auf uns zu. Was macht ihr da? Wo geht ihr hin? Auf Türkisch natürlich und die Übersetzung ist jeweils ein Zufallstreffer. Wir sagen unsere Sätze. Wir laufen zu Fuß. Wir kommen von der Schweiz. Der Mann ist immer noch laut und gestikuliert heftig. Nach Keles sind es 38 km, wirft er ein. Wir präzisieren. Wir sind von der Schweiz bis hierher gelaufen. 2400 km, in drei Monaten, jeden Tag 25 km. Jetzt sehen wir seinen Augen an, wie es in ihm denkt. Und er beginnt zu klatschen. Bravo, bravo. Er strahlt. Und lässt uns weiterziehen.

2: Eine anatolische Bäuerin steht mit ihrem Lastpferdchen am Straßenrand. Viel Ware, die sie wahrscheinlich zum Markt bringt, neben ihr. Ein Bus nähert sich. Sie ruft laut und fuchtelt mit den Armen herum. Der Bus hält. Sie jagt ihr Pferd auf den Heimweg, mit wieder lauter, ja greller Stimme. Sie nimmt einen Stein und bekräftigt die Ernsthaftigkeit ihres Vorhabens, indem sie damit *nach dem Tierchen wirft. Jetzt läuft sie zum Bus, verhandelt und muss einsehen, dass er übervoll ist. Sie muss auf den nächsten warten. Es scheint uns, dass sie ihr Pferdchen wieder zu sich ruft. Wer will schon alleine warten!*

3: Wir erfahren, dass es in Keles eine Unterkunft geben soll. Weil die ganze Strecke bis dahin zu lang ist, stellen auch wir uns an den Straßenrand und halten die Kleinbusse auf, die nach geheimen Fahrplänen vorbeirauschen. Es dauert nicht lange, und wir können einsteigen. Sofort beginnen da und dort kleine Gespräche, und der Busfahrer weiß, dass wir eine Pension oder ein Hotel suchen. Im Zentrum steigen alle aus. Außer uns. Wir sollen bleiben. Es wird draußen verhandelt, telefoniert, diskutiert. Und es scheint eine Lösung zu geben. Der Busfahrer fährt ein Stück mit uns zurück und hält vor einem Haus, das mit Konuk Evi angeschrieben ist. Wir sollen aussteigen. Der Translator hilft uns weiter. Das ist ein Gästehaus. Wunderbar. Wir bekommen Zimmer. (ha)

Ein Herbsttag mit großer Überraschung

Der Herbst ist eingekehrt: Nach zwei Tagen mit Gewitter und Regenwolken, die am Uludağ gehangen sind und uns auch Pilgerstunden im Nebel beschert haben, war heute ein strahlender Sonnentag mit klaren und kräftigen Herbstfarben. Der Morgen ist kühl und der angenehme Wind tagsüber lässt die Sommerhitze nicht mehr aufkommen. Atemberaubend dann der Blick, als wir hoch am Berg ins Porsuktal kamen: gegenüber eine Schlucht und weiter westlich ein langsam abfallender Hang wie ein Trichter, auf dem sich Felder und Bäume, Straßen und Dörfer verteilen. Es galt, zum Fluss hinunterzugehen und dann über diesen weitgezogenen Hang aufzusteigen bis nach Harmandemirci, das wir gegen

17 Uhr erreichten. Und in diesem Achtzig-Familien-Dorf erlebten wir traditionelle organisierte Gastfreundschaft.

Uns wurde gesagt, es gebe ein Konuk Evi und wir sollten uns an den Bürgermeister wenden, zu dessen Haus uns zwei Buben führten. Da angekommen, wurden wir vor dem Haus gleich zum Tee eingeladen. Nicht nur eine Bubenmenge hatte sich da angesammelt, die mit unseren Rucksäcken spielten, sondern auch Frauen und Männer aus dem Dorf kamen, um uns zu sehen. Dass wir zu Fuß aus der Schweiz hergekommen waren, hatte sich in Windeseile im Dorf verbreitet. Es wurden uns Nüsse und Maiskolben zum Essen gebracht und immer wieder wurde Tee serviert. Mit unseren geringen Türkischkenntnissen versuchen wir, uns zu verständigen und zu erraten, was geschehen solle. Dies gelang jedoch nur schrittweise und mit viel Erraten.

Der Gastgeber stellt sich als Bruder des Bürgermeisters heraus. Auch dieser tauchte auf, musste aber wieder zur Arbeit. Ich wurde zwischendurch in den Stall mitgenommen, wo es die Kühe zu melken galt. Währenddessen wurde es dunkel. Man sagte uns, wir könnten hier schlafen, doch wo und wie es geschehen sollte, konnten wir nicht verstehen. Schließlich wurden wir in des Bürgermeisters Haus eingeladen und saßen da auf dem Boden, rund um die Tischplatte, die mit zahlreichen Schüsseln gedeckt wurde. Mustafa mit Frau wie auch sein Bruder Abdullah mit Frau aßen mit uns aus den gleichen Schüsseln – die alte Mutter nebenan. Brot, Löffel und Gabel reichten, um aus den Schüsseln zu fischen. Es wurde für uns im Ofen auch eingeheizt und wir hielten auf Türkisch eine Kommunikation aufrecht, ein wahres Kunststück.

Gegen 21 Uhr erhoben wir uns, schulterten den Rucksack wieder und wurden durch das dunkle Dorf geführt. Wir klopften an der Tür der Tochter des Bürgermeisters, die am Nachmittag mit ihrem Mann schon vorbeigeschaut hatte. Wir erkannten sie wieder und wurden nun *im oberen Stock ihres Hauses einquartiert. Da wurden vor unseren Augen improvisierte Betten hergerichtet und alles wurde organisiert, was wir für die Nacht brauchten. Unsere Luftmatratzen und Schlafsäcke hatten im Rucksack zu bleiben. Da wir den ganzen Abend wegen der mangelnden Sprachkenntnis nie im Voraus wussten, was nun wieder folgen würde, war auch dieser letzte Akt eine große Überraschung. Wir hätten nie gedacht, dass man uns nach der Einladung zum Essen noch eine so gediegene Unterkunft einrichten würde. (chr)*

Paradiesisch

Jemand hat geschrieben, Anatolien sei ein Garten Eden. An unserem vierten Wandertag seit Istanbul sind wir voll und ganz in diese Wirklichkeit eingetaucht. Das gebirgige und hügelige Land ist fruchtbar. Die Menschen in den kleinen Dörfern sind Bauern und Selbstversorger. Gerade durchwandern wir ein Gebiet, in welchem Kirschen angebaut werden.

Uns stellt sich in all der Schönheit die Frage, ob wir in den Dörfern einen Laden finden. Beim Laufen tauchen Wünsche auf nach einem Bier, einem sauren Most, frischem Wasser. Wir erreichen das Dorf Denizler und vermuten, dass in der Nähe der Moschee auch das Zentrum sein könnte.

Wir treffen auf eine Gruppe Frauen, die draußen in einem großen Topf Tomaten zu Sauce oder Suppe einkocht. Esther ist im Nu in ein Gesten-Augen-Staunen-Gespräch verwickelt und schon hält sie ein riesiges Einmachglas voll Tomatensuppe in Händen. Ein Nachbar kommt und nach einem uns verborgenen Dialog mit den Frauen öffnet er die Tür zum Vorhof der Moschee. Er stellt Stühle für uns auf. Wir sollen uns setzen. Die Frauen bringen der Reihe nach einen Laib selber gebackenes Brot, frische Butter, Oliven und aufgeschnittene Toma-

ten, Salz. Auf dem Mofa fahren Ahmet und Yeldiz heran. Sie setzen sich zu uns, denn das dürfen die Frauen nicht. Wir fühlen uns wie Fürsten ob all der hausgemachten Köstlichkeiten. Kein Bier, kein Most, aber frisches Wasser und wunderbare Wegzehrung aus Anatoliens Paradies. (ha)

Oder doch vertrauen?

Ein Novum: Wir kommen erst nach 20 Uhr – es ist stockdunkel – zu unserer Unterkunft: Seit 17:50 Uhr haben wir vor dem Dorf Yeniköy auf den uns versprochenen Bus gewartet. Er kommt pünktlich. Braust an uns vorbei. Ist voll besetzt. Dann kommt keiner mehr. Wir versuchen es per Anhalter. Eine ganze Horde Jungs gesellt sich nach und nach zu uns. Wir fragen sie, ob sie uns nach Tavşanlı bringen könnten. Zum Hotel. Nein, das wagen sie nicht. Polis. Polis. Wir verstehen nicht genau, worum es geht. Franz und ich gehen auf die gegenüberliegende Fahrbahn zu einer Gruppe Arbeiter, die einen Brunnen flicken. Für Tavşanlı seien wir auf der falschen Seite, wissen sie. Wir auch. Wir hätten gern gefragt, ob sie uns ein Taxi rufen könnten. Nein. Können sie nicht. Die Sonne geht unter. Es wird schnell kühl. Esther zieht schon bald Handschuhe an. Ibrahim kommt mit seinem Motorrad. Ein mehr schlecht als recht deutsch sprechender Türke. Ein grober Mensch mit Messer im Schaft. Er redet laut daher, prahlt mit seinem Deutsch vor den andern Dorfjungs. Er kommt beim Reden viel zu nahe und rollt furchterregend mit den Augen, stößt wüste Schimpfwörter aus. Es ist unangenehm. Langsam wird es dunkel. Abwechselnd stellen wir uns mit gestrecktem Daumen an den Straßenrand. Niemand hält. Die meisten Wagen sind übervoll. Esther beginnt im Natel zu suchen und sie findet die Homepage von einem Hotel in Tavşanlı. Franz ruft an. Englisch: Here is Franz Mali. Yes, Franz Mali. Auf der anderen Seite *wird zu schlecht Englisch gesprochen. Wir meinen aber, dass das Hotel ein Taxi schicken würde, rechnen aus, dass es für 15 km höchstens 20 bis 30 Minuten bräuchte. Inzwischen ist es richtig dunkel geworden. Die Jungs verziehen sich. Ibrahim bleibt. Das Taxi kommt nicht. Franz ruft wieder im Hotel an. Yes, I am Franz Mali. Franz Mali. Es klappt nicht. Aber immerhin. Franz wird die Nummer eines Taxiunternehmens genannt. Esther und ich sind dafür, dass wir Ibrahim das Telefon geben sollten, damit er ein Taxi bestellt. Christian ist eher dagegen. Wir beraten. Bitten Ibrahim doch, für uns das Taxi zu bestellen. Er ruft an. Zweimal. Strahlt und kündigt an, dass das Taxi kommt. Wir schenken ihm eine Zigarette. (Wir sind jetzt mit Zigaretten ausgestattet für solche Gelegenheiten.) Ich verspreche, dass er noch eine zweite bekommt, wenn das Taxi da ist. Es kommt kurz vor 20 Uhr. Tatsächlich. Wir sind durchgefroren, etwas abgekämpft und sehr froh. Ibrahim umarmt uns. Er bekommt das ganze Paket Zigaretten. (ha)*

Tee trinken

Seit wir in der Türkei unterwegs sind, „begleitet" uns das hiesige Getränk und was dazugehört: sich setzen, plaudern und trinken. Es ist uns selbst zur Gewohnheit geworden. Nach jedem Essen bestellen wir automatisch viermal Tee. Unterwegs, wenn wir eine Pause nötig haben, fragen wir Franz nach dem nächsten Dorf oder nach einer Tankstelle, wo wir dann Tee trinken können. Und immer wieder winken uns Männer, die gerade zusammensitzen, heran und bieten uns Tee an. So auch heute wieder mehrere Male. Einmal haben wir das Angebot angenommen, am Ausgang eines Dorfes mit vielen armseligen Häusern. Die zwei Einladenden winken uns vehement zu sich. Sie bitten uns aber nicht in die wirklich ärmliche Hütte, sondern breiten zwei Wolldecken auf dem frischen Kleefeld aus. Dazu alte Sofakissen und schließlich das Tablett mit den Teegläsern. Unterdessen sind vier weitere Männer dazugekommen. Sie begrüßen uns immer mit Handschlag. Wir erzählen unsere Geschichte. Es folgen praktische Fragen. Heute war von besonderem Interesse, wie wir uns ernähren. Der Junge, der sich auch in die Nähe gewagt hat, wird weggeschickt. Er soll Tomaten für uns holen, vermuten wir. Und siehe da, der Junge kommt mit einem Plastiksack mit sicher 10 kg Tomaten zurück. Unterdessen sind weitere vier Männer zu uns gestoßen. Wir bieten als kleines Dankeschön Zigaretten an. Alle nehmen sie gern. Keiner stört sich daran, dass wir nicht rauchen. Ich versuche zu erklären, dass die vielen Tomaten für Pilger zu schwer sind. Das wird verstanden! Der eine Sack wird sofort auf vier Säcke aufgeteilt. So, jetzt muss jeder von uns nur 2,5 kg mittragen; und ojemine, jetzt werden uns auch noch Quitten geschenkt. Natürlich direkt vom Baum. Gut, wir packen alles ein, verabschieden uns, winken, laufen ein, zwei Kilometer und müssen dann leider, leider einige der Herrlichkeiten abwerfen. Einen Sack mit Tomaten und mit den Quitten hängen wir an eine Haustür. Einen zweiten lassen wir an der Tankstelle, wo wir picknicken, stehen.

Absitzen, abwarten und Tee trinken – dabei entstehen viele Geschichten. Um diese Geste der Einladung und das Anbieten von Tee, um diese kleine und überall verbreitete Geste bin ich den Menschen in der Türkei dankbar. (ha)

Dummer Hund

Ich gehe, nichts ahnend und schweigend ins Gebet vertieft, an einem Haus vorbei. Plötzlich rufen Hildegard und Franz: Achtung! Ich drehe mich um in der Annahme, es komme ein Auto, sehe im Augenwinkel etwas hinter mir, denke, es sei ein Stein, will nicht stolpern, mache, weil mich „der Stein" ankläfft, eine dumme Bewegung und liege im Staub. Ich sehe gerade noch, wie Franz mit seinen Stöcken ganz energisch auf einen Hund losgeht, der sich sehr schnell wieder unter einem Ladewagen versteckt – wohl wissend, was auf ihn zukäme, würde er sich zeigen. Fast hätte es in meine Wade gebissen, das „niedliche" Tier. So was von hinterhältig! Aber außer dass ich weiche Knie habe, ist mir gar nichts geschehen. (er)

Der Veterinär

Wir laufen durch die kleinen Dörfer. Die Landschaft und das Wetter sind traumhaft. Es gibt wenige Übernachtungsmöglichkeiten. Das Tagesziel, das Franz für heute gesetzt hat, liegt auf freiem Feld, außerhalb der Dörfer. Aber schon braust ein Bus heran. Dieser bringt uns wohl in ein Dorf, aber noch nicht zu einer möglichen Unterkunft. Sofort halten wir nach der nächsten Verbindung Ausschau. Es gibt ihn, den Bus, aber wir wissen nicht recht, wann. In einer, in zwei, in drei Stunden. Wir trinken Tee. Ein erster Einheimischer setzt sich zu uns. Wir trinken weiter Tee. Jetzt kommt der Veterinär Hassan. Setzt sich auch zu uns. Wir trinken mit ihm Haselnuss-Nescafé. Langsam wird es kühler. Esther wagt die Frage, ob es auch ein Taxi gäbe. Ja, ja. Wir wissen aber nicht, was das heißt. Esther fragt ein wenig später nochmals. Jetzt steht Hassan auf und geht in Richtung Moschee davon. Er geht beten, wissen wir später. Als er zurückkommt, packt er uns in sein Auto ein und fährt uns zum gewünschten Ort.

Hier angekommen, werden wir von ein paar Freunden von Hassan erwartet. Er hat ihnen telefonisch vorangekündigt, dass er ihnen seine Schweizerfreunde vorstellen möchte. Große Freude bei ihnen. Bei uns auch, die Geste von Hassan rührt uns. Wir trinken mit allen nochmals Tee und nehmen Abschied. Es ist nichts Neues mehr, wir erleben es aber trotzdem so – wie jeden Tag für uns gesorgt wird! (ha)

Çay

Seit bald zwei Monaten sind wir in der Türkei. Der Çay, das Teetrinken, ist ein kleines Markenzeichen dieses mir ans Herz gewachsenen Volkes. Tee gibt es immer und überall: an jeder Tankstelle können wir ihn bestellen, im Buchladen beim Stöbern in Postkarten wird er angeboten und natürlich gibt es ihn in den Çayhane, den eigentlichen Teestuben. Von diesen kleinen Geschäften aus wird er auch an beliebige andere Orte geliefert respektive hingetragen. Bestellt wird er über kleine Gegensprechanlagen oder mittels Ruf über die Straße.

In Derbent, einem Dorf in den Bergen, erkundigte ich mich beim Teestubenbesitzer ein wenig genauer. Er schrieb mir auf einen Zettel, dass er pro Tag 200 Tees à 25 Kurus (= 12,5 Rappen) und 50 türkische Kaffees à 50 Kurus (= 25 Rappen) verkaufe. Das ergibt ein Tageseinkommen von 37,50 Fr., Materialkosten noch nicht inbegriffen. Das stimmt nachdenklich, vor allem auch deshalb, weil wir diesen Mann 16 Stunden bei der Arbeit wissen. (ha)

Im Lieferwagen

Unsere Tagestour, wieder bei Sonnenschein und Herbstwind, ging nach 32 km zu Ende. Wir hatten gehofft, da bei der Kreuzung, in der Nähe zweier Dörfer, Bus oder Auto zu finden, die uns nach Konya zum Übernachten fahren könnten, um dann morgen wieder an die Kreuzung zurückzukehren. Doch da standen wir und niemand wollte uns mitnehmen. So gingen wir weiter zu Fuß und versuchten, die wenigen Autos anzuhalten. Wenn es gut ging, kam etwa alle zehn Minuten ein Wagen.

Wir hatten Glück. Nach relativ kurzer Zeit kam ein Lieferwagen. Der Fahrer war nach anfänglichem Zögern bereit, uns bis nach Konya mitzunehmen. Die zwei Sitze neben dem Fahrer waren rasch geräumt, so dass Hildegard und Franz Platz nehmen konnten. Doch wir staunten, als der junge Herr die Hintertür des Wagens öffnete und dieser voll mit Lebensmitteln und Haushaltsartikeln war. Kurzerhand machte er auch hier etwas Platz, so dass Esther und ich uns auf Bulgursäcke setzen konnten, den Rucksack auf den Knien. Die Lieferwagentür wurde geschlossen. Im Halbdunkel saßen wir zwischen Paketen von Pommes, Chips, Getreideriegeln, Teeschachteln, aber auch Waschmittel, Seifen, Handschuhen, Toilettenbürsten etc.

Die abenteuerliche Fahrt ging los, doch schon nach kurzer Zeit merkten wir, dass wir nicht mehr auf der Asphaltstraße fuhren, denn es rüttelte stark. Esther und ich dachten, dass wir vielleicht noch einen Laden zu beliefern hätten, und vertrauten dem Fahrer sowie Hildegard und Franz. Sie saßen vorne in der Lenkerkabine und sahen, wohin wir da fuhren. Das Auto hielt an und uns wurde die Tür geöffnet. Da standen wir an einem wunderschönen Stausee. Der Fahrer ging zum Wasser hinab, wo ein Mann fischte. Gleich riefen sie zu uns hoch, ob wir Tee wollten. So stiegen wir aus, tranken Tee und wechselten einige Worte. Zu unserem Erstaunen nahm schließlich unser Fahrer einen Rucksack aus dem Wagen und verabschiedete sich. Er blieb nun bei den sieben gesetzten Angeln, während der andere sich ans Steuer setzte. Während der Ladenlieferant also am See blieb und da auch die Nacht verbrachte, fuhren wir mit seinem Cousin, wie sich herausstellte, nach Konya. Dieser musste anderntags wieder im Krankenhaus arbeiten. Mitten im Stadtzentrum von Konya konnten wir nach dieser Fahrt mit Abstecher zum See und Fahrerwechsel aussteigen. (chr)

Postkartenstory

Heute sind wir in Konya, DIE *Möglichkeit für uns, an Postkarten zu kommen, denken wir. Wenn nicht hier, wo dann? Also fragen wir in einer Papeterie, ob sie „Kartpostal" haben. Nein, haben sie nicht. Aber der Verkäufer lädt uns ein, durch seinen Laden hindurch weiterzugehen. Und plötzlich befinden wir uns in einem riesigen Kaufhaus nur für Bücher und im untersten Stock Postkarten. Eine Wendeltreppe führt hinunter. Wir staunen über die riesige Auswahl.*

Hildegard schaut sich weiter um und ruft mir zu: Hier gibt es was für Pilger. Ich folge ihr und merke sofort, dass sie wohl gesagt hat: Hier ist ein Pilger, denn sie spricht mit einem Mann, der aussieht wie wir. Wanderschuhe, Faserpelz, Bauchtasche und abnehmbare schlammfarbene Hosen! Es ist Giri, der Jerusalempilger aus den Niederlanden. Alle drei sind wir beeindruckt und freuen uns über diese Begegnung. Wir werden vom Ladenbesitzer zum Tee eingeladen. (er)

Wallfahren heißt für mich: Enthaltsamkeit üben

Dieses Ziel vor Augen zu haben, heißt manchmal auch schmerzvolle Askese, Enthaltsamkeit von Nebenwegen und Nebenschauplätzen, die auch interessant, ja verlockend sind, bei Einladungen klug zu bleiben:

Im westtürkischen Hochland bei Karapınar gibt es eindrückliche erloschene Vulkane, die aus der Ebene ragen. Einige davon haben einen See in ihrem alten Kraterbecken, ein Vulkan ist umgeben von einem See: Meke Gölü. Dieser Vulkan lag nicht weit neben unserer Strecke, es wäre kaum ein Umweg gewesen, es gab allerdings nur einen Zufahrtsweg von der einen Seite, keinen offiziellen Abfahrtsweg auf der anderen, obwohl es beinahe flach ist. Auch über Google-Earth fand ich keinen ver-

lässlichen Weg. Dennoch war in mir der Wunsch sehr stark, es doch zu probieren. Gleichzeitig war klar, dass an diesem Tag die Strecke sowieso schon sehr lang werden würde und weder ein Umweg noch strapaziöse Zusatzkilometer erlaubt waren, wenn wir die Tagesstrecke schaffen wollen. So verzichtete ich darauf und beschränkte mich: Auf das Wesentliche konzentriert, entschied ich mich für den Hauptweg.

Oder wie oft sind wir am Straßenrand zu einem Çay eingeladen worden. Manchmal war es mir: Einmal mehr absitzen und versuchen, ein paar Worte mit diesen Menschen auszutauschen, liegt schon noch drin. Doch wir hatten an diesem Tag schon unsere Pausen. Oder wir hatten unser Picknick gekauft und wollten es nicht bis zum Abend herumtragen.

Wallfahren ist manchmal eine schmerzliche Enthaltsamkeitsübung; eine Übung, um des Zieles willen auf Ausflüge unterwegs zu verzichten, damit man auf Kurs bleibt.

In der Tageslesung heißt es treffend: „Deine Ohren werden es hören, wenn dein Lehrer (Gott) dir nachruft: Hier ist der Weg, auf ihm müsst ihr gehen, auch wenn ihr selbst rechts oder links gehen wolltet" (Jes 30,21). (fm)

Zum Stand der Dinge

Seit Istanbul sammeln wir Informationen zu Syrien. Der Ruhetag in Tarsus gibt die Möglichkeit, sich intensiver damit auseinanderzusetzen, ob wir durch das Land gehen. Während andere Pilger, denen wir unterwegs begegnet sind und zu denen wir Kontakt halten, sich entschieden, nicht durch Syrien zu gehen, haben wir gestern mit Matthieu telefonieren können, der als Pilger von der Türkei schon bis nach Aleppo ging. Außer technischen Problemen und den Armeekontrollen kommt er gut voran, sagte er uns. Auch sind wir dabei abzuklären, ob wir einen syrischen Reiseführer nehmen, der Arabisch spricht *und uns gegenüber verschiedenen Instanzen vertreten kann. Mit Mar Musa, dem von P. Paolo Dall'Oglio SJ geleiteten Kloster nördlich von Damaskus, stehen wir in Verbindung. Ihr Engagement für Spiritualität und Dialog liegt genau auf unserer Linie. Zudem sind wir mit der Korrespondentin des Schweizer Radios in Beirut, Irene Meier, im Mailkontakt. Journalisten ist die Einreise nach Syrien verwehrt, doch beobachtet sie vom Libanon aus genau. Bei der Mail an die Schweizer Botschaft in Damaskus warten wir noch auf eine Antwort.*

Zusammengefasst lässt sich sagen, dass Außenstehende oft abraten, nun nach Syrien zu gehen. Kenner des Landes und Menschen in Syrien sehen neben den gewalttätigen Auseinandersetzungen von Regierung und Opposition vor allem die Devisen, Benzin und andere Güter knapp werden. Die Frage ist, wie wir Kämpfe örtlich umgehen können. Wir prüfen unseren Entscheid auch vor Gott, bedenken, dass wir für Frieden und Gerechtigkeit gehen, die keine leeren Worte sind, und kommen im Augenblick zum Schluss, Syrien zu durchqueren. Wir haben jedoch noch bis in die erste Novemberwoche Zeit, definitiv zu entscheiden. Wir bitten alle um das Gebet. (chr)

Stadttag

Eine Stadtdurchquerung steht uns bevor. Von Adana. Lieblingsstrecke für Pilger ... Zunächst geht es, wie längst gut eingeübt, am linken Straßenrand dem entgegenkommenden Morgenverkehr entlang. Waaas hast du gesagt? Wieee? Hab's nicht verstanden. Es ist sehr laut. Schon bald schließt sich uns ein ganz ordentlich aussehender Hund an. Wir müssen ihm aber wenig später gestehen, dass die Sympathie nicht auf Gegenseitigkeit beruht. Wie aber das Tierchen loswerden? Gar nicht einfach. Wie er uns fast in eine dumme Verkehrssitua-

tion bringt, schreie ich ihn an. Keine Reaktion. Später Esthers Griff zu einem Stein und eine drohende Geste. Da weicht der dumme Hund mitten in den Verkehr hinein aus. Bremsen, hupen, beinahe eine Kollision. Franz versucht es mit einem sanften Fußtritt. Alles vergebens. Erst als wir über eine Hochstraße in die stillere Parallelstraße wechseln, können wir den Gesellen loswerden. Welche Erleichterung. Fast als Belohnung wird uns bald darauf Nescafé angeboten. Ein Kurde, der mit seinen Schafen über 700 km gefahren ist, um sie in Adana zum bevorstehenden Opferfest anzubieten, gießt ihn auf. Und schon sind wir umzingelt von Neugierigen, Kindern und Erwachsenen. Nach dieser Pause geht's weiter, bald ins Stadtzentrum. Hier gibt es zwei Hindernisse: erstens die Gehsteige, die einfach doppelt so hoch sind wie gewohnt, und zweitens all die netten Neugierigen, die besonders die Touristen lieben und dies zeigen, indem sie sie in möglichst ausführliche Gespräche verwickeln. Wir aber müssen noch ein ganzes Stück weiterlaufen! Auf einer sehr schönen alten Brücke genießen wir den Blick auf die neue Moschee gleich am Fluss. Ein Anblick wie aus Tausendundeiner Nacht. Und schließlich geht es weiter, hinaus aus dem Wohngebiet, in die Industriequartiere, wo wir wieder besser nebeneinanderlaufen können, sodass sich das eine und andere Gespräch ergibt, dabei schmerzende Füße und müde Beine in Vergessenheit geraten! (ha)

Wir schwitzen wieder

Wie wir von der anatolischen Hochebene in die Mittelmeergegend absteigen, läuft uns das Wasser in Bächen den Hals runter. Die Handschuhe, Mütze und Jacke brauchen wir nicht mehr. Die Vegetation hat sich verändert. Oleander und Bougainvillea blühen in Pink und Lachs um die Wette, frische Kaktusfeigen wachsen neben Gra-

natäpfeln, Orangen, Mandarinen und Zitronen. Geerntet werden Erdnüsse und Baumwolle. Es ist eine wahre Freude, an den unterschiedlichen Feldern entlangzupilgern und zu beobachten, wie gepflückt, gesammelt, aufgelesen – wie geerntet wird, mit Maschinen und von Hand, in Säcke und Eimer abgefüllt oder in Kisten verladen, um per Traktor oder Pferdewagen in die Stadt gebracht und auf dem Markt verkauft zu werden. Die Mandarinen schmecken ausgezeichnet. Auch der frische Orangensaft, den wir in Adana trinken, ist einfach fein, genau wie derjenige aus Granatäpfeln. (er)

Bhüet di Gott

Wir würden staunen, wenn bei uns in der Schweiz auf jedem zweiten Lastwagen, auf der Frontscheibe in großen Lettern stehen würde: Bhüet di Gott. Und auf den Postautos stünde in Schnörkelschrift: Gottes Segen euch. Vielleicht käme es uns auch komisch vor, wenn auf Kleintransportern hinten und vorne schön geschrieben stünde: Ehre sei dem dreifaltigen Gott.

Wir würden wahrscheinlich auch zweimal hinschauen, wenn an einem PKW auf der Scheibe ein Kreuz kleben würde oder, noch viel eigenartiger, wenn dieses Kreuz an der Karosserie, hinter dem rechten Hinterrad hängen würde.

So aber ist das hier in der Türkei. Fast jeden Lastwagen ziert ein solches Wort auf Klebefolie oder gesprayt auf Front- oder Heckscheibe, oben auf dem Laster oder auf allen Seiten eines: Maşaallah (Ehre sei Gott) – Allah korusun (Gottes Segen) – Allah Emanet (Gott ist meine Sicherheit) – Hamd Allah (Gottes Lob) – Bismillahirrahmanirrahim (Im Namen Gottes, des Allerbarmers, des Barmherzigen) – Tanrım, Tanrım (Oh Gott, oh Gott) – Allah Kuvret – (Gottes Kraft) oder es hängt und klebt irgendwo das Auge Gottes.

Für mich ist es ein eindrückliches und schönes Zeichen. Geht es doch darum, die Arbeit, das Tun und die eigene Zeit unter den Schutz Gottes zu stellen, um ein gelingendes Tagewerk und um ein unfallfreies Fahren zu bitten. (er)

Arkadaş

Ich schreibe von einem der wichtigsten Worte, welches uns in der Türkei begegnet ist. Es ist das Wort, das wir nicht nur gehört, gelernt und verstanden haben. Es ist das Wort, das wir täglich von seiner allerbesten Seite erfahren: ARKADAŞ – FREUND.

Der aktuelle Anlass dazu: Im Hotel für diese Nacht angekommen, mache ich die üblichen Handgriffe am Rucksack und weiß augenblicklich, dass ich meine Brille in der letzten Unterkunft habe liegen lassen. Mist. Ich rechne mir schon aus, wie viel Zeit und Umstand es mich kosten wird, dahin zurückzufahren etc. Aber alles mit Ruhe. Zuerst Wäsche waschen, duschen und dann auf dem Translator nachschauen, was es auf Türkisch heißen dürfte: Ich habe meine Brille vergessen. Ich lerne den Satz auswendig – benim gözlük unutmuş – und gehe zur Rezeption. Obwohl ich das Verb, also unutmuş, sinnigerweise schon wieder vergessen habe, kann ich durch die Aufschrift auf meinen Badelatschen deutlich machen, in welchem Hotel ich war und dass es sich um meine Brille handelt. Man scheint mich verstanden zu haben. Der nette Herr beginnt zu telefonieren. Einmal, zweimal, dreimal und zum vierten Mal. Jedes Mal mit einem Arkadaş. Dann sagt er nickend tamam, also o.k. Ich gehe zurück ins Zimmer, habe kaum ein Nickerchen gemacht und werde gerufen. Die Brille sei angekommen. Tatsächlich! Ich will zehn Lira Trinkgeld geben, was entschieden abgelehnt wird. Unglaublich, wie sich die Hilfsbereitschaft für uns zeigt. Einmal mehr. Liebe Türkinnen und Türken – wir werden euer Land bald verlassen. Wie ich euch als Arkadaş vermissen werde! (ha)

Das Opfer, die Pilger und die Kuh

Beim Eintritt in die Türkei wurden wir Pilger mit dem kleinen Bairamfest zum Ende des Ramadan begrüßt. Nun, 75 Tage später, werden wir mit dem großen Bairam verabschiedet. Am ersten Abend in Edirne wurde gerade die Nacht der Herabkunft des Korans gefeiert und am letzten Tag unseres Pilgerns in diesem Land wird das Opferfest begangen, das die Muslime an die „Opferung" Ismaels durch Abraham erinnert. Zum jährlichen Hadsch haben sich dazu über zwei Millionen Muslime in Mekka eingefunden. Auch hier in der Türkei ist Ferien- und Feiertagsstimmung. So haben wir in diesen Tagen immer wieder Schafe und Ziegen gesehen, die zur Schlachtung und Opferung verkauft oder sonst vorbereitet wurden. Wir Pilger sind heute jedoch unverhofft einer Kuh ganz nahe gekommen:

In Şenköy angekommen, war es klar, dass wir hier keine Übernachtungsmöglichkeit finden und deshalb zu einer Pension in der Nähe fahren müssen. Da ich beim Autostoppen schon des Öfteren ein gutes Händchen hatte, meinten meine Mitpilger, ich sollte mich an die Straße stellen, was ich, noch eine Mandarine schälend, tat. Auch dieses Mal funktionierte es. Der erste Lieferwagen hielt an. Ich ging zum Fahrer, öffnete die Tür und fragte, ob wir mitfahren können, worauf er sofort nickte. Ich sah nur die beiden freien Plätze in der Fahrerkabine und meinte, wir wären auch bereit, hinten einzusteigen. Er winkte ab: Nein nur hier, zu viert geht das. Ich dachte an unsere Rucksäcke und sagte, es wäre unmöglich. In meiner Zeichensprache, denn der Mann verstand nur Türkisch, gab ich zu verstehen, wir könnten jedoch die Rucksäcke im Laderaum verstauen.

So stieg er aus, wir gingen zur Rückseite des Wagens und er ließ die Hebebühne runter. Was war da drin: eine Kuh! In der Zwischenzeit waren auch Franz, Esther und Hildegard hinzugekommen und starrten in den mistverschmierten Lieferwagen. Auch die Kuh selbst war nicht sehr gepflegt und sauber. Während wir noch staunten und nicht wussten, wie wir reagieren sollten, holte der Fahrer aus der Vorderkabine große, schwarze Plastiksäcke und gab zu verstehen, dass jeder einzelne Rucksack nun verpackt und zur Kuh hingestellt werde. Dabei waren wir behilflich. Noch während wir unsere Rucksäcke einpackten, hielten zwei kleine Linienbusse, die uns hätten mitnehmen wollen. Doch die Hilfsbereitschaft unseres Fahrers wollten wir nicht bremsen und blieben dabei: ein Fahrer, vier Pilger mit Rucksäcken und die Kuh. So fuhren wir, eingequetscht in der Fahrerkabine, bis zum nächsten Hotel, wo wir ausstiegen und unsere Rucksäcke von der Hebebühne holten. Die Kuh sah ruhig zu. Als wir die Rucksäcke aus den Plastiksäcken nahmen, war nur an den Rucksäcken von Franz und Hildegard je eine kleine Mistspur hängengeblieben. Beim Fahrer bedankten wir uns mit einem Päckchen Zigaretten und wünschten ihm ein frohes Opferfest. (chr)

Elftes Kapitel:
Syrien – eine schwierige Entscheidung

Wir verabschieden uns für kurze Zeit

Nach langem Abwägen haben wir uns entschieden, unser Pilgern trotz der konflikthaften und gewalttätigen Situation in Syrien durch das Land fortzusetzen. Es ist nicht der Ehrgeiz, der uns treibt, nicht unser Kopf, der durch die Wand will. Vielmehr sehen wir in der politischen Lage in Syrien ein Hindernis auf unserem Weg, worauf wir angemessen reagieren müssen, wie wir dies bei zahlreichen, viel kleineren Hindernissen bereits taten. Größere und kleinere Schwierigkeiten gehören zu einem solchen Weg wie zu jedem Leben, das sich ein Ziel setzt.

Wir haben die Stimmen von zu Hause, die sich aus der offiziellen Medienberichterstattung zu Syrien speisen und daher vom Weg durch Syrien abraten, aufgenommen. Auch mit dem Eidgenössischen Departement für auswärtige Angelegenheiten (EDA) in Bern hatten wir Mail-Kontakt. Natürlich muss es uns abraten, durch Syrien zu gehen. Details der Argumentation haben wir geprüft. Was uns jedoch bewegt, den Fuß über die Grenze zu setzen, sind vor allem Berichte aus dem Land selbst. Von Jesuiten in Syrien haben wir Informationen erhalten, aber auch von drei Pilgern, die in der letzten Woche durch das Land gegangen sind. Diese Informationen erhärten folgendes Bild und folgende Argumente:
- Die Revolution tobt vor allem in Idlib, Hama, Homs und andern Orten. Wir haben unsere Route angepasst und meiden diese Region.
- Regierung und Opposition sind zwei definierbare Gruppen, die aufeinanderstoßen. Es ist noch kein un-

übersichtliches Kriegschaos. Wir stehen weder der einen noch der andern Seite nahe und sind auch nicht Staatsbürger von Nationen, die von außen Druck ausüben. Diese Neutralität kommt uns zugute.
- *Kontrollen von Armee und Geheimdienst müssen wir wohl täglich über uns ergehen lassen. Wir werden überwacht sein, weil wir schwer einzuordnen sind. Dazu sind wir bereit.*
- *Damit wir nicht unverhofft zwischen sich verschiebende Fronten geraten, brauchen wir Information über das Geschehen. Eine arabisch sprechende Kontaktperson, die uns informiert und uns vertreten kann, versuchen wir zu organisieren.*
- *Der Staat Syrien will keine Augenzeugen und keine Kommunikation ins Ausland. Journalisten haben keine Einreise. Auch wir wollen zu unserem eigenen Schutz und zum Schutz der Menschen, denen wir begegnen, nichts berichten. Wir werden daher den Blog einstellen, bevor wir über die syrische Grenze gehen. (Anmerkung: Die in Syrien geschriebenen Blogbeiträge wurden erst online gestellt, als wir Syrien wieder verlassen hatten.)*

Viele kleine praktische Details von Bargeld, Unterkunft, Zugang zu Internet etc. bereiten wir der Situation entsprechend vor.

Wir werden voraussichtlich am Montag früh (7.11.2011) über die Grenze bei Yayladağı gehen und weiterpilgern. Dadurch schaffen wir nicht Frieden im Land, doch wir versuchen zu zeigen, dass man differenziert hinsehen sowie mutig und weise seine Werte vertreten muss. Falls es Schwierigkeiten gibt, sind wir bereit, abzubrechen, unsere Route zu ändern. (chr)

Unsere Entscheidung

Die vielen bestärkenden Zeichen auf unsere Kundgabe hin, nächste Woche Syrien zu betreten, freuen mich. Genauso wie ich alles Bedenkenswerte und zur Vorsicht Mahnende, das vorgängig zu uns gelangt war, geschätzt hatte. Was mir selber sehr präsent und wichtig ist, worauf ich staunend schaue rund um die Zeit der Entscheidungsfindung, das möchte ich hier noch zusätzlich berichten:

Wir vier sprechen seit Wochen immer wieder über Syrien. Wir teilen die Informationen. Wir wägen ab, überlegen, bedenken und tauschen uns aus. Das für mich Überraschende dabei ist, dass jede und jeder für sich eine Art von Grundzuversicht mitbringt und ungebrochen bis zum heutigen Tag bewahrt in diesem einen Punkt: Wir wollen versuchen durch Syrien zu laufen, in aller Offenheit und zugleich mit der Bereitschaft, Umwege machen zu müssen oder auch umzukehren oder vorzeitig abzubrechen. Darüber mussten wir nicht abstimmen, das war und blieb immer spürbar. Das ist sozusagen unser Fundament. Ich finde darin etwas Starkes, uns Tragendes, ja eine Form von Freiheit, die nicht selbstverständlich ist. (ha)

An der syrischen Grenze

Wir brechen bei klarem und frischem Wetter in Yayladağı auf und sind gegen 9 Uhr an der syrischen Grenze. Wir sind guter Stimmung, auch wenn es sehr ungewiss ist, was uns heute erwartet. Der türkische Zöllner meint, es gebe von ihm her keine Probleme zur Ausreise, doch müsse er mit der syrischen Seite abklären, ob wir weiterkönnten, und verschwindet mit unseren Pässen. Wir warten über eine Stunde, uns an die Sonne setzend, einen Tee beschaffend, touristische Werbeplakate der Türkei betrachtend. Schließlich kommt der Zöllner zurück, verschwindet in seinem Häuschen und zehn Minuten später erhalten wir die Pässe: Einreise in Syrien ist möglich, lautet sein Kommentar. Wir sind erleichtert und gehen zum syrischen Zoll, wo wir reserviert empfangen werden. Man fragt uns mehrere Male, wohin wir nach der Ausreise aus Syrien gehen, und wir wiederholen stets: nach Amman; danach gehe es zurück in die Schweiz. Dass wir „Lehrer" sind, scheint unser Gehen durch Syrien zu Fuß plausibel zu machen. Als ich frage, wo wir unser Visa verlängern können, falls wir mehr als 15 Tage zur Durchreise benötigen, bekomme ich ein Formular und die Erklärung, der Aufenthalt müsse in Damaskus bei der Immigrationspolizei beantragt werden. Mit dieser schon wichtigen Information gehen wir weiter, ebenso mit dem Stempel im Pass, und kommen zur Station, wo unsere Rucksäcke von Sicherheitsbeamten in Zivil kontrolliert werden. Wieder werden wir über unser Reiseziel und über die Route befragt. Wir geben erneut dieselbe Auskunft. Nach einer weiteren halben Stunde sind wir durch den syrischen Zoll und stehen vor der Tafel „Welcome to the Arabic Republic of Syria". (chr)

Elektronische Geräte in Syrien

Bevor wir nach Syrien gingen, erhielten wir die Nachricht, dass uns die elektronischen Geräte wohl abgenommen werden könnten und dass insbesondere das GPS verboten sei. So hatten wir alle ein wenig Angst um unsere Technik. Noch in Antakya haben wir alles extern abgespeichert, damit wir möglichst nichts verlieren, sollte sie uns abgenommen oder die Inhalte gelöscht werden. Und dann an der syrischen Grenze: Wir mussten unsere Rucksäcke aufmachen, doch die Beamten begannen nur im Rucksack von Hildegard herumzufingern – offenkundig suchten sie nach Waffen. Weiteres haben sie nicht überprüft. Insbesondere die Telefone sind sonst wenig erwünscht, weil sie Kommunikation ins Ausland ermöglichen – zugleich werden sie aber auch abgehört.

Ich wollte unbedingt mein GPS mitnehmen, damit ich die Route aufzeichnen kann. Ein wenig Ehrgeiz spielte wohl mit, dass ich lieber das Gerät riskieren wollte, als es freiwillig zurückzulassen. Gleichzeitig vermied ich es, offen damit zu hantieren, was manchmal etwas mühsam war, wenn wir an einer Kreuzung standen und nicht wussten, in welche Richtung weiterzulaufen war.

Überrascht bin ich noch heute, dass uns die Sicherheitsleute nie wegen unserer Geräte belästigt haben, obwohl ich annehme, dass sie davon wussten. Einmal konnten wir sogar ein Foto mit unseren „Begleitern" machen. Ich bin dankbar dafür, dass wir alles unbehelligt mitnehmen und mit geringen Einschränkungen – Internet gab es normalerweise nicht – auch benutzen konnten. (fm)

Auf dem roten Teppich

Wo um Himmels willen sollen wir heute nächtigen? Das erste Dorf nach steilem Abstieg ins Orontestal liegt bereits im Schatten. Der Mofafahrer mit Wollschal ums Gesicht, der seit einer Stunde an uns vorbeifährt und dann wieder wartet, bis wir vorbeigelaufen sind, sitzt am Dorfeingang bei älteren Herren. Wir fragen beim ersten Laden, um zu erfahren, dass es nichts für Gäste gibt vor Ort. Danach, wir laufen weiter zum zweiten Dorf, das größer scheint, findet eine Mofarallye an uns vorbei statt. Alle wollen uns sehen oder sich mit dem Mädchen auf dem Zweitsitz zeigen. Einige halten an und fragen nach. Das nächste Hotel sei 45 km entfernt. Wir sind darauf eingestellt, dass wir ein Taxi suchen und uns hinfahren lassen. Da hält ein blaues Auto neben uns, und wir werden auf Englisch angesprochen. Der Lehrer. Welcome in *my country. Welcome.* Er riecht nach Alkohol. Unsere Geschichte ist schnell erzählt. Hier in Syrien sind auch wir Lehrer, suchen Obdach für eine Nacht und laufen am Tag darauf zum nächsten Zielort. Nein, nicht nach Hama, nicht nach Homs. Nein. Der Mofafahrer mit Wollschal steht auch wieder neben uns. Der Englischlehrer erweist sich als hilfreich. Er fährt uns zu seiner Schule, bringt uns einen großen roten Teppich, sodass wir seit langem wieder einmal auf unseren Luftmatratzen schlafen. Später taucht er mit zwei gebratenen Hähnchen und Pommes auf. Der Mofafahrer mit Wollschal ist immer dabei. Wir sind dankbar, auch wenn nicht allen auf Anhieb wohl ist, weil wir uns auch sehr unter Kontrolle fühlen, es bestimmt auch sind. Es ist ein Glück, dass wir zu viert sind. Wir können miteinander über die Eindrücke sprechen und sie so besser sortieren. Das hilft! Wie schlafen auf dem roten Teppich. (ha)

Es hat sich gelohnt

Es hat sich gelohnt, einige Sportriegel von Istanbul durch die halbe Türkei bis nach Syrien zu tragen. Sie haben Hildegard heute zu neuen Kräften verholfen. Und noch etwas hat sich gelohnt, über 3400 km aus der Schweiz mitzutragen, damit es uns hier in dieser syrischen Schule, die heute unser Nachtlager ist, beste Dienste tut: Bouillonwürfel!

So geht es uns, wenn wir im herbstlichen Syrien am Ziel ankommen: Wir ziehen etwas Wärmeres an und frösteln trotzdem. Dann wollen wir am liebsten zuerst uns und die Kleider waschen, anschließend etwas Warmes essen und trinken. Alles ist nicht immer möglich, aber in dieser einfachen Schule heute gibt es einen Gaskocher. Teekännchen aufstellen, Bouillonwürfel rein, köcheln – das war die beste Bouillon seit langem, da sind wir uns alle einig! (er)

Selig die Schielenden

Mehr als über jedem andern Pilgertag kann heute das Motto stehen "Selig die Schielenden, denn sie werden nach Jerusalem gelangen". Mit einem Auge galt es immer nach Jerusalem zu blicken, um das Ziel vor Augen zu haben, das uns Motivation schenkte. Mit dem andern Auge galt es wahrzunehmen, was rund um uns geschah. Denn einerseits war das Gehen durch die endlosen Straßendörfer im Orontestal wie eine Parade, wo sich vor jedem Haus die Menschen versammelten, uns zuriefen und fragten, woher wir kämen und was wir hier machten. Andererseits wurden wir von Männern auf Motorrädern und in Zivil immer wieder angehalten. Wir mussten Auskunft geben, wer wir seien, wohin wir gingen, unsere Papiere zeigen etc. Dabei sprachen viele dieser Überwacher nur Arabisch. Zwei Mal tauchte ein Polizeiauto mit drei Polizisten auf, die uns befragten. Wir wurden angewiesen, auf dieser Talseite zu bleiben und geradeaus nach Masyaf zu gehen, da jedes Abbiegen nach links uns in eine gefährliche Zone bringen würde. Einmal halfen uns die Polizisten auch gegenüber niedriger gestellten Geheimdienstwächtern, die unser Gepäck durchsuchen wollten. Von einigen Männern wussten wir nicht, ob sie selbsternannte Spitzel waren. Auf alle Fälle gab es Übereifrige unter ihnen, die uns belästigten und uns ohne jedes professionelle Können, wie es die Polizei auswies, am Weitergehen hindern wollten. Um sich durch diese andauernden Kontrollen nicht müde und mürbe machen zu lassen, waren die Gespräche unter uns vier wichtig, doch auch das Auge, das auf Jerusalem gerichtet blieb.

Vor allem zwei Aussagen von Menschen am Straßenrand waren für mich bezeichnend: Ein Spitzel, der uns kontrollierte, meinte, in den Dörfern drüben in der Ebene, wo wir nicht hindürften, lebten Terroristen. Sie würden uns alles Geld stehlen und einsperren. Dass er die staatliche Bezeichnung der Opposition als „Terroris-

ten" vertrat, erstaunte mich nicht. Doch wie er zur Aussage kam, sie würden uns bestehlen und einsperren, konnte ich nicht verstehen. Deklarierte er den Feind einfach als Kriminellen? Ein anderer Herr meinte, hier wären wir in den Dörfern, die alle zum Präsidenten Assad stehen würden. Wir könnten in jedes Haus sicher einkehren. Doch in den Städten Hama und Homs würden die Gebildeten leben und diese würden Menschen töten. Dass hier die Frontlinie nicht nach religiöser oder ethnischer Zugehörigkeit eingeteilt wurde, sondern die Opposition mit den Gebildeten in Zusammenhang gebracht wurde, hörte ich zum ersten Mal. Sicher ist darin auch etwas Wahres, denn die Gebildeten wissen, was ein Leben jenseits eines Polizeistaates bedeuten kann, weniger die Bauern und Arbeiter dieser Dörfer. (chr)

Musik verbindet

Gestern war ein anstrengender Tag, viele Kontrollen, viele Kinder, die uns nachliefen und tausendmal Hallo riefen, viele Einladungen zum Tee, immer wieder erklären, woher wir kommen, was wir tun. Am Abend war ich den Tränen nahe. Das noch weitere 21 Tage aushalten – unmöglich.

Aber wir haben eine Übernachtungsmöglichkeit gefunden und ein Restaurant dazu. Dort, in einem mittelgroßen Saal, war es kalt, der Ofen nur lauwarm. Kaum hatten wir den Wunsch nach Wärme geäußert, kam der Kellner mit zwei Autoreifen und warf sie in den Ofen. In null Komma nichts war es so heiß, dass wir und die anderen Gäste, die sich um den Ofen versammelt hatten, wegrücken mussten. Einer der Gäste konnte Portugiesisch und unterhielt sich mit Hildegard, die sich zu ihrem eigenen und unser aller Erstaunen plötzlich an diesem Ort in dieser Sprache verständigte. Bald schon brachte dieser Gast eine Flasche syrischen Wein, für uns der erste, *süß und fein. Mit der Wärme, die in mich hereinkroch, wurde mir auch wärmer ums Herz. Ich wurde ruhiger. Als dann die Einheimischen am anderen Tisch zu singen anfingen und wir dazu klatschten, verschwand mein Unbehagen vollends. Es war ein berührender Moment, in die Augen der Syrer zu schauen, als Hildegard und ich auch für sie auf Schweizerdeutsch sangen: „Du frögsch mi, wer i bi". Wärme und Musik lassen einander näher kommen. Das tat mir gut. (er)*

Die Pistole vor Augen

Täglich gehe ich ein bis zwei Stunden für mich alleine, um vertieft in der Meditation und im Gebet zu sein. Wenn es möglich ist, sind es die ersten Stunden am Morgen. So bin ich auch heute alleine vor Franz, Hildegard und Esther gegangen. Auf der linken Seite des Sträßchens näherte ich mich einem hupenden Lieferwagen, der am Eingang zu einem Hof stand. Der Lenker wartete, bis jemand erschien. Als ich auf Höhe des Wagens war, stieg der Fahrer – ein jüngerer Mann mit Schnauzbart und stechenden Augen, in Militärhose und -jacke gekleidet – aus und stellte sich mir breitbeinig in den Weg. Zugleich zog er aus seiner Hosentasche einen Revolver, hob ihn an, zielte auf mich und ließ die Hand wieder sinken, so dass die Waffe an seinem gestreckten Arm nach unten ruhte und für mich sichtbar blieb. Ein Gefühlsschub von Angst durchwallte mich, ließ mich für einen Augenblick erstarren, und dann stand ich mit dem Mann, der etwas größer war als ich, Auge in Auge da. Er sprach verhalten etwas Arabisch aus, das ich nicht verstehen konnte. Da ich nicht gleich reagierte, wiederholte er mehrmals etwas und machte zuerst nur mit seinem Kopf, dann auch mit seinem linken Arm eine leichte Bewegung nach oben. Er blickte dabei auf meinen Rucksack. Ich verstand, dass ich ihn öffnen soll. Ich blieb stehen und wiederholte, dass ich Arabisch nicht verstünde. Zugleich schoss es mir durch den Kopf, dass die andern drei sich schon nähern müssten. Ich musste also Zeit gewinnen, bis sie da waren. Mich umzudrehen schien mir nicht weise, da ich den Aggressor nicht aus den Augen lassen wollte. Zugleich konnte ich an seinem Blick sehen, dass er immer wieder über mich hinwegschaute, ob sich meine drei Mitpilger näherten. Die Zeit schien mir stillzustehen. Ich begann, meinem Bedroher die Sprachen aufzuzählen, die ich verstehe. Ich würde nicht verstehen, was er wolle. Auf einmal zeigte er mit seiner Pistole zur Seite hin und gab mir durch eine Bewegung zu verstehen, ich sollte mich hinter das Auto stellen, zu den Bäumen hin. Ich wusste, dass ich mich auf keinen Fall ins Verdeckte begeben dürfe, und reagierte auch bei wiederholter Aufforderung durch seine Bewegung nicht. Ich hoffte, die andern würden kommen, und harrte aus. Es waren wohl erst zwei oder drei Minuten vergangen. Da nahm ich wahr, dass er die Pistole, die immer noch an seinem ausgestreckten Arm sichtbar war, in seine Hosentasche steckte. Es war das Zeichen für mich, dass die andern drei kamen. Tatsächlich standen sie auch gleich neben mir. Ich sagte ihnen in ruhigem Ton, dass der Fahrer eine Waffe habe, denn sie hatten sie von weitem nicht bemerkt. Auf Deutsch konnte mich mein Bedroher nicht verstehen. Einen Augenblick standen wir vier dem Mann wortlos gegenüber. Ich drängte jedoch, weiterzugehen, und er ließ uns passieren. Ich schaute mich noch einmal um und konnte feststellen, wie er zum Wagen ging und eine Frau vom Hof her kam. Wir vier gingen einen Moment schweigend, bis ich zu erzählen begann, was ich gerade erlebt hatte.

Nach unserem kurzen Gespräch gingen wir eine Weile fast schweigend. Es war angenehm, da auch noch nicht so viele Leute auf den Straßen standen und uns anredeten. Nach zwei Stunden Weg, kurz nach 9 Uhr, machten wir bei einem Laden Halt, aßen etwas Kleines und wurden zu einem Glas Mate eingeladen. In der Zwischen-

zeit hatten wir auch wieder einen Agenten des Geheimdienstes wahrgenommen, der gleich zur Zentrale telefonierte und, so abgesichert, uns in Ruhe ließ. Auch die Kinder, die uns während unserer Pause zu umringen begannen, schickte er nach Hause. Kaum waren wir von unserer Rast aufgebrochen – wir waren schon außerhalb des Wohngebiets –, kam uns ein Lieferwagen entgegen und hielt abrupt vor uns an. Es war der Fahrer von vorhin. Er stieg aus, begann gleich mit der Pistole zu fuchteln und uns vier zu bedrohen, vor allem Franz, während ich vorbeifahrende Autos und Motorradfahrer anzuhalten versuchte. Glücklicherweise waren Polizei und Geheimdienst gleich zur Seite: Ein Motorrad mit zwei jungen Männern hielt und auch ein Auto mit einem Soldaten in Uniform am Steuer sowie ein mit Maschinenpistole bewaffneter Beifahrer. Einige Autos und Motorräder fuhren vorbei, andere hielten, sodass es eine kleine Menschenansammlung gab. Dem Mann in Uniform im Auto erzählte ich von der Bedrohung. Er prüfte meinen Pass. Inzwischen erklärte sich einer der jungen Männer – er gehörte zum Geheimdienst – bereit, zu unserem Schutz an unserer Seite zu gehen. Der Mann mit der Pistole, der diese bei Erscheinen der Sicherheitsleute eingesteckt hatte, stieg in sein Auto und blieb gänzlich unbehelligt. Esther war so außer sich, dass sie nicht mehr weitergehen wollte. Auch Hildegard forderte sofort ein Taxi, um von hier wegzufahren. Doch sowohl die beiden jungen Männer vom Geheimdienst als auch der Mann in Uniform im Auto bestanden darauf, dass wir nun in ihrem Schutz weitergehen sollten. Letzterer meinte: Geht mit Gott!

Wir setzten unseren Weg also fort mit dem Geheimdienstmann, der etwas Englisch sprach, an unserer Seite. Nach wenigen Metern gab es nochmals einen Zwischenhalt, weil Esther mit Nachdruck zu verstehen gab, dass sie nicht mehr weitergehen wolle. Doch wir waren mitten im Feld. So ließ sie sich schließlich umstimmen, zu-

mal wir ja jemanden an unserer Seite hatten. Wir gingen und bald stellte sich bei einem Gespräch mit unserem Schutzmann, der Mohammed hieß, heraus, dass er wusste, dass wir als Pilger nach Jerusalem unterwegs waren. Und das, obwohl wir nie davon gesprochen hatten. Wir unterließen es auch weiterhin, weil ein Durchqueren Syriens nach Jerusalem und Israel offiziell nicht erlaubt ist. Bei einem Gespräch Mohammeds mit anderen Sicherheitsleuten hörten wir auch, wie sie über uns redeten und dass sie über unser Pilgerprojekt gut informiert waren. Gegenüber den Menschen auf der Straße, die fragten, woher wir kämen und was wir hier machten, erklärte Mohammed stets, wir seien Pilger aus der Schweiz, die eine Wallfahrt nach Ma'alula machen würden, das syrischen Christen wichtig ist. So vertrat der Geheimdienst gegenüber dem Volk weiterhin die Position, dass man nicht nach Israel dürfe, und ersetzte Jerusalem durch einen christlichen Wallfahrtsort im eigenen Land. Wir vier sagten nichts weiter, als dass wir zu Fuß aus der Schweiz kämen, durch Syrien gingen und schließlich nach Amman wollten.

Bis kurz nach Mittag hatten wir den Alawiten Mohammed, mit dem ich verschiedene Gespräche führen konnte, als persönlichen Schutz. Ich fragte ihn nach einigem für uns Nützlichen über Syrien und die Verhältnisse im Land, wobei mir beim Zuhören stets bewusst war, dass ich mit einem Vertreter des Geheimdienstes im Gespräch war. Zugleich fuhr ein weiterer Beamter mit seinem Motorrad immer in unserer Sichtweite. Am Nachmittag wurde Mohammed wieder abgezogen oder er ging aus eigenen Stücken weg. Ich vermute, dass sich sein Begleiten spontan aus der Situation ergeben hatte und nicht offiziell vorgesehen war. Wir hatten dann für alle Fälle für den Rest des Tages nur noch Ali mit dem Motorrad als Begleitung. (chr)

In der Orontesebene

Ein ruhiger Tag auf der Landstraße liegt hinter uns, auf dem Motorrad begleitet von Anwar, der uns vom Geheimdienst zugeteilt wurde. Auch ein Polizist, der uns bereits kontrolliert hatte, ist wieder erschienen und hat sich nach unserem Weg und unserer Sicherheit erkundigt. Ansonsten nichts Außergewöhnliches. So bleibt Raum, einige Beobachtungen zu Land und Leuten zu machen: Immer wieder werden wir mit den Worten begrüßt: Willkommen im Syrien Assads. Die Alawiten dieser Gegend geben also sofort zu erkennen, dass sie zu ihrem Präsidenten stehen. Damit ist der erste Kontakt auch schon mit einer politischen Botschaft verknüpft. In der gegenwärtigen Situation der Revolte ist dies gut zu verstehen. Wenn wir uns jedoch die Dörfer anschauen, durch die wir gehen, fällt auf, wie ärmlich sie sind und wie primitiv die Infrastruktur ist. Vor allem das Ankommen in Masyaf heute, einer kleinen Provinzstadt, war deprimierend. Mehr als die Hälfte der Häuser sind graue Bauruinen, der Abfall liegt überall auf den Straßen und die Beleuchtung, die Läden etc. sind veraltet und reparaturbedürftig. Gerade gibt es hier im Wadi Ayoun, wohin wir zum Übernachten fahren mussten, einen Stromausfall.

Wir sitzen im Dunkeln. Syrien scheint mehr abgewirtschaftet als jedes andere Land, durch das wir gepilgert sind. Selbst Serbien und Bulgarien mit ihren maroden Bauten hatten eine bessere Infrastruktur. Ein Großteil der Männer trägt in dieser Gegend auch keine zivile Kleidung, sondern Militärhosen und Militärjacken. Uns wurde erklärt, dass jeder Soldat nach seinem zweijährigen Armeedienst die Kleidung behalten darf und danach oft die Militärkluft trage. Doch auch viele ältere Herren tragen Armeejacken. Es scheint hier als Ausweis von Männlichkeit zu zählen und vielleicht auch zur Staatsideologie, dass das Kriegerische auf diese Weise sichtbar

211

bleibt. Die Kleidung betreffend, ist auch bemerkenswert, dass die vielen Motorrad- oder Traktorfahrer stets ein Kopftuch tragen, das sie in diesen frischen Spätherbsttagen ganz um das Gesicht binden. So schützen sie sich vor Kälte, sind zugleich aber auch vermummt. Nur die Augen sind sichtbar. Nicht die Burka der Frau fällt hier auf – die Alawitinnen hier tragen ihr Haar lang und offen, meist ohne Kopftuch –, sondern die Vermummung der Männer. (chr)

In christlichen Dörfern

Ein erster wirklich kalter, windiger und bedeckter Tag auf dem Pilgerweg. Nun ist auch für uns der Winter angebrochen. Auf unserem Weg südlich von Masyaf gelangen wir gleich in ein christliches Dorf, das bedeutend sauberer und stattlicher ist als die Dörfer, die wir bis jetzt in der Orontesebene gesehen haben. Es fällt auf, wie unterschiedlich der Einfluss der Religionen auf die Ordnung in einem Dorf ist, wie ich es auch bereits in Jordanien, Palästina oder Ägypten gesehen habe. Da Sonntag ist, waren die Läden geschlossen und das Leben ruhte. In Ayn Halaqim kamen die Menschen gerade vom Sonntagsgottesdienst, als wir durch den Ort marschierten. In Syrien ist in den christlichen Ortschaften Samstag und Sonntag arbeitsfrei, während in den muslimischen und alawitischen Orten Freitag und Samstag die beiden Tage der Woche sind, an denen Schule und öffentliche Ämter ruhen. Auf unserem Weg, auf dem muslimische und christliche Dörfer abwechselten, war dies deutlich zu erleben. Ein Lehrer aus dem christlichen Ayn Halaqim, mit dem Franz und ich länger sprachen, kam gerade von der Schule im muslimischen Nachbardorf, wo er arbeitet. Als wir am Ende unserer Tagestour in Shin ankamen, trafen wir im Restaurant zwei Christen aus Homs beim Es-

sen. Sie erklärten, dass sie die Stadt wegen der Unruhen mit ihren Familien verlassen hätten und nun hier lebten, bis sich die Lage beruhige. Der eine junge Familienvater beteuerte, wie er seine Heimatstadt liebe, doch in ihr würden nun täglich Dutzende Menschen getötet. Alle Parteien in der Stadt würden letztlich Verlierer sein, die Aufständischen, die Neutralen wie auch die Armee. Seine offene und differenzierte Sicht der Revolution hat mich beeindruckt. Sie steht ganz im Gegensatz zur Äußerung eines andern Mannes, der uns heute unterwegs einschärfte, wir sollten zu Hause davon sprechen, dass in Syrien alles in Ordnung sei und die Medien nur gegen Assad mit Lügen hetzten. (chr)

Die Suppe fehlt

Nichts mehr gibt es in unseren Rucksäcken, das noch nicht zum Einsatz gekommen wäre. Es ist kalt geworden. Seit zwei Tagen bläst ein empfindlicher Nordwind. Wir tragen Mützen, Handschuhe und lange Unterhosen. Für die Pausen suchen wir Läden, wo uns Tee gebraut wird, und zum Mittagessen verlangt uns nach warmem Essen. Abends in den Unterkünften sind wir glücklich, wenn es einen Petroleumofen gibt. Das offene Feuer in einem Restaurant zieht uns magisch an. Manchmal sind auch die Betten feuchtkalt, sodass zumindest die Frauen samt Schlafsack unter den Decken liegen. Höhepunkt ist dann, wenn bei Stromausfall auch das Duschwasser kalt bleibt. Dann ist Katzenwäsche in Rekordzeit angesagt. Richtig warm wird uns aber erst, wenn wir auch wieder Essen bekommen haben. Leider ist die Zeit der Suppen vorbei. In der Türkei gehörte abends eine Linsensuppe zum Ritual. Diese gibt es Syrien nicht mehr. Und sie fehlt uns – die Suppe in der kalten Zeit. (ha)

Homs erzwingt eine Autofahrt

Homs ist ein Zentrum der gegenwärtigen Revolte gegen Präsident Assad. Seit Monaten gibt es hier bei den Auseinandersetzungen wöchentlich zahlreiche Tote. Wir sind bis 20 km an die Stadt herangepilgert. Danach nahmen wir ein Taxi, das uns auf der Ringautobahn um die Stadt herumfuhr und auf der südlichen Autobahn Richtung Damaskus absetzte, wo wir weitergehen konnten. Auf Brücken, die in die Stadt hineinwiesen, sahen wir Panzer stehen. An der Autobahn kontrollierte uns die Armee. Ansonsten zeigte sich uns kein anderes Bild als an den Tagen zuvor, als wir auch schon Militärfahrzeugen mit Soldaten und Waffen in Stellung begegnet sind.

Kaum waren wir weitergegangen, stellten wir fest, dass uns in einem Abstand von gut hundert Metern der Geheimdienst mit einem Auto folgte. Den ganzen Tag über saßen darin ein Fahrer in Zivil sowie vier Soldaten. Es ist eine der gefährlichsten Gegenden im Land, denn vor kurzem sind hier auch Rachemorde verübt worden. Erstaunt sind wir über die Beschattung nicht mehr, denn auch im Hotel, wo wir übernachteten, sagte uns ein Angestellter: „Die Regierung folgt Ihnen". Der Geheimdienst macht dies so offensichtlich, dass er unseren Taxifahrer anrief, dieser mir das Telefon reichte und ich auf der anderen Seite eine Frauenstimme auf Englisch hörte, die mich offen fragte, wohin wir heute gingen. Kooperativ, wie wir sind, nannte ich ihr unser Tagesziel. Da angekommen, gingen wir zum Auto der Geheimpolizei und sagten ihnen, wohin wir zum Übernachten fahren wollten. Warum Katz und Maus spielen, wenn es anders einfacher ist!? In Mar Musa angekommen, klingelte schon bald das Klostertelefon. Der Geheimdienst erkundigte sich, ob wir angekommen seien. (chr)

In einer anderen Welt

Nach der Fahrt im Taxi um Homs herum laufen wir entlang der Autobahn Richtung Damaskus. Es ist eine sehr laute Straße. Viele Lastwagen in bedenklichem Zustand und mit pechschwarzen Auspuffgasen fahren in hohem Tempo an uns vorbei. Neben der Straße zeigt sich an diesem Tag auch nicht viel Schönes. Das Land ist von Unfertigem, Bauschutt, Abfällen jeglicher Art bedeckt. Das einzige Gewässer auf der heutigen Etappe stinkt bestialisch. Und – wir sind heute von einem weißen Toyota mit fünf Geheimdienstleuten begleitet, einer in Zivil, vier in Vollmontur. Sie sind mal vor uns und mal hinter uns. Mit der Zeit winken wir ihnen, und jene, die nicht gerade schlafen, winken zurück.

Am Ziel unserer Etappe angekommen, steuern wir den ersten Laden an und fragen nach einem Taxi. Wir wollen uns ins Wüstenbergkloster Deir Mar Musa bringen lassen, das vom Jesuiten Paolo geleitet wird. Der Ladenbesitzer organisiert uns einen Freund, der mit sieben Mal Nachfragen den Weg zum Fuß des Klosters findet. Es ist bereits Nacht und wir stellen fest, dass uns ein Aufstieg zur Klosterpforte bevorsteht. Wie gut, dass Pilger mit Stirnlampen ausgerüstet sind! Schon nach wenigen Schritten beginnen oben, wo wir in den hohen Mauern kleine beleuchtete Fenster sehen, Hunde zu bellen. Eine unangenehme Hausglocke, finden wir. Schließlich, fast oben, rufen wir in Gebellpausen hinein laut „Hallo, hallo" und werden schließlich empfangen. Durch das sehr tiefe Eingangsportal schlüpfen wir mit unseren Rucksäcken nur schwer. Das Staunen danach über das alte Gemäuer, das unglaublich schön und doch einfach wiederhergestellt worden ist, ist riesig. Wir sind am Ende dieses Tages unter funkelndem Sternhimmel an einen Ort gekommen, wo uns das Schöne, die Stille und die Gastfreundschaft der Gemeinschaft empfangen. Welche Wohltat für den Leib, die Sinne, die Seele! (ha)

Deir Mar Musa

Wir machen Rast im Kloster Deir Mar Musa: Deir, gesprochen „Der", heißt „Kloster". Musa ist die arabische Form des Namens Mose(s) und Mar ist ein Titel, der „Herr" bedeutet, mit dem üblicherweise Heilige und Bischöfe angesprochen werden. (Im Französischen spricht man Bischöfe auch mit „Monseigneur" an.)

Der heilige Moses hier in diesem Kloster soll der Sohn eines äthiopischen Königs gewesen sein, der als möglicher Thronfolger auf das irdische Königreich verzichtet hatte und stattdessen das Reich Gottes suchte. Er reiste vom Süden her nach Ägypten und ins Heilige Land, bevor er zunächst in Qarah als Mönch lebte und sich dann als Einsiedler in das Tal zurückzog, in dem heute das Kloster Mar Musa liegt.

Die Legende zeigt, dass es zwischen Syrien und Äthiopien kulturelle und kirchliche Beziehungen gab, auch wenn die Kirche Äthiopiens seit ihren offiziellen Anfängen in der zweiten Hälfte des 4. Jahrhunderts bis ins 20. Jahrhundert an Alexandrien gebunden war. Durch ihre verwandten semitischen Sprachen und den Austausch über die Weihrauchstraße erklärt sich die Nähe dieser beiden christlichen Kirchen zueinander.

So richtet sich unser Blick auf der Wallfahrt nicht nur auf Jerusalem, sondern er weitet sich noch darüber hinaus auf die Kirche Afrikas, insbesondere Äthiopiens. (fm)

Im Kloster Mar Yakub

Ob es Zufall oder Fügung ist, weiß ich nicht, doch wir kommen am Abend im Kloster Mar Yakub an, um nach einer Übernachtungsmöglichkeit zu fragen, und treffen im Eingang die Äbtissin und einige Schwestern, die mit einem Journalistenteam gerade nach Damaskus aufbrechen. Die Begrüßung ist kurz gesagt überschwänglich.

Mir wird von einer Journalistin gleich das Mikrofon hingehalten. Ich soll sagen, ob wir als Pilger im Land Schwierigkeiten gehabt hätten. Gleich ist auch die Kamera auf uns gerichtet. Der gefährlichen Situation bin ich mir sofort bewusst, denn am Vortag hatten wir erfahren, dass die Tour dieser belgischen Journalisten mit Hilfe des Staates organisiert wurde, um dem „Medienkrieg des Westens", wie das Regime es nennt, zu begegnen. Das unter Druck geratene Regime Assads will zeigen, dass es Ausländern in Syrien gut geht und dass Christen das Regime stützen. So stelle ich uns Pilger vor laufender Kamera kurz vor und sage, dass wir bisher ohne größere Probleme, jedoch mit permanenter Überwachung durch Staatsorgane gegangen seien. Diese Aussage kann ich vor mir rechtfertigen, obwohl mir klar ist, dass sie im Bericht in die Staatsideologie eingebettet werden wird, die Aufständischen seien vom Ausland angestachelte Terroristen zum Sturz Assads. Mir ist bei der allgemein euphorischen Stimmung im Klostereingang nicht wohl, doch ich stelle mich zum Gruppenfoto von uns Pilgern mit Konvent und Journalisten dazu. Für uns Pilger ist diese Szene sicher eher ein Schutz beim Weitergehen, doch ich fühle mich schlecht, denn ich habe zu wenig für den gerechten Aufstand gegen den Polizeistaat gesagt.

Beim Gespräch mit dem geistlichen Begleiter des Klosters, einem lebhaften, 73-jährigen Karmeliten, nach dem Bezug des Zimmers wird mir noch unwohler. Er vertritt in einer platten Weise die Staatsideologie, dass das syrische Volk geeint hinter dem Präsidenten stünde und nur durch Terroristengruppen bedrängt werde. Er erzählt etwas phantasievoll von bewaffneten Gruppen, von denen man nicht wisse, woher sie kämen, die aber Menschen umbrächten und zerstückelten. Nach seiner Meinung hat es seit Ausbruch des Aufstandes nicht 3500 Tote gegeben, wie kritische Quellen sagen, sondern weniger als 1000 und davon über die Hälfte auf der Seite der Armee. Beim Zuhören wird mir bange. Hier treffe ich Christen an, die nicht auf-

grund rationaler Überlegungen zum Assadregime stehen – das wäre für mich eine legitime Position –, sondern die wirklich verblendet sind. Dieses starke Wort benutze ich, weil mein Gegenüber nicht nur Syrien mit Libyen vergleicht, sondern auch eindeutig für Gaddafi Stellung nimmt. Gaddafi hätte aus einem der ärmsten Länder das 21. reichste Land der Welt gemacht, nun aber herrsche das Chaos. Nach dem Kloster Mar Musa sind wir in dieser Nacht also im Kloster mit einer diametral entgegengesetzten politischen Position zu Gast. Als Pilger laufen wir zwischen den Fronten der syrischen Christen. (chr)

Fügungen

Seit wir Syrien betreten haben, gibt es darüber keine Zweifel mehr: Immer wieder können wir am Ende eines Tages nur den Kopf schütteln und staunen und danken, wie sich für uns alles zum Besten fügt. Der heutige Tag als Beispiel dafür.

Wir frühstücken im Kloster Mar Yakub. Eine der Schwestern sagt kurz vor unserem Aufbruch, sie könne uns zu unserem Ausgangspunkt zurückfahren. Sie muss gerade auch in diese Richtung. Wunderbar. Esther und ich starten den Tag mit Kopfweh. Esther schluckt eine Tablette, und es geht ihr bald besser. Ich will keine, weil ich gerade noch Tabletten gegen Durchfall nehmen muss und die Medikamente nicht durcheinanderbringen will. Es geht mir mit jedem Schritt schlechter. Nach einer Diskussion, ja einer heftigen Auseinandersetzung darüber, wie sich unser Unterwegssein in Syrien weiterhin gestalten soll, und drei Stunden Laufen ist das Kopfweh zur Migräne geworden. Mir ist sterbensübel. Ich kapituliere, setze mich an den Straßenrand und überlasse alles Weitere den Mitpilgern. Die treiben ganz schnell ein Taxi auf und beschließen, ans Ende der Tagesetappe zur melkitischen Pfarrei von Yabrud zu fahren.

Rückblickend zeigt sich, dass wir genau rechtzeitig eintreffen. Der verantwortliche Priester hat in 20 Minuten eine Beerdigung, das heißt, noch etwas Zeit für uns. Unter den Anwesenden im Pfarrsaal sitzt – welche Überraschung – auch Pater Paolo von Deir Mar Musa. Während ich mich endlich hinlegen kann, unterhalten sich die andern mit Paolo. Die Fragen der Visaverlängerung und der gehbaren Strecken ab Damaskus können nochmals und im Detail besprochen werden. Paolo ruft einen Mitbruder an, der die Situation um Damaskus und den Süden des Landes kennt. Dieser weiß, dass im Süden mit 15 Militärkontrollen zu rechnen ist und dass es für Fußgänger kein Durchkommen gibt. Damit klärt sich unser Plan, in Syrien lediglich noch zwei Tagesetappen bis an den Stadtrand von Damaskus zu laufen und dann mit dem Taxi nach Jordanien zu fahren. Später versorgt uns Paolo noch mit den Essensresten der Beerdigungsgesellschaft. Eine ganze Platte mit Reis und Poulet tischt er auf. Gerne nehmen wir es an und wärmen es in der Pfarrhausküche auf. Da am Freitag die meisten Geschäfte geschlossen sind, hätten wir nicht gewusst, wie zu warmem Essen kommen. Zudem hören wir, wie auch an diesem Ort demonstriert wird. Gegen Präsident Assad. Für mich ist klar, dass sogar eine Migräne mithelfen kann, alles zum Guten zu fügen. Es geht mir schon viel besser. (ha)

**Wallfahren heißt für mich:
sich immer neu auf Unbekanntes einlassen und
Vertrauen üben**

Besonders an den Staatsgrenzen und beim Eintritt in ein neues unbekanntes Land war die Unsicherheit sehr deutlich zu spüren: Oft kannten wir die Sprache nicht, die Leute noch weniger, ihre Mentalität war uns fremd. Es ist eine Vertrauensübung, auf unbekannte Menschen einfach mit Offenheit zuzugehen: Vertraut den Menschen,

sagte uns Paolo Dall'Oglio. Genau das ist es: Die Menschen sind freundlich, außer sie haben selber Angst oder fürchten sich. Ja, wir haben diese Freundlichkeit, Offenheit und Hilfsbereitschaft der Menschen so oft, so berührend und aufrichtig erleben dürfen!
Vielleicht ist diese Übung auch eine Schule des Glaubens. Der große unbekannte verborgene Gott sagt: Habt Vertrauen zu mir. Ich bin nicht so fremd, wie du befürchtest. Schau auf Jesus aus Nazaret, da siehst du, wie ich auf Menschen zugehe und mit ihnen umgehe. (fm)

Wo Jesu Sprache gesprochen wird

Wir finden heute Unterkunft im Kloster des Sergius und Bacchus in Ma'alula. Der Pater, der das Kloster hütet, ist ein gebildeter Araber, der uns vier Pilger gleich zum Essen einlädt. Touristen aus dem Westen gibt es seit dem Ausbruch der Unruhen keine mehr und so hat er Zeit für uns. Auch die jungen Damen, die die Klosterführungen machen, stehen gelangweilt herum. Verschlafen sitzt ein Mann in der leeren Cafeteria. Wir aber erfahren, dass Ma'alula und Saydnaya, wo wir am nächsten Tag hingehen, von alters her zwei wichtige Stationen für Jerusalemwallfahrer sind. Die alte Steinkirche aus vornizänischer Zeit mit ihren spärlichen Ikonen lässt etwas vom Frühchristentum erahnen. Als wir mit dem Pater bei Tee auch über Politik ins Gespräch kommen, betont er, dass Bashr al-Assad und seine Frau gerne ins Dorf kämen. Auch besuchte der Präsident das Waisenhaus hier, wovon uns Fotos gezeigt werden. Vor allem aber unterstütze Assad durch die Gründung eines Instituts die aramäische Sprache, die hier und in zwei Nachbardörfern noch gesprochen wird. Dass hier noch Jesu Muttersprache lebendig ist, hatte uns bereits der Geheimdienstbeamte stolz erzählt, als er uns am Morgen auf dem Weg kontrollierte. Mehr denn je erleben wir, wie in diesen Dörfern zwischen

Homs und Damaskus die lokale Kirche aus einem tiefen historischen Bewusstsein und aus der klösterlichen Tradition lebt. (chr)

This is Syria

Heute im Niemandsland zwischen zwei Dörfern in der syrischen Wüste wurden wir total überrascht. Da überholt uns ein kleiner Lieferwagen, hält ein paar Meter vor uns und auf beiden Seiten springt je ein Mann aus der Tür. Für einen kurzen Augenblick schlägt mein Herz höher, ein bisschen sträuben sich die Nackenhaare. Aber dann fragt der eine freundlich: What you want to drink? Wir verstehen nicht ganz. Er präzisiert: Beer, Red Bull, Cola, Ice Coffee? Dabei ziehen die beiden die Plane von ihrem Wagen zurück und zum Vorschein kommen jede Menge Flaschen und Büchsen. Sie sind die Getränkelieferanten der Dörfer hier. Wir entscheiden uns für Ice Coffee und jedem wird eine Büchse in die Hand gedrückt mit den Worten: This is Syria! Sie verabschieden sich und fahren zurück. Wie schön! Sie sind uns nachgefahren, um uns eine Freude zu machen. Diese Situation ist beispielhaft für viele Begegnungen, die wir in diesem Land erlebten. (er)

Granatapfel

Da war doch was mit dem Granatapfel im Alten Testament! Er steht im Liebesgedicht des Hohenliedes für etwas Schönes. Es ließ mir keine Ruhe, denn jedes Mal, wenn wir Granatäpfel geschenkt bekamen und die rubinroten Beeren ihre Süße und Frische offenbarten, klang bei mir etwas an. So machte ich mich kundig: Der Granatapfel ist für Kleinasien und Mesopotamien das, was für Ägypten und Phönizien der Lotos ist, ein mächtiges

Symbol sich immer wieder erneuernden Lebens, ein Regenerationssymbol erster Güte.

Was Regeneration nach langen Märschen durch Hitze und Staub heißt, wissen wir bestens ...

Im Hohelied bietet sich bezüglich des Granatapfels das Beschreibungslied in Kapitel 4,3 an. Da heißt es: „Rote Bänder sind deine Lippen, und dein Mund ist lieblich. Wie ein Riss im Granatapfel schimmert dein Gaumen hinter deinem Schleier hervor." Der (halbgeöffnete) Mund der Geliebten erscheint ihrem Bewunderer wie ein (von der Reife gesprungener) Granatapfel, dessen Süße er durch den Riss hindurch unbedingt kosten möchte. Vieles an der Geliebten erinnert den Schreiber an die paradiesische, kleinasiatische Landschaft voller betörender Duftnoten, durch die auch wir jetzt gewandert sind. Er sehnt sich danach, von der Sehnsucht und Beschreibung endlich zur Praxis zu schreiten und die Verehrte in die Arme zu nehmen und zu küssen. – Es lohnt sich, diesen Abschnitt nachzulesen! (er)

Damaskus darf nicht fehlen

Heute läuft unser Visum für Syrien aus, und wir haben uns entschlossen, nicht um eine Verlängerung zu bitten, denn südlich von Damaskus ist es kaum möglich, zu Fuß unterwegs zu sein. Der Aufstand ist im Süden nicht so regional begrenzt, als dass wir auf einer durchgehenden Strecke pilgern könnten. So sind wir heute Morgen mit dem Bus nach Damaskus gefahren, haben da um 8 Uhr gefrühstückt und drei für uns wichtige Stätten in der Altstadt besichtigt: die Omayyaden-Moschee mit dem Schrein Johannes' des Täufers; das Pauluskloster, das an Pauli Flucht aus der Stadt erinnert; und die Hananias-Kirche. Der Besuch in Letzterer hat mich besonders bewegt, denn es ist der Ort, wo Paulus nach seiner Christuserscheinung vor Damaskus aufgenommen wurde. Bei

Hananias fand er Heilung von seiner Verblendung im Kampf gegen den Auferstandenen. Hier ließ er sich taufen und hier wurde ihm die Chance gegeben, die ersten Schritte als Jünger Christi zu gehen. Sein Ringen darum, was das Christusereignis sowohl für Juden als auch für Nicht-Juden bedeutet, hat mich in den letzten 13 Jahren begleitet und mir die Schlüssel für den jüdisch-christlichen Dialog gegeben. In der Hananias-Kirche war mir meine Paulus-Interpretation präsent, zu der ich jenseits der katholisch-reformatorischen Deutung gefunden hatte. Auch all meine Freunde, die sich an Paulus abringen und an ihm die Zähne ausbeißen, schloss ich ins Gebet ein. Dies ging nicht, ohne eine Träne zu vergießen.

Am Nachmittag nahmen wir ein Taxi und fuhren an die jordanische Grenze. Der Übertritt war langwierig, doch problemlos. Und als wir am Abend ins Hotel in Irbid kamen, hatten wir endlich wieder Internetzugang und konnten Nachrichten sehen. Die erste Meldung aus Syrien: Zwei türkische Pilgerbusse, aus Mekka kommend, wurden heute bei Homs von der syrischen Armee angegriffen. Wir aber atmen auf. (chr)

Alles scheint freundlicher

Das ist schon spannend: Kaum in Jordanien eingereist und die Stadt Irbid ein bisschen erkundet, fühlen wir uns sicher und freier. Alles funktioniert wieder, was Geld, Essen, Internet, Läden usw. betrifft. Am meisten ist es mir heute aufgefallen, als wir am Nachmittag an einem Polizeiposten vorbeimussten. Eigentlich wollten wir ausweichen, aber schon riefen die Uniformierten uns zu, plauderten ein bisschen und lachten mit uns. Franz zeigte seine Stöcke, die bewundernd in die Finger genommen wurden. Und dabei hing um jede Schulter ganz locker das Gewehr. Angst kam nicht auf. So ist das, wenn in einem Land Frieden herrscht.

Aber keine 20 km weiter ist es anders. Dort herrschen Misstrauen und Angst. Wie sehr wünsche ich mir, die Lage in Syrien möge sich zum Guten wenden. (er)

Zwölftes Kapitel:
Advent – Warten kurz vor dem Ziel

Die nächste Herausforderung

Die nächste Herausforderung ist mein Pilgerkoller. Wir sind unserem Ziel so nah. In zwei, drei Tagen erreichen wir Amman. In einer Woche könnten wir in Jerusalem sein. Weil wir unserer Zeit voraus sind, werden wir in Amman ziemlich genau drei Wochen warten müssen, bis wir mit der Gruppe aus der Schweiz nach Jerusalem ziehen werden. Der Koller betrifft um Himmels willen nicht diese Gruppe. Nein! Ich freue mich – wir alle freuen uns riesig auf all diese Begegnungen. Auf das Wiedersehen. Auf das Austauschen und Teilen-Dürfen. Der Koller hat mit dieser langen Pause zu tun. Dieser so langen Unterbrechung. Was werde ich mit mir anfangen? Hätte jemand eine Idee, ich bin empfänglich! So besehen, ist es nicht ein Pilgerkoller, sondern ein Pilgerpausenkoller. (ha)

Ringen mit Leben und Tod

Wir kommen nach Jerasch und stehen vor der eindrücklichen Kulisse des antiken Gerasa. Die Säulen des Cardo, das Theater, das Hippodrom, die Stadttore und Triumphbogen sowie der Artemistempel zeugen von der einstigen Blüte. Doch nicht nur alte Architektur, die heute von Touristenströmen bestaunt wird, sondern auch das Wort hat die Zeiten überlebt: Das Markus-Evangelium berichtet von einem Besessenen in den Grabhöhlen vor Gerasa, der mit dem Tod kämpft und von Jesus geheilt wird. Ich

wäge im Herzen diese Erzählung ab und betrachte mit den Augen die in Stein gehauene Schönheit.
Das Ringen mit dem Leben begegnet uns wenige Stunden später, als wir steile Abhänge hinab ins Tal des Jabbok pilgern. Das Buch Genesis berichtet, wie hier Jakob in dunkler Nacht in der Furt mit Gott und Mensch kämpfte und den Segen errang, den er sich schon listig erschlichen hatte. Am Jabbok galt es, den Preis dafür zu bezahlen. Als wir unser Picknick am Fluss einnehmen, geht mir diese Erzählung durch den Kopf. Auch muss ich an Nelly Sachs denken, die Jakob ein bewegendes Gedicht gewidmet hat: Es ruft Jakob an wie einen Heiligen, auf dass er die schmerzvolle Geburt aus den Todeskräften, denen die Juden und viele Menschen ausgesetzt sind, begleite. (chr)

An der Autobahn

Die Nachmittagsstunden waren anstrengend. Wir mussten an der Autobahn Richtung Amman entlanglaufen – für Pilger keine Freude. Es ist laut, es stinkt, es ist dreckig und gefährlich. Deshalb stecke ich Ohrenstöpsel ein und muss wenigstens nicht immer zusammenzucken, wenn ein Auto hupt oder mir zu nahe kommt. In diesem „Schutzraum" geht es recht gut. Wir laufen meist im Gänsemarsch, schweigen und hängen unseren Gedanken nach. Für mich ist es die Zeit, meine auswendig gelernten Gedichte und Gebete zu wiederholen, sie mir noch mehr zu eigen zu machen, die Worte besser zu verstehen und mich mit den Menschen zu verbinden, die mir die Texte geschickt haben.
Gedichte lernen war kein Ziel der Pilgerreise, dazu kam es irgendwann, als Rosangela das Gedicht der Stufen von Hesse auf den Blog stellte. Die Lust packte mich, es auswendig zu lernen. Bis jetzt sind über 20 Gedichte zusammengekommen von Rilke, Hesse, Do-

min, Sölle, Busch, Rumi und anderen. Ich freue mich sehr darüber. (er)

Wie oft

Wie oft habe ich die Karte unseres gesamten Weges von Google Map auf unserem Liederbüchlein angeschaut und bin mit dem Finger die rote Strecke entlanggefahren bis dorthin, wo wir gerade waren. Oft nach dem gemeinsamen Singen hat jemand das Büchlein in die Hand genommen und gesagt: Hey, das sind wir schon alles gelaufen! Wisst ihr noch, als wir in Osijek waren? Wie schnell es jetzt doch geht im Gegensatz zum Anfang, als wir das Gefühl hatten, nicht vom Fleck zu kommen.

Und jetzt befinden wir uns kurz vor dem Ziel. Haben unser großes „Vorziel" Amman erreicht. Sind da. Und? Wir haben zur Begrüßung an der Hotelrezeption mit dem Orangensaft angestoßen. Aber wenn ich ehrlich bin, dann war die Freude, kurz vor Istanbul ans Marmarameer gelaufen zu sein, viel größer als jetzt hier in Amman. Vielleicht ist alles, die über 4000 km zu Fuß, das unfallfreie Gehen, das Bewusstsein des nahen Zieles, der Abschluss des Pilgerns, der Blick in die Zukunft auch einfach noch eine Spur zu groß.

Wir werden sehen – warten – geduldig sein – da sein – ankommen – hoffentlich. (er)

Seid wachsam wie Türhüter!

Es ist erster Adventssonntag, und wir sind heute genau an den Ort am Stadtrand von Amman gepilgert, wo wir am vierten Adventssonntag mit der Gruppe, die aus der Schweiz anreisen wird, nach Jerusalem aufbrechen werden. Im heutigen Evangelium heißt es, wir sollten wie Türhüter sein, wachsam, bis Christus kommt. Amman ist das Tor für unser letztes Wegstück und so sind wir vier Pilger wirklich als Türhüter hingestellt. Ich hoffe sehr, dass es uns gelingt, in dieser Adventszeit auch wachsam zu sein. Auf jeden Fall möchte ich die liturgischen Texte dieser Tage, jene aus Altem und Neuem Testament, wachsam aufnehmen. Ich denke, dies ist die beste Vorbereitung auf Jerusalem und Weihnachten hin. Dass hier in Amman nichts an Advent und Weihnachtszeit erinnert, macht mich nicht unglücklich. In der Schweiz empfinde ich den Kitsch und den Kommerz im Advent oft hinderlich. Die äußere Leere, die hier bezüglich Advent herrscht, ist wie ein Fasten, das umso mehr die innere Wachsamkeit und Ausrichtung auf das Wesentliche fördern mag. Ich bin dankbar. (chr)

Luxus in der Wüstenstadt

Die letzte Unterkunft am Stadtrand vor Amman war von der Art, dass einen das Grausen befallen könnte: Toilette mit etlichen Spuren der Vorgäste, ungeputzt insgesamt, keine Handtücher, kein WC-Papier, keine Heizung, kein Trinkwasser, Bett nicht frisch bezogen, nur eine dünne Wolldecke, kaputte Glühbirnen ... Da beschleichen einen schon einige Gedanken, wie es sein würde, die dreiwöchige Pilgerpause in Amman in so einer Umgebung verbringen zu müssen.

Es kommt anders. Die Jesuiten vor Ort haben uns das Hotel in ihrer unmittelbaren Nachbarschaft empfohlen. Wir betreten es mit bescheidensten Ansprüchen und staunen schon an der Rezeption, wo man gutes Englisch spricht und wir mit einem Fruchtsaft begrüßt werden. Die Zimmer, die uns gezeigt werden, sind so unglaublich in Ordnung, dass wir fast Luftsprünge machen. Und welch absolute Rarität – im Badezimmer steht eine Badewanne. Ich beschließe, in die noch leere Wanne zu steigen, und beginne die adventliche Erwartung auch damit, darauf zu warten, wie sie sich ganz, ganz langsam mit Wasser füllt. Der Strahl ist dünn. Das Wasser aber schön warm. Mit jedem Zentimeter Wasseranstieg blättern gleichzeitig Farbpartikel vom Wannenrand ab. Statt Schaum schwimmen Badewannenrandteilchen herum. Weiß und klebrig. Ist völlig egal. Ein warmes Bad, der Genuss, wohlig im Wasser zu dösen, ist so unglaublich schön. Und das in einer Stadt, die in der Wüste aus dem Boden gestampft worden ist. Welcher Luxus! Ich gönnte ihn mir. Wartend. (ha)

Wie warten?

Wir warten in Amman. Aber wie diese Zeit gestalten? Wie sich adventlich einstimmen? Wie auf Weihnachten zugehen? Ich finde es gar nicht einfach. Der äußere, von zuhause vertraute Rahmen fehlt mir: die Kerzen, die Roratefeiern, Adventslieder – nichts deutet auf das Besondere hin, weder im Hotel noch in der Stadt. Nichts ist mir vertraut, nichts ist wie in anderen Jahren – alles will sich neu zeigen. Wie unter diesen Umständen ins Gebet finden und zur Ruhe kommen? Was ich in den letzten Monaten gelernt und gut gemacht habe, ist das Gehen. Das war meine Arbeit, darin waren mein Schweigen und mein Beten inbegriffen. Also versuche ich das auch hier auf Ammans Straßen, was gar nicht so einfach ist als westliche Frau. Dauernd werde ich angesprochen, ja manchmal „belästigt". Ich stehe seit ein paar Tagen um halb sieben auf, ziehe mich warm an und gehe stadtpilgern. Ich mache eine Runde von einer Stunde, schweige, bete, denke an die Meinen und lerne Gedichte. Darin finde ich meine Vorbereitung auf das, was immer wieder neu geboren wird: Gott unter den Menschen. (er)

Wallfahren heißt für mich: warten

Wir sind als Gruppe unterwegs. Immer wieder gibt es das Moment des Wartens. Wenn jemand schneller läuft als andere. Wenn jemand sich für kurze Zeit in die Büsche schlagen muss. Wenn jemand in einen Laden geht, um einzukaufen. Wenn einem ein Garten oder eine Blume besonders gefällt. Selten nur, wenn wir das Essen bestellt haben, wenn die Ampel rot ist, wenn jemand zu spät kommt. Warten, bis ich im GPS alles auf die Reihe gebracht habe. Wenn ich auf dem Weg über persönliche Fragen nachdenke und mir keine spontane Antwort in den Sinn kommt, warte ich auf einen anderen Moment. Warten heißt jetzt für mich: reifen, das Erlebte setzt sich – ich kann es aus einer neuen Perspektive anschauen. Warten bei diesem Zwischenstopp lässt mich nachdenken über den begangenen und noch ausstehenden Weg und das Ziel. Dort – am Ziel – werde ich nicht sehr lange bleiben können, bald werde ich davon wieder Abschied nehmen müssen. Es wird „nur" eine vorübergehende und vorläufige Ankunft sein. (fm)

Unterwegs wie zu biblischen Zeiten

An diesem zweiten Adventssonntag sind wir zum Berg Nebo gefahren, von wo aus Mose ins Gelobte Land geblickt hatte. Es war ein Sich-Besinnen auf unseren Weg, den wir mit der Gruppe pilgern werden, und zugleich ein vertieftes Sich-Auseinandersetzen mit und Sich-Vorbereiten auf diesen Ort. Er steht in der Bibel am Ende des langen Weges aus Ägyptens Knechtschaft durch die Wüste und zugleich zu Beginn des Einzugs ins verheißene Land. Mose und die Israeliten standen hier an der Schwelle. Die Thora macht hier einen Zwischenhalt: Berichten die Bücher Exodus, Levitikus und Numeri vom langen Weg, so ist das Buch Deuteronomium ganz die-

ser Schwelle gewidmet. Es wird der ganze Weg nochmals erinnert, das Gelernte und Erfahrene wird wiederholt. Der Buchtitel „Deuteronomium", „Zweites Gesetz" hat die Bedeutung von „Wiederholung des Gesetzes". Die Weisung soll vertieft werden. Dies ist ein Grundprinzip biblischen Voranschreitens. Gerade das Deuteronomium lässt so das ganze Volk Israel zu einer Lerngemeinschaft werden. Dann erst darf es, wenn auch ohne Mose, ins Land ziehen. Dass damit auch für uns Pilger der Sinn der Zeit in Amman erschlossen und uns eine Aufgabe gegeben ist, ist mir heute besonders ins Bewusstsein gerückt. (chr)

Konflikt am Tempelberg

In den jordanischen Medien wird in diesen Tagen über den Konflikt um die Al-Maghrabi-Brücke berichtet, über die Nicht-Muslime auf den Jerusalemer Tempelberg kommen. Israel will die provisorische Holzbrücke am Rande der Klagemauer abbrechen, um einen neuen und passenderen Zugang zu ermöglichen. Die muslimisch-palästinensisch/jordanische Behörde des Tempelbergs befürchtet jedoch, es werde auch ein besserer Zugang für die israelische Polizei eröffnet. Zudem glauben viele Araber, die neue Brücke wäre nur ein erster Schritt, womit fanatische jüdische Kreise den Tempelberg immer mehr unter Kontrolle bringen wollten, um dort schließlich wieder einen jüdischen Tempel zu errichten.

Während ich die Berichte lese, arbeite ich gleichzeitig an unserer Konferenz in Jerusalem Ende Dezember. Dazu haben wir gerade auch die Verantwortlichen von Tempelberg, Klagemauer und christlichen Stätten eingeladen. Ich staune, wie aktuell und mit Tagespolitik verbunden unser spiritueller Ansatz ist. Die heiligen Stätten machen geistige Inhalte der Religionen sichtbar, so wie auch das Pilgern zu ihnen eine geistliche Haltung in diese Welt ein-

schreibt. Daher ist es für Pilger ein Muss, sich mit der Bedeutung und Gestaltung heiliger Orte auseinanderzusetzen. Wäre der Blick im Fall Jerusalem zu einseitig und würde er nicht die andern Religionen mit einbeziehen, würde das Pilgern mehr zum Konflikt als zur Verständigung beitragen. Das aber soll für uns nicht sein. (chr)

Wie Hirten und Königinnen

Wir sind noch nicht am Ziel. Wir warten vor Zions Toren. Spüren die nahe Ankunft. Sind noch nicht da. Warten. Aber wir leben seit Wochen in Landschaften, in Regionen, die in den biblischen Texten der adventlichen Wartezeit wieder und wieder beschrieben werden. Vor allem der Prophet Jesaja tut es in unglaublich schönen Bildern, die mir jetzt begegnen:

Ich sehe eine ebene Straße in der Wüste. Sehe wie Hügel sich senken und Täler sich heben. Krummes und Gerades. Ich sehe verbranntes und vertrocknetes Land, die Wüste – ein einziges Bild für Sehnsucht, große, große Sehnsucht nach Fruchtbarkeit, Heilung, Versöhnung. Regnen ein paar wenige Tautropfen auf den durstigen Boden, sprießt augenblicklich Grün hervor. Gibt es gar einen Regen, verwandelt sich die Wüste über Nacht und wird zum saftigen Weidegrund. Ich sehe die Zelte der Beduinen. Höre, wie sie sich weit und groß machen für ein Fest. Höre vor allem, wie zu Jerusalem gesprochen wird. Botin der Freude soll sie sein, getröstet, tröstend, von Gott sprechend, ihn ankündigend. Von Gott, der nur kurze Zeit zornig ist, der sich danach zuwendet. Allem. Allen. Der einsammelt. Heimsammelt. Sich kümmert. Heilt. Alles. Alle.

Darauf zu werden wir losziehen. Bald. Dem Stern von Bethlehem folgend. Mit vielen. Für viele. Für alle, die sich mit anvertrauen. Im kindlichen Herzen. Auf Weihnachten zu. Wie Hirtinnen und Könige. (ha)

Ich freue mich wie ein Kind

Ich habe in den letzten Jahren nie mehr so intensiv auf Weihnachten hin gelebt wie jetzt. Mit dem Erwarten der Gruppe aus der Schweiz und den bevorstehenden Tagen des Pilgerns hat sich nun ein Gefühl großer Vorfreude eingestellt. Zugleich spüre ich ein leichtes Schaudern und auch Ungewissheit darüber, ob der Abschluss unseres langen Pilgerns zu einem guten Ende kommen wird. Wie ich als Kind dem Geheimnisvollen des Christkindes entgegenbangte, so bin ich nun in gespannter Erwartung. Noch eine Woche bis Jerusalem und Bethlehem. (chr)

Vorfreude

Vorfreude ist doch die schönste Freude! Seit wir in Amman sind, sagen wir einander in regelmäßigen Abständen, wann die Gruppe aus der Schweiz zu uns stößt: In drei Wochen sind sie da, heute in zwei Wochen pilgern wir gemeinsam los, übermorgen sind wir dreißig, morgen kommen sie! Jetzt ist es so weit. In vier Stunden holen wir die Gruppe vom Flughafen ab. Immer waren diese Aussagen mit Freude und Neugier verbunden. Viele Bekannte sind darunter, Freundinnen und Freunde, solche, die uns zu Beginn oder zwischendurch begleiteten, und auch Fremde, wir freuen uns auf alle und sind gespannt. Wir werden gemeinsam ankommen, feiern und hoffentlich SEIN *Licht und* SEINE *Liebe hinaustragen in unsere je eigene Welt, damit es lange strahlt und hell leuchtet. (er)*

Der andere Advent

Dieses Jahr begehe ich wohl einen ganz besonderen Advent, eine einmalige Vorbereitungszeit auf Weihnachten, auf das Fest der Geburt Jesu. Ich habe keinen Advents-

kranz, den ich oft selbst gemacht habe, keine Adventskerzen, keine Rorate-Gottesdienste im Kerzenlicht, keine Hauskirche mit Glühwein, keinen Schnee in dieser vorweihnachtlichen Zeit. Ich werde am Heiligabend keinen Weihnachtsbaum besorgen für meine Wohnung und keine Krippe aufstellen. Dieses Jahr ist es anders: Ich werde an diese Orte laufen, derer ich sonst nur aus der Ferne gedenke. Ich werde selbst nach Bethlehem gehen, dem Heimatort der Familie Davids, um dort die Geburt Jesu in der Heiligen Nacht zu feiern (Lk 2,1–7). Ich werde nach Jerusalem gehen, wo auch die Weisen aus dem Osten vorbeigekommen sind, als sie das Jesuskind suchten. Auch ich möchte hingehen, dort niederknien und das Kind anbeten. Ich werde nach dem Besuch heimkehren in mein Land (vgl. Mt 2,1–12).

Dieses Jahr wird es nicht nur eine Feier sein, die die Bedeutung dieser Ereignisse für mich zu Hause dankbar und voll Freude besingt, sondern ich werde an die Orte kommen, um dort – im buchstäblichen Sinn – zu „begehen", dessen ich zu Hause sonst nur „gedenke". Schon jetzt merke ich, es hat einen ganz besonderen Charakter, diesen Ereignissen auch geographisch so nahe sein zu können. Dieser Advent, diese Vorbereitungszeit auf das Weihnachtsfest ist anders. (fm)

Ankommen, doch noch nicht angekommen

Die Mitpilger sind gut in Amman gelandet. In einer ersten Runde haben wir uns auf die kommenden Tage mit Bildern des schon gemachten Pilgerwegs eingestimmt. Danach ging es durch Amman, um etwas von Stadt und Land zu schnuppern. Der Besuch in der König-Abdullah-Moschee zeigte uns den Islam als bilderlosen Monotheismus. Die Zitadelle und das römische Theater ließen uns in die mehrere tausend Jahre alte Geschichte dieser Landschaft eintauchen. Und der Besuch bei den Jesuiten am Nachmittag eröffnete einen Blick in die heutige Gesellschaft Jordaniens. Somit war der äußere Kontext für unser Pilgern in den kommenden Tagen gesetzt. Gegen Abend haben wir dann Eucharistie zum vierten Adventsonntag gefeiert, so dass wir auch immer mehr in die innere Haltung des Pilgerns kommen und Jesu Ankunft erwarten.

Ich habe mich während dieser Stadtbesichtigung in lockerem Tempo, bei milder Sonne und klarem Himmel besonders darüber gefreut, mit verschiedensten Mitpilgern ins Gespräch gekommen zu sein. Es war ein Wiedersehen oder ein Kennenlernen, ein Entdecken von gemeinsamen Interessen und ein Hören von Ereignissen aus der Schweiz, die während unserer Abwesenheit seit letztem Juni geschehen waren. Wir vier Pilger haben unsere Geschichte; diejenigen, die jetzt aus der Schweiz gekommen sind, ihre Geschichte der vergangenen Monate. Nun sind wir gemeinsam unterwegs, um bald anzukommen. (chr)

Von der Steinkarte zum GPS

Nach einem herrlichen Pilgertag durch Olivenhaine und über Äcker sind wir am späteren Nachmittag in Madaba angekommen. Da stehen wir in der byzantinischen St.-Georgs-Kirche vor der Mosaik-Pilgerkarte aus dem 6. Jahrhundert, die das Gebiet vom Toten Meer zum Mittelmeer und bis zum Nildelta hin zeigt. Salim, unser jordanischer Reiseführer, erklärt die Orte des Heiligen Landes, wie sie für Pilger der Spätantike auf der Karte festgehalten wurden. Jerusalem, das Hauptziel aller damaligen Pilger, ist groß dargestellt. Die Struktur der byzantinischen Stadt ist deutlich zu erkennen. Bis in unsere Zeit ist sie prägend geblieben. So macht es mir Freude, den anderen auf dieser 1400 Jahre alten Karte auch unseren Weg der kommenden Tage bis in die Details der Je-

rusalemer Altstadt hinein zu zeigen. Es verbindet uns Pilger des 21. Jahrhunderts mit einer alten Tradition. Keine moderne Papierkarte hat eine so lange Geschichte wie dieses steinerne Bodenmosaik. Und die digitalen Karten im GPS, mit denen wir vier Pilger seit dem ersten Tag unterwegs sind, dürften auch eine kürzere Lebensdauer haben. (chr)

Eine Kultur der Gerechtigkeit oder: „Tauet, Himmel, den Gerechten"

Obwohl ich schon mehrere Male vom Berg Nebo den Blick hinüber ins verheißene Land geworfen habe, war es dieses Mal mehr als bewegend. Wir schreiben uns in die Geschichte des Exodus ein, ging es mir durch den Kopf. Die Israeliten sind aus der Hochkultur Ägyptens ausgezogen, weil sie erfahren mussten, wie die ganze Anstrengung um Kultur auf ihre Kosten gelebt wurde. Sie wurden als Arbeitende ausgebeutet, damit die Städte und Pyramiden entstanden. In der Wüste nach dem Auszug sollten sie jedoch lernen, wie eine Kultur aufgebaut wird, die ihre Leistungen nicht mehr auf Kosten anderer erbringt. Der Weg ins Gelobte Land ist das Projekt, eine Hochkultur zu errichten wie in Ägypten, doch mit dem Unterschied, dass sie nicht auf Ungerechtigkeit gebaut ist. Die Generation des Exodus konnte dieses Ideal nicht verwirklichen. Selbst Mose, der sein ganzes Leben diesem Projekt gewidmet hatte, durfte das Gelobte Land vom Berg Nebo aus sehen, doch nicht in es hinüberziehen. Und nun stehen wir da, als Pilger, die ebenso nicht das Recht dazu hätten einzuziehen, weil auch wir Menschen der Gewalt sind. Eigentlich darf das Land nur mit Jesus betreten werden, denn er allein ist der Gerechte und macht fähig, eine Kultur der Liebe, der Hingabe und somit der Gerechtigkeit aufzubauen. Er hat den Preis für die

Hochkultur, die allein des verheißenen Landes würdig ist, mit seinem Tod bezahlt und die Kosten dafür nicht auf andere abgewälzt.

Dies sind die Gedanken, die heute mein Herz bewegen und die ich im Gottesdienst auf dem Berg Nebo in ein Predigtwort zu fassen versuchte. Danach zogen wir durch die Wüste in den Jordangraben hinab. Ich weiß, dass es ein Geschenk ist, hier über diese erste Schwelle und dieses erste Tor ins verheißene Land zu gehen. Dass im Kampf um dieses Land heute so viel Ungerechtigkeit geschieht, macht mich zugleich traurig. Doch was uns Pilgern bleibt, ist, in Bescheidenheit zu gehen, weiterzugehen in dieses Land. (chr)

Empor!

Dass wir am tiefsten Punkt auf der Erdoberfläche, den der Mensch betreten kann, genau zur Zeit der Wintersonnenwende sind, also am Tag mit der längsten Nacht, ist uns Pilgern glücklich zugefallen. Raum und Zeit sprechen zu uns. Hier, am Jordan, wurde Jesus von Johannes getauft. Das Geschehen der Umkehr und der Anfang des öffentlichen Auftretens Jesu sind hier eingebettet.

Von diesem Tiefpunkt ging es aus der Jordansenke hinauf, empor. Das schlichte Wort „alia", hinaufgehen, bedeutet im Hebräischen auch Pilgern und Wallfahren, denn immer ist es ein Hinaufgehen nach Jerusalem. So habe ich, während wir durch das atemberaubend schöne Wadi Qelt und die Wüste Juda schweigend marschierten, die Bibel zur Hand genommen und die Pilgerpsalmen gebetet. „Schire Hamaalot", Lieder des Hinaufgehens, werden sie genannt. Als wir die Meereshöhe erreichten und auf null Meter waren, lud uns Franz, der dies per GPS feststellte, zu einem kurzen Halt ein. Dann ging es weiter. Ja, unser Pilgern geht empor, wenn *es auch in den letzten Monaten immer auf und ab gegangen ist. Die Heilige Schrift in der einen Hand und die Wasserflasche in der andern, so bin ich gegangen. So hatten mein Leib und meine Seele alles, wessen mein Pilgerherz bedurfte. (chr)*

Dreizehntes Kapitel:
Jerusalem, am Ziel ankommen

Was bedeutet es, am Ziel angekommen zu sein?

Die letzten Etappen, die letzten Kilometer auf unserem Weg vergehen wie im Flug. Die Anteilnahme der Angereisten, das gemeinsame Erleben auf Jerusalem zu wirkt auf mich erhebend. Zum ersten Mal seit langen Monaten können wir vertrauten Menschen erzählen, wie es uns ergangen ist. Mir kommt es vor, als ob wir in Arme geschlossen, Schritt für Schritt empfangen und heimgeholt würden. Die Tage sind aber auch anstrengend. Die Filmcrew begleitet uns und formuliert ihre Wünsche. Sie wollen uns am berühmten Mosaik in Madaba, an einer bestimmten Stelle auf dem Berg Nebo, an der Taufstelle Jesu am Jordan filmen. Oft braucht es zwei bis drei Durchgänge. Das verlangt uns Pilgern wieder viel an organisatorischem Aufwand ab.

Am 23. Dezember erreichen wir Jerusalem. Kurz vor Sonnenuntergang treffen wir auf dem Ölberg ein. Der erste Blick auf die Heilige Stadt ist unbeschreiblich. Meine Mitpilger weinen. Wir werden von lokalen Journalisten umringt, sie bedrängen uns, lassen uns aber auch Zeit. Später, beim Betreten der Grabes- und Auferstehungskirche, steigen auch meine Tränen auf. Als wir mit unserem Fuß die Schwelle dieser Kirche betreten, sagt Franz: Hildegard, das hier ist unser Ziel. Er weint. Er ist zum ersten Mal in seinem Leben in Jerusalem. Er, der Kirchenhistoriker, wollte vorher nicht als gewöhnlicher Tourist in das Land Jesu reisen. Ist als Pilger dafür 4300 km gelaufen. Er weint. Ich weine mit. Wir schreiten ins Innere. Als plötzlich jemand beginnt, die Orgel zu spielen, geschieht in meiner Tiefe etwas, das ich noch nicht kenne. Mit unaufhaltsamer Wucht geht mein Weinen in Schluchzen und Heulen über. Ich hatte während sieben Monaten keine Orgelmusik mehr gehört. Diese ersten Klänge öffnen eine Schleuse. Es ist eine Erschütterung in meiner Seele, es ist Erlösung: Wir haben es geschafft, wir haben zusammen unser Ziel erreichen dürfen, wir sind angekommen. Meine Mutter, die aufmerksame Blogleserin, schreibt auf mein Erzählen hin, dass sie an eine Geburt erinnert sei. Angekommen in der Grabes- und Auferstehungskirche dürfen wir jetzt Eucharistie feiern. Danke sagen. Danke. Danke. Danke. Unsere Rucksäcke stellen wir vor dem Altar ab. Das GPS und das Pilgerband liegen auf dem Altar. Ich kann kaum mitbeten und singen. Die Kehle ist wie zugeschnürt. Als ich später meine Schwester Barbara anrufen will, nimmt ihr Mann den Hörer ab. Ich bin zu nichts anderem imstande, als weinend zu sagen und zu wiederholen: Bruno, ich bin angekommen. Genauso mit den Eltern – ich kann nichts erzählen, nur schluchzend sagen: Ich bin angekommen. (ha)

Protokoll eines lang ersehnten Tages

Wunderbar mildwarmes Wetter in der Wüste Juda. Ein Weg im Schweigen bis zur Herberge des barmherzigen Samariters. Auf der alten Straße an Beduinenzelten vorbei. Durch die moderne, gepflegte israelische Siedlung Ma'ale Adumim. Im palästinensischen Al-Azariya das orientalische Chaos. Unverhofftes Organisieren-Müssen eines Taxis, um einige der Gruppe auf die andere Seite der Trennmauer zu bringen, denn sie hatten ihren Pass nicht im Tagesrucksack. Und am Checkpoint selbst Ungewissheit. Schließlich ein letzter, steiler Anstieg zum Ölberg, der aus der Ferne schon seit dem Morgen winkte. Dann war es mehr als bewegend, als wir vier Pilger den ersten Blick auf die Stadt werfen konnten, in warmes, rotes Abendlicht gehüllt. Die Sonne stand am Horizont. Ob das Weinen aus Freude oder Schmerz geschah, weiß ich nicht. Und als wir vier Pilger von der Gruppe und den mit Kamera und Mikrofon bewaffneten Journalisten umringt am Geländer des Ölbergs standen, gab es nur tränenreiche Umarmungen. Den Pilgerpsalm 121 las ich wie auch den berühmten Vers aus Psalm 137: „Wenn ich dich, Jerusalem, je vergessen würde, soll meine rechte Hand verdorren." Schließlich entstand eine ruhige Freude, die mich bis zur Grabeskirche begleitete, wo wir mit Orgel und Weihrauch im Gemenge der Pilger empfangen wurden. Wir feierten Gottesdienst und gingen zum Österreichischen Hospiz. Ein leckeres Abendessen, einen Blick vom Dach über die Altstadt und ein Glas Rotwein zum Feiern: Wir sind in Jerusalem angekommen! (chr)

Auf Golgota gesalbt

Der Besuch in der Grabes- und Auferstehungskirche war am Ankunftstag für die Eucharistiefeier bestimmt gewesen. Zusammen mit der Gruppe wollen wir am Weihnachtstag nochmals hingehen, uns Zeit nehmen für die einzelnen Orte. Wir stellen uns in die Schlange der Menschen, die nach Golgota hochsteigen. Die Stelle, auf der das Kreuz Jesu gestanden haben soll, wird unter einem Altar verehrt. Wir dürfen unter den Altar kriechen und mit einer Hand den Kreuzort berühren. Franz, Esther und ich kriechen zusammen unter den Altar. Ich lege das Pilgerband zum Kreuz Jesu. Esther packt ihre Sammlung an Andenken aus, die sie auf dem ganzen Weg mitgetragen hat. Wir weinen alle drei. Out, out, no photo, no photo, ruft der diensttuende Mönch schon nach kürzester Zeit. Er ist dafür zuständig, den Pilgerstrom zu lenken. Ich mache schnell ein Foto. Wir kriechen zurück, verdattert, enttäuscht. Ein kleiner Moment des Verweilens wäre unser

Wunsch gewesen. Wir stehen hilflos herum. Dann sehe ich den Mönch. Ich gehe auf ihn zu und sage: We walked from Switzerland to Jerusalem. Ich sehe in seinem Gesicht keine Reaktion. Ich wiederhole. Nichts. Ich frage mich, ob er Englisch versteht. Ich sage zu Franz, sag es auf Griechisch, dieser Mönch ist bestimmt Grieche. Franz fällt in diesem Moment kein einziges griechisches Wort ein. Ich nehme das Pilgerband, halte es dem Mönch hin, zupfe ein Gebetsanliegen heraus und sage: Look, all our prayers. Jetzt kommt etwas bei diesem Menschen an. Er nimmt das Band in die Hände, schaut es an. Und dann – wir fassen es noch immer fast nicht – zieht der Mönch seine Schuhe aus. Er geht barfuß hinter den Altar von Golgota, taucht seine Hand in alle Öllampen und salbt unser Pilgerband mit Bedacht von oben nach unten. Er lässt sich Zeit. Danach verschwindet er und kommt mit einer Flasche Öl zurück, die er uns schenkt. Jetzt will er auch ein Foto mit uns. Offenbar ist doch etwas von unserer Geschichte bei ihm angekommen. Wir sind zutiefst bewegt. Glücklich. Unser Pilgerband ist von einem fremden Menschen, der uns zunächst abwies, gesalbt worden. Alle Gebete, alle, die mit und für uns beten, alle Verbindung, alle Menschen, die uns unterwegs Hilfe und Gastfreundschaft anboten, alle Länder, durch die wir schritten, sind in diesem Augenblick gesalbt worden. Das Pilgerband wird zum Sakrament, zu einem Zeichen, das viel mehr birgt als das real Sichtbare. (ha)

Wallfahren heißt für mich: ankommen

Jeden Tag auf unserer Wallfahrt sind wir irgendwo angekommen. Oft glücklich und zufrieden über den guten Tag, manchmal unzufrieden und um eine Antwort ringend. Manchmal freundlich und herzlich empfangen von Gastgebern, ein andermal damit hadernd, dass wir das Preis-Leistungs-Verhältnis im Hotel als gar nicht fair empfanden. Oft wussten wir nicht, wo wir ankommen würden, wie es dort aussehen, was uns erwarten würde.

Immer klar war und blieb für mich das Ziel der Wallfahrt: Es ist die Auferstehungs- bzw. Grabeskirche in Jerusalem, Platz des Sterbens Jesu und des Ereignisses seiner Auferstehung.

Auf die Kirche zugehen, über den Platz schreiten auf dieses Portal zu, über die Schwelle treten, eintreten in diese bunte und mit Menschen und deren Gebeten und Gesängen erfüllte Kirche, hinaufsteigen zum Kreuz unter den ausgestreckten Heiland, warten, bis ich hinzutreten kann, mich hinknien und sagen: Das ist das Ziel. Wir sind jetzt da. Wir sind – Ich bin – angekommen. Das ist unbeschreiblich. Am Ende dieser langen Pilgerschaft sagen zu dürfen: Hier bin ich, lässt das Fass überlaufen. Ja, wir sind angekommen. So viele Tage haben wir um den Weg gerungen, sind mit diesem Ziel im Kopf gelaufen, so oft haben wir und viele für uns an diesen Ort gedacht, darum gebetet, dass wir gut ankommen – und jetzt sind wir da: hier bei dir, unter deinem Kreuz, Herr Jesus. (fm)

Wallfahren heißt für mich: gesehen – erkannt werden

Nachdem wir vom Kreuzesfelsen aufgestanden waren, versuchten wir dem diensttuenden Mönch neben dem Altar zu erklären, dass wir aus der Schweiz zu Fuß hierhergelaufen sind. Nach längerem Hin und Her schien der Mönch uns plötzlich verstanden zu haben: Er hat das Pilgerband mit all den Anliegen und Bitten genommen und es gesalbt: Er streicht die Gnade Gottes darüber, er verkörpert die veredelnde Liebe Gottes – die Liebe Gottes, die ernst nimmt, die annimmt und schmückt, was wir darbringen. Danach hat er uns seine Hand gereicht, mit Salböl verschmiert, damit auch wir von diesem Öl bekommen und uns damit einreiben. Die Gnade soll uns schön machen, uns gesund machen, uns wohlduftend machen. Wir sollen – wie die Öllampen – diese weiche, starke, duftende Liebe Gottes ausstrahlen und verströmen.

Der griechisch-orthodoxe Mönch fragte nicht nach unserer Konfession, er nahm einfach dieses Band, salbte es, er gab uns seine Hand und salbte unsere Hände. Das hat mich mit unserer Erfahrung im serbischen Kuvezhdin versöhnt. Der Mönch hat uns und unsere Bitten angenommen, ich fühle mich von ihm verstanden und erkannt. In ihm kommt mir so handfest und sichtbar die Liebe Christi entgegen. Es ist überwältigend. (fm)

Berührt

Berührt und den Tränen nahe, seit gestern, seit dem Ankommen hier in Jerusalem, hier am Ziel. Richtig durchlässig, richtig dünnhäutig – erweicht. So fühle ich mich. Bin eingehüllt in einen Mantel der Freundschaft und Liebe, getragen von Mitgehen, Mitbeten, Mitdasein und voll Dankbarkeit.

Die Augen und das Herz brennen, brennen voll Freude und immer wieder bekomme ich wässrige Augen, steigt von ganz tief unten alles herauf: beim Überschreiten einer heiligen Stätte, bei einer Umarmung, bei Gesprächen, beim Einander-in-die-Augen-Schauen. Heute Morgen kamen Hildegard und mir die Tränen erneut, als wir uns von dem Erfahrenen beim Nachtessen erzählten. Wir wussten, dass ganz viele zu Hause an uns gedacht haben. Aber das wirklich zu hören ist nochmals etwas ganz anderes: Eine Frau erzählte, dass sie in der Schweiz jeden Tag für und mit uns eine Stunde gepilgert sei, vom ersten Tag unseres Losgehens bis zum Schluss. Eine andere hatte ein Foto von uns ausgedruckt und an ihren Ort des Gebets gelegt, um uns jeden Tag mit einzuschließen. Eine Frau hat ganz automatisch beim Anzünden der vier Adventskranzkerzen unsere Namen ausgesprochen.

Damit sind wir im Frieden durch alle Länder gepilgert.
DANKE – DANKE – DANKE. (er)

Weihnachten in Bethlehem

Am Abend dieses 24. Dezember nehmen wir das allerletzte Stück Weg unter die Füße. Wir wollen im ca. 6 km entfernten Bethlehem Weihnachten feiern. Es regnet auf diesem kurzen Abschnitt wie aus Kübeln. Im Caritas Baby Hospital, wo palästinensische Familien Hilfe für ihre kranken Kinder erhalten, sind wir angemeldet. Weil unser Kommen vergessen wurde, richten wir uns im Wartesaal ein. Einzelne palästinensische Frauen und Männer kommen mit ihren kleinen Kindern. Sie setzen sich neben uns und warten auf einen Arzt. Wir ziehen unsere durchnässten Kleider aus und beginnen unser Picknick auszupacken: ein trockenes Sandwich, ein zu hart gekochtes Ei, ein Süßgetränk, welches nicht schmeckt. Das ist unser Weihnachtsessen. Niemand beklagt sich. Niemand vermisst etwas. Das Wichtigste ist, dass wir Schutz vor dem Regen gefunden haben. Mir geht durch den Kopf, dass dieser Abend nicht besser zu den vergangenen sieben Monaten passen könnte. Wir bekommen alles, was wir brauchen, zur rechten Zeit. Noch am Sandwich kauend, kommt Esther auf mich zu. Sie hat ein Weihnachtsgeschenk für mich. Ich bin sprachlos. Ich packe aus und finde eine Salami. Wie konnte sie die auftreiben? Auf wie vielen Abschnitten unseres Weges hatten wir von verschiedenen Gerichten geträumt, von Kartoffelgratin, Gschwelti, einer Polenta, Risotto etc. Meine Wünsche aber gingen vor allem auch in Richtung Trockenfleisch, zu einem Rädchen Salami, einer Bratwurst und mehr.

In der Kapelle des Spitals dürfen wir schließlich unseren Weihnachtsgottesdienst feiern. Ich besuche zuerst die Krippe. Es sind kleine geschnitzte Holzfiguren: Maria, Josef und das Jesuskind. Jetzt ist der Moment, an meine

Nichte Manon zu denken. In meiner Bauchtasche bewahre ich noch immer ihre Kette auf. Ihr silbernes Herz ist auf dem ganzen Weg bei mir gewesen. Beim Abschied hatte ich dem Mädchen versprochen, an Weihnachten ihr Herz in die Krippe zu Jesus zu legen. Das darf ich jetzt tun. Manons Herz ist weit gewandert und heil angekommen. Das Jesuskind lächelt und winkt mit einer Hand. Ich schicke Manon diesen Gruß weiter. (ha)

Frohe und gesegnete Weihnachten

Die Sonne senkt sich, es wird Abend und die Heilige Nacht beginnt. Hier über den Dächern Jerusalems beginnen sich nach sonnigen Tagen Wolken zusammenzuziehen, als sollte das Licht von Weihnachten unter ihnen, im Grauen und Dunkeln, aufscheinen. Nach den großen Emotionen bei der Ankunft in Jerusalem ist in mir stille Freude eingekehrt. Ich freue mich, diese Nacht nochmals aufzubrechen und nach Bethlehem zu pilgern, dem Jesus-Kind entgegen. Dabei ist mir das Motiv der Herbergssuche besonders nahe. Sie ist in diesem Jahr für mich nicht ein frommer Volksbrauch, sondern all die Pilgertage klingen nach, als wir am Nachmittag noch nicht wussten, wo wir am Abend schlafen würden. Wir haben stets eine Unterkunft gefunden. So hoffe ich, dass Christus in dieser Nacht möglichst viele offene Herzen findet. Frohe und gesegnete Weihnachten! (chr)

Das leere Grab

Matthias Grünewald hat auf seinem Isenheimer Altar den Lendenschurz des Gekreuzigten gleich gemalt wie die Windel, mit der der neugeborene Knabe in der Krippe eingehüllt ist. Der Maler wollte damit sagen: Geboren werden hat als Folge, auch einmal sterben zu müssen.

Und: Gottes Sohn ist von Anfang an für uns Mensch geworden, damit er für uns lebt und sein Leben hingibt – im Sterben.

Das leere Grab war während meiner 30-tägigen Exerzitien der Moment, an dem ich am längsten hängengeblieben bin. Die Menschen hatten die Stimme Jesu gehört, sie konnten ihn berühren und anfassen, einige seiner Bekannten hatten seinen Leichnam ins Grab gelegt und dann plötzlich – am Ostermorgen – ist das Grab leer. Jesus ist verschwunden, weg. Ist nach der Hinrichtung dieses Mannes in bestem Alter, was schon eine Tragik für sich ist, denn nun ist gar nichts mehr übrig – nicht einmal der Leichnam? War alles nur Einbildung, Hirngespinst? – Erst die Begegnung des Auferstandenen mit den Seinen gibt ihnen den Glauben zurück, jetzt eine Potenz höher: Er lebt neu und stirbt nicht mehr! Es gibt keinen Beweis für die Auferstehung – es gibt nur Glauben an den Auferstandenen.

Als mich heute meine Schwester anrief und ich ihr davon erzählte, bat sie mich: „Die Auferstehung leg in die Krippe für Mami!" (= Leg zu Jesus in die Krippe die Bitte um die Auferstehung unserer Mutter, wenn sie stirbt.) Das werde ich tun. (fm)

Wallfahren heißt für mich: Hingabe

Jeden Tag haben wir auf dem Weg unsere Bitten Jesus hingehalten, aber auch uns selbst haben wir ihm anvertraut, dazu den Verlauf des Tages, die Menschen, denen wir begegneten. Hier in Jerusalem ist es mehr: diese Anliegen, das Pilgerband ablegen unter dem Kreuz, dann auf der Grabplatte, sich hinneigen, sich ihm weihen, sich hergeben. „Vater, in deine Hände empfehle ich meinen Geist" (Lk 23,46). Vielleicht ist das leere Grab ein Zeichen mehr dafür, dass Jesus sich selber genommen wurde und jetzt ganz beim Vater ist.

Mich hingeben, mich Gott ganz anvertrauen. Ich hoffe, dass ich dieses Hingabevertrauen in seiner Größe und Weite – du, Gott, hast es von uns auf dem Weg herausgefordert – nie mehr verliere, nie mehr aufgebe.

„Mein Herr und mein Gott, nimm alles von mir, was mich hindert zu dir; mein Herr und mein Gott, gib alles mir, was mich führet zu dir; mein Herr und mein Gott, o, nimm mich mir und gib mich ganz zu eigen dir" (Niklaus von Flüe). Du, Gott, hast uns alles gegeben, was uns zu dir führt. So gebe ich mich jetzt hin und bitte dich: „Nimm mich mir, und gib mich ganz zu eigen dir." (fm)

Wallfahren heißt für mich: verweilen – ruhen dürfen

Damit meine ich nicht die tägliche Ruhe beim Schlafen oder sonstigen Ausruhen. Hier meine ich das Verweilen und Ausruhen angesichts des Gekreuzigten.

Auf dem Weg hatten wir oft Zeit für Gebet, Momente, um bei Jesus auszuruhen, aber es war jeden Tag nur eine kurze Zeit. Jeden Tag galt es weiterzugehen, voranzuschreiten. Wallfahren ist da gerade nicht Bleiben oder Sich-Aufhalten noch Sich-Installieren oder Sich-Einrichten, sondern es ist Unterwegs-Sein. Jetzt, am Ziel angelangt, ist das anders: Jetzt ist Zeit zu verweilen, jetzt darf ich zur Ruhe kommen. Einfach da sein unter deinem Kreuz, mich hinsetzen oder hinknien, nicht bloß für einen Moment, sondern vielleicht für eine Stunde oder mehr: deine hingebende Liebe, Herr Jesus, auf mich wirken lassen. Mich ganz öffnen, dass du in mir wirken kannst, dass deine liebenden Augen mich ganz durchscheinen. Das große Geheimnis des Vaters erahnen, der dich, Herr Jesus, mir, uns, der ganzen Welt schenkt und dich durch jede Not hindurch rettet, an der Hand nimmt und auferweckt. Dein Kreuz ist nicht nur das Zeichen und Werkzeug des Leidens, der Tortur, des Sterbens und des Todes – es ist das Zeichen der Hingabe, wo du, Jesus, den

Tod besiegt hast, weil du dich von diesem Tod besiegen hast lassen. In dieser Todesverzweiflung hast du das Vertrauen, dich in die Hand Gottes, des Vaters, zu wagen. Er wird dich auferwecken – er hat dich auferweckt. Da sitzen dürfen, da knien dürfen, da beten dürfen, wo es Platz hat, wo ich bleiben darf. Es ist wohl die einzige Kirche, wo ich eine ganze Nacht verbringen kann. Wenn ich die Erlaubnis habe, kann ich – wie es Brauch ist – die ganze Nacht in dieser Kirche ganz offiziell bleiben. *(fm)*

Konferenz: Pilgern für Dialog und Frieden

Über den Dächern der Jerusalemer Altstadt haben wir den ersten Tag unserer Konferenz zum Pilgern als Beitrag für den Frieden abgehalten. Professor Uriel Simon eröffnete die Konferenz, die im Konvent Ecce Homo stattfindet, mit einem Grundlagenreferat. Er hat anhand der Wallfahrtspsalmen und anderer Texte aus der hebräischen Bibel Motivation und Sinn des biblischen Pilgerns herausgearbeitet. Frieden ist dabei nicht ein zentrales Thema, doch die ethische Bildung des Pilgers. Es geht immer wieder darum, gemeinsam vor Gott zu treten, sich dabei zu erfreuen und zu essen, sich beschenken zu lassen, doch nie mit leeren Händen zu kommen. Besteht die heutige Gabe des pilgernden Menschen darin, seine falschen, religiösen Absolutheitsansprüche zu opfern? Auf jeden Fall, so Simon, hätten die Muslime Mekka und die Christen Rom sowie andere Wallfahrtsorte für sich. Die Juden jedoch nicht einmal Jerusalem, denn die Stadt ist mit andern zu teilen. Imam Faisal Abdul Rauf griff in seinem Vortrag auf ein koranisches Konzept zurück, dass im Pilgermonat Ramadan sowie einen Monat davor und einen danach kein Krieg geführt werden dürfe. Müsste es nicht auch heute solche Friedenszonen um die Pilger geben? An der Organisation in Anbetracht von jährlich mehreren Millionen Mekka-Pilgern, *die Saudi-Arabien zu leisten hat, zeigte er logistische Herausforderungen und wirtschaftlichen Nutzen von Großwallfahrten auf, die auch in Jerusalem zum Tragen kommen könnten. Abtprimas Notker Wolf aus Rom strich die Freude an der Differenz heraus und präsentierte das doppelte Konzept von irdischem und himmlischem Jerusalem, das in der christlichen Tradition zentral ist. Irdische Ansprüche auf heilige Stätten werden dadurch relativiert.*

Die fast 100 Konferenzteilnehmenden diskutierten im Plenum und in Kleingruppen. In den Pausen lud das milde Winterwetter mit herrlicher Sonne ein, auf der Terrasse zu sitzen und sich weiter auszutauschen. Wie der Tag mit Tanz begann, so endete er mit einem Zikr, der islamischen Verehrung der Namen Gottes. Allen wurde klar, dass unser Pilgern nicht einfach da ist, um sich ohne Rücksicht auf andere selbst im Glauben zu bestätigen und stärken zu lassen, sondern um mit ihnen ins Gespräch zu kommen. (chr)

Wallfahren heißt für mich:
Dialog mit anderen Konfessionen und Religionen

Ein wichtiges Ziel der Wallfahrt ist es, seinen eigenen Glauben zu vertiefen. Das geschieht besonders dadurch, dass ich mich auf die eigene Tradition konzentriere, auf meine Spiritualität fokussiere. Zugleich bedeutet es für so manchen, sich nicht von anderen Meinungen und Überzeugungen ablenken zu lassen, damit man nicht von außen in seiner eigenen Frömmigkeit gestört wird.

Für mich ist wichtig, dass wir Länder durchlaufen haben, die primär von orthodoxen Kirchen geprägt sind (Serbien, Bulgarien), von Moslems (Türkei, Syrien, Jordanien, Palästina), vom Judentum (Israel). Wir haben Gläubige dieser Konfessionen und Religionen getroffen, haben an ihrem Gebet mit viel Respekt teilgenommen und waren in aller Regel von der Gastfreundlichkeit auch im Gebet beeindruckt. Wir haben ökumenische und interreligiöse Erfahrungen gemacht, wie ich sie bisher nicht kannte: Offenheit des Herzens, des Geistes. Besonders berührend waren mir die Aufnahme beim orthodoxen Mönch in der Grabeskirche und die Einladung zu einem Schabbat-Essen in den vergangenen Tagen. Für mich sind diese Begegnungen wesentlicher Bestandteil unserer Wallfahrt, denn da begegne ich konkreten Menschen und dem, was ihnen wertvoll und lieb ist. Da können dann Herzen zueinander sprechen. Dabei wachsen mein Respekt und meine Liebe zu ihnen. (fm)

Wallfahren heißt für mich: feiern

Ein Aspekt jeder Wallfahrt ist es, am Ziel zu feiern, ein Fest zu begehen, Gott zu danken für alles, was wir empfangen haben, und ihn dafür zu loben. Schon bei den Wallfahrten Israels im Alten Testament war dies ein integraler Bestandteil (vgl. Dtn 16,8.11.14–15). Unterwegs haben wir in kleinen Portionen gefeiert: Eucharistie an jedem Sonntag, Danksagung für das Geschaffte, für 1000 oder 2000 km, die Ankunft am Marmarameer, beim Zwischenhalt in Istanbul und Amman. Als wir hier in Jerusalem angekommen sind, haben wir als Erstes Danksagung gefeiert, Eucharistie in der Grabeskirche. Immer wieder ist mir noch zum Feiern zumute, obwohl wir schon vor einer Woche hier eingetroffen sind. Es ist eine nur schwer zu beschreibende Freude, die zum Ausdruck drängt, es ist eine Ergriffenheit über die vergangenen sieben Monate, die bis auf den Grund des Herzens hinabreicht und mich bei weitem übersteigt. Es ist das Staunen über Gottes Schutz und Segen über den ganzen Weg, über unsere kleine Gruppe, über die vielen Menschen, die uns unterwegs wohlgesonnen waren, über ...

über … Für so vieles will ich Gott danken und vor Gott feiern und tanzen, wie es David vor der Bundeslade tat. In der Auferstehungskirche sind wir bei einem späteren Besuch zusammengestanden und haben einfach ein Lied nach dem anderen gesungen. In Bethlehem konnten wir auch bei starkem Regen froh Weihnachten feiern. In Jerusalem gingen wir ein letztes Mal auf den Ölberg. Mit dem Blick auf die Stadt besangen wir sie und stießen auf das neue Jahr an. Und ich freue mich, auch in Zürich nach unserer Ankunft feiern zu dürfen. (fm)

Letzte Tage im Heiligen Land

Ein allerletzter Abschnitt im Heiligen Land liegt vor uns. Nach dem Abschied von der Gruppe verbringen wir unsere letzten Tage vor dem Heimflug in Tabgha als Gäste der Benediktinergemeinschaft am Ufer des Sees von Gennesaret. Der Ort erinnert durch das schlichte Mosaik in der Kirche an die wunderbare Brotvermehrung durch Jesus. Hier leben wir Pilger schon ein wenig das, was nach der großen Zeit zu viert wieder unser Alltag sein wird. Alle verbringen etliche Stunden am Tag für sich. Christian sitzt vor seiner Einsiedelei in der Nähe des Sees. Esther beobachtet die Tiere am Seeufer und fotografiert die drolligen Klippdachse. Franz schreibt weiter an seiner Serie „Wallfahren heißt für mich" und überarbeitet die ganze Route, sodass sie später auch anderen zur Verfügung gestellt werden kann. Ich entdecke in der Kirche die kleine Seitenkapelle mit dem Sakramentshäuschen. Ich finde sogar einen Gebetsschemel. Wie angewurzelt knie ich hier stundenlang in der Stille vor dem Allerheiligsten. Das Alleinsein und die Stille, die so sehr zu meinem Leben gehören, finden hier nach einer großen Zeit wieder zu mir zurück. Und noch einmal geschieht in meinem Innern etwas, das mich zunächst überfordert. Einerseits nehme ich den Reichtum all dessen wahr, was mir auf diesem Pilgerweg geschenkt worden ist. Es ist unbeschreiblich viel. Es ist die wohl großartigste Erfahrung meines Lebens. Paradoxerweise nehme ich aber in diesen Tagen nicht den Reichtum wahr. Ich begegne einer andern Empfindung, dem genauen Gegenteil. Am Ort der Brotvermehrung begegne ich meiner Armseligkeit. Ich kann es kaum fassen. Ich kann nicht einordnen, was es heißt, genau jetzt mein bloßes und leeres Herz zu erfahren, mein Armsein vor Gott und den Menschen. (ha)

*Wallfahren heißt für mich:
mit leeren Händen heimkehren*

In den Anweisungen für die großen Wallfahrten im Alten Testament wird betont: „Man soll nicht mit leeren Händen hingehen, um das Angesicht des Herrn zu schauen" (Dtn 16,16). Eine Frage unterwegs lautete: Wie pilgern: mit Kreditkarte und Geld im Sack? Ist das nicht zu einfach und zu wenig Herausforderung? Oder aber sich – ohne Geld oder Kreditkarte – den Spendern und den Menschen unterwegs ganz aussetzen und der Vorsehung? Ist das richtiges, asketisches Wallfahren? Pilger mit dieser Einstellung haben wir unterwegs getroffen. Es ist aber nicht mein Ideal. Ich bin bereit, für die Pilgerschaft nach Jerusalem von meinem Geld und Gehalt, von meiner Zeit zu investieren und – wenn man so will – es mitzubringen vor Gott hin, zum Kind in der Krippe, vergleichbar den Magiern aus dem Osten. Aber der Verdacht drängt sich mir dann auf, ich hätte etwas Besonderes geleistet und erwarte mir eine Abrechnung, eine Belohnung dafür. Das ist mir gänzlich zuwider. Ich bilde mir nicht ein, etwas Besonderes geleistet zu haben. Ich erwarte mir keine Belohnung, sondern ich glaube, dass Gott mich als sein Kind liebt, und so darf ich kommen, wie ich bin, wie es mir jetzt geht, mit meinen Schätzen und Mängeln, mit allem, was ich gemacht und nicht ge-

macht habe. Er sieht und hört mich, er empfängt mich – einfach, weil er mich liebt (vgl. Gal 4,7).

Statt Belohnung – so meine Wahrnehmung – trifft gerade das Gegenteil zu. Ich werde mit leeren Händen heimreisen – wie die drei Könige aus dem Morgenland, die Sterndeuter aus dem Osten, die ihre Gaben dem Kind brachten und ihm übergaben. Sie kehrten ohne ihre Schätze nach Hause zurück, allerdings auf einem anderen, neuen Weg, wie es heißt (Mt 2,11–12). Die Begegnung mit Christus hat sie arm gemacht, arm wie dieses Kind – das ist auch mein Empfinden. Mit leeren Händen, mit einem kleineren Rucksack, ohne Schutzhülle, mit offenem Herzen, mit freien Armen kehre ich heim. Unsicher bin ich mir, ob ich dafür die Seligpreisung Jesu auf mich anwenden kann: „Selig, die arm sind vor Gott, denn ihnen gehört das Himmelreich" (Mt 5,3). Gerne übergebe ich meine Schätze dem Kind und lasse sie los. Und ich werde nicht mehr als der Gleiche heimkehren, als der ich losgezogen bin. (fm)

Erinnern

Wir befinden uns in einer Zwischenzeit. Das Ziel ist erreicht, die Gruppe heimgereist. Wir verbringen noch einige Tage in Galiläa, bevor auch wir nach Hause fliegen. Gemeinsam schließen wir vier Pilger unser intensives Miteinander in Tabgha ab, schauen zurück und bereiten das Heimkommen vor. Dazu gehört für mich, dass wir uns all der Menschen erinnern, die uns begleitet haben, die für uns da waren, die uns ihre Hilfe angeboten hatten, die keinen Aufwand scheuten, um es uns gut gehen zu lassen. Aber auch an die will ich denken, die um unser Gebet baten. So versammeln wir uns in der Frühe des zweitletzten Tages am Ufer des Sees Gennesaret, um gemeinsam ein Abschlussritual zu feiern. Das Pilgerband, welches über die sieben Monate Anliegen in sich aufnahm und das uns verbindet mit all den Menschen, die uns geschenkt waren, liegt auf der Mitte des Steinaltars. Für jedes Land, durch welches wir pilgerten, zünden wir eine Kerze an, erinnern uns an die Begegnungen, lesen die Namen der Menschen vor, die ich in einem Buch notiert habe, singen dazwischen ein Lied, beten und lassen aus unseren Herzen Dank und Bitten aufsteigen. Wir beten für- und miteinander und erbitten den Segen Gottes über alle und alles. So stehen wir mit leeren Händen und einem vollen Herzen am Ort der Brotvermehrung in der Hoffnung, dass sich Frieden, Dialog unter den Religionen und Menschen und Gerechtigkeit vermehren in der Welt, hoffentlich auch durch uns. (er)

Vierzehntes Kapitel:
Heimkehren

Wallfahren heißt für mich: am Ziel nicht bleiben können

Jede Wallfahrt hat zwar ein Ziel, aber es ist ein „vor-läufiges" – kein endgültiges. Ich kann am Ziel, in Jerusalem, nicht bleiben.

Vor mehreren Jahren hatte ich von der Vorstellung Abschied genommen, je einmal nach Jerusalem und Israel zu kommen. Ich nahm in mir eine Blockade wahr, die mich daran hinderte: Ich konnte nicht als Tourist kommen, der die Schokoladenseite des Landes besichtigt, die schwierige und konfliktgeladene Situation der Menschen aber kaum beachtet. Ich wollte auch nicht als ein trockener akademischer Historiker kommen, der die Geschichte eifrig studiert, die mühevolle Gegenwart aber ausblendet, weil sie nicht zum Fachbereich gehört. Beides wollte ich nicht. Der Respekt vor den Menschen dieses Landes und der explosiven Lage sind mir wichtiger als akademisches Wissen und Studium oder gar steriles touristisches Beäugeln. Deshalb hatte ich mich schon vor Jahren mit der Tatsache abgefunden, dass ich dieses Land und Jerusalem wohl nie in meinem Leben besuchen würde.

Als Christian aber von seiner Vision erzählte und mich fragte, ob ich mitginge, war die Schwelle überwunden. Nur praktische Organisationsfragen waren zu beantworten. Zu Fuß zu kommen ist für mich respektvolle Begegnung mit den Menschen hier, die ich gern pflegen will. Mit dieser Art der Annäherung konnte ich meine Achtung vor den Menschen und ihrer mühevollen Situation zeigen und selber damit umgehen.

Und jetzt muss ich von diesem irdischen Ziel wieder Abschied nehmen. Ich kann nicht bleiben, ich kann keine „Hütten bauen" (Mk 9,5–10) und mich einrichten. Weil ich gerne länger geblieben wäre, fällt mir der Abschied jetzt schwer. Wir müssen vom Berg hinabsteigen in das Tal des Alltags. Dieses Jerusalem ist auch nur ein „vorläufiges" Ziel, zu dem wir zwar mehr als sechs Monate „hin-gelaufen" sind, da bleiben können wir aber nicht. Unser Ziel ist das „himmlische Jerusalem", das „von Gott her aus dem Himmel herabkommt" (Offb 21,2), das „Reich Gottes", das angebrochen ist (Lk 11,20), an dem wir – jeder an seinem Platz – mitbauen sollen (1 Kor 12,7). Mein Platz ist nicht hier. Deshalb nehme ich wieder Abschied. (fm)

Dreimal schlafen

Nur noch dreimal schlafen, dann stehen wir wieder auf heimatlichem Boden, haben dann das Heilige Land verlassen.

Heimat sind Menschen, ist die Familie, die Arbeit, ist dort, wo mein Herz zuhause ist. Wie wird DIESES Ankommen sein?

Jetzt liege ich müde im Bett am See Gennesaret, und viele Gedanken gehen mir durch den Kopf, das Herz und den Bauch. Freude, Fülle, Erwarten und Erwartet-Werden, Ungeduld, Unsicherheit, Leere, Durcheinander – ein großes Unterfangen, dieses Zuhause-Ankommen.

Nur noch dreimal schlafen und aushalten. Alles, was ist und sich zeigen will, sehen und wertschätzen. Verbunden mit Gott und den anderen werde ich gut ankommen, das ist eine meiner Erfahrungen. So ist das Pilgern. So ist das Leben. (er)

Wallfahren heißt für mich: in den Alltag zurückkehren

Es ist Zeit aufzubrechen und in den Alltag zurückzukehren. Ich frage mich: Fällt es mir schwer, in die Arbeit, in die gewohnte manchmal mühsame Umgebung zurückzukehren? Bin ich bereit, von der „Pilgerei" Abschied zu nehmen und wieder nach Hause zurückzugehen? Ein Bekannter hat mir hier vor Ort am See Gennesaret seine Maxime weitergegeben: „Suche Gott – nicht den Ort, wo er wohnt!"

Die vergangenen paar Tage haben wir in Tabgha am See Gennesaret verbracht. In der Umgebung liegen die Orte und Plätze, an denen Jesus selber unterwegs war. Von Nazaret, wo Jesus aufgewachsen war, ging er an den See, nach Kana, Kafarnaum und Betsaida. Von hier stammten seine ersten Jünger. Diese fragten ihn, als sie ihn das erste Mal sahen: „Meister, wo wohnst du?" Und Jesus antwortete: „Kommt und seht!" Da gingen sie mit und sahen, wo er wohnte, und sie blieben jenen Tag bei ihm; es war um die zehnte Stunde (vgl. Joh 1,38–39).

So bin auch ich an die Stelle, wo Johannes taufte, nach Jerusalem und nach Galiläa gekommen, um zu sehen, wo er wohnte. Jesus hat hier gewohnt, er, von dem ich glaube, dass er der „Sohn Gottes" ist, wie schon Natanael bekannt hat (Joh 1,49). Zugleich weiß ich, diese Besuche sind nicht der Maßstab, nach dem ich gemessen werde. Nein, der Maßstab heißt: „Was ihr für eines meiner geringsten Geschwister getan habt, das habt ihr mir getan" (Mt 25,40). In meinem Nächsten und in mir soll ich Christus dienen und Raum geben. Angelus Silesius formuliert es in seiner schönen dichterischen Sprache: „Wird Christus tausendmal/zu Bethlehem geboren/und nicht in dir: du bleibst/noch ewiglich verloren." So will ich in meinen Alltag zurückkehren und Christus jeden Tag in meinen Schwestern und Brüdern um mich herum dienen. Ich will ihm Raum geben, dass er auch in meinem Leben Bleibe bekommt und wohnen kann. (fm)

Wallfahren heißt für mich: heimkehren

Nach dem langen Unterwegs-Sein ist es ein besonderer Moment, nach Hause aufzubrechen. Wir haben am Dreikönigstag, dem 6. Januar, am Morgen noch einen ganz bewegenden Gottesdienst gefeiert – gerade am Dreikönigstag wird davon erzählt, wie die Sterndeuter voll Freude das Kind finden, ihre Schätze auspacken und danach heimkehren. – Angespannt warte ich die Stunden, während derer wir zum Flughafen fahren.

Nur die allerwichtigsten Neuigkeiten aus der Heimat habe ich in den vergangenen Monaten erfahren. Welche Überraschungen werden wir erleben, wenn wir wieder in der Schweiz sind? Da ich zölibatär lebe und meine Verwandten in Österreich sind – wer wird mich erwarten? Ein Ehepaar, das sich um meine Wohnung in der Abwesenheit kümmerte, wird da sein.

Doch – welche Überraschung! Auf dem Bahnhof wartet eine große Menge Leute! Viele bekannte Gesichter sind darunter – wie herrlich! Einige Unbekannte, über die ich mich besonders freue: Es sind Menschen, die ich vor der Wallfahrt gar nicht kannte. Sie haben die Monate hindurch den Blog gelesen und sind nun gekommen, um uns das erste Mal zu sehen und persönlich kennenzulernen. Es ist sehr schön! Wie ist doch aus dieser Wallfahrt eine neue Gemeinschaft gewachsen!

Gestern war ich bei Freunden eingeladen; heute, Sonntag, in die Pfarrei Diessenhofen – auch da habe ich das ganz herzliche Willkommen erfahren und die freudige, ja sogar aufgeregte Freude darüber gesehen, dass wir gut zurückgekommen sind und von unserer Wallfahrt mitteilen.

Und jetzt am Abend werden wir noch im Konvikt Salesianum, wo ich in Freiburg/Fribourg wohne, von Studenten des Hauses, von Freunden und Mitarbeitern erwartet: Wir werden mit Sekt, Keksen und großen Willkommens-Plakaten überrascht. Es dauert nicht lange, da sollen wir von unserem Pilgern erzählen.

In ein paar schnellen Etappen bin ich heimgekehrt. Es ist beinahe aufregend, nach so langer Zeit die eigene Wohnung zu betreten – Freunde haben mir Blumen auf den Tisch gestellt. In dieser vertrauten Umgebung darf ich mich niederlassen und ruhig werden. Ich bin zurück – das Ankommen ist eingeläutet! (fm)

Willkommen zurück

Dankbar bin ich, dass ich nicht vom ersten Tag an schon mit aller Arbeit und Terminen überfallen und zugeschüttet worden bin. Trotzdem füllt sich die Agenda rasch mit Anlässen für das laufende Jahr. Große Aufgaben werden an mich herangetragen. An der Universität begrüßen mich viele und wollen die Neuigkeiten über die Wallfahrt hören. Ein herzliches „Willkommen zurück" kommt mir oft entgegen – ich freue mich darüber.

Vergangene Woche habe ich meine kranke Mutter in Österreich besucht und die Gelegenheit genutzt, an drei Orten über unser Pilgern einen Vortrag zu halten. Doch seit vorgestern hat mich der Alltag endgültig eingeholt. Die Bürozeiten sind wieder meine Arbeitszeit, die Anrufe werden nicht mehr weitergeleitet, die Abwesenheitsmeldung im E-Mail-Programm ist deaktiviert. Ein Gutteil der Korrespondenz ist aufgearbeitet. In der Eucharistiefeier müssen wir uns nicht spartanisch auf das Allerwesentlichste beschränken, sondern können in festlicher Umgebung feiern. Bei der täglichen Meditation sitze oder knie ich vor der Ikone, ich mache meine Betrachtung nicht mehr im Gehen.

Heute merke ich, dass mir bei den langen Bürozeiten das Laufen doch fehlt, ich sehne mich nach der Sonne, der frischen Luft und dem manchmal rauen Wetter. Zugleich bin ich dankbar, dass ich mich jeden Abend in mein gemachtes Bett schlafen legen kann. Sehr wohltuend ist die selbstverständliche morgendliche warme Dusche – welch ein Luxus!

Meine Dünnhäutigkeit ist – Gott sei Dank – noch vorhanden. Ich bin sehr aufmerksam und sensibel für Menschen, ihr Leid, ihre Anliegen; zugleich sehe ich Naturschönheiten mit sehr wachem, empathischem Auge. Alles ist mir näher, beinahe in Griffweite und zugleich in respektvollem Abstand.

Dass unsere Vierergruppe jetzt wieder so weit voneinander entfernt lebt und wirkt, spüre ich stark – die Situation hat sich im Vergleich zu unserer Wallfahrtszeit wesentlich geändert.

Bei den Bibeltexten bin ich aufmerksamer als vor der Wallfahrt. Ich horche vor allem dann auf, wenn Namen oder Landstriche aus Syrien, Jordanien und Israel/Palästina genannt werden, die wir besucht haben oder durch die wir zu Fuß gegangen sind. Heute ist ein solcher Tag: Paulus in Damaskus. (fm)

Still und allein

Nach dem Abenteuer zu viert bin ich wieder in meine bekannte Lebensform heimgekehrt. Das Alleinsein prägt sie. Ich bin allein-stehend. Für die Pilgerschaft hatte ich mich auf etwas ganz anderes eingelassen. Auf eine Art Vierer-Seilschaft. Kein Alleinsein, außer in den eigenen Gedanken. Kein Raum für Rückzug, außer im Schlaf und unterwegs ins Innere der Seele. Keine Stille, nur dann, wenn unsere Wege abseits waren und wir selber auch schwiegen. Oft aber war der ganze Tag laut. Ich staunte unterwegs und freute mich, dass ich fähig war, mich in diesem ganz Anderen zu bewegen und gut zu leben. Jetzt in den neuen Räumen meines Daheims wirken das Alleinsein und die Stille doppelt stark. Ich kann in meiner Stube auf dem bequemen Stuhl sitzen, auf die Stille des Hauses horchen und ganz fasziniert in den Raum und zu den Fenstern hinausschauen. Nur das. Eine ganze Weile. Nur das. Einzelne Momente der Pilgerschaft tauchen dabei auf und ich beobachte, wie dieser Nachklang erst das Eigentliche herauszuschälen beginnt. Sie ist überhaupt nicht vorbei, meine Pilgerschaft. (ha)

Zuhause unterwegs

Gestern durfte ich das erste Mal seit langem wieder predigen. Welche Vorbereitung, welch eine Nervosität und welch eine Freude! Ich nahm die beiden Männer Ijob und Jesus mit ihren je unterschiedlichen Lebensentwürfen und Handlungsmöglichkeiten in die Mitte meiner Ausführungen und verband sie mit unserem Pilgern. Auch ich fühlte mich unterwegs angesichts mancher Begegnungen ohnmächtig und gebunden wie Ijob und hilflos wie Jesus. Wir taten es Jesus gleich, wir beteten, nicht an einem stillen Ort, sondern entlang der Straßen, nicht alleine, sondern hintereinander herlaufend. (er)

Das Weltpilgerband

Nach der Heimkehr besuchen wir die Schwestern im Kloster Eschenbach, wo das Pilgerband entstanden ist. Wie riesig ist da die Überraschung, als Sr. Ruth uns vieren je ein neues Pilgerband schenkt. Sie nennt es jetzt Weltpilgerband. Das große Ziel Jerusalem ist erreicht, nicht aber das Ende unserer je eigenen Pilgerreise. Beglückt und voll Dankbarkeit gehe ich nach Hause, wissend, ich werde es brauchen können. Und so ist es. Wann immer ich die Gelegenheit habe, setze ich das neue Pilgerband ein. Ich lasse die Schüler und Schülerinnen zum Beginn des neuen Schuljahres ihre Anliegen hineinschreiben, bitte die Gottesdienstbesucher ihre Fragen und Gedanken hineinzulegen, nehme es am Karfreitag in die Liturgie und wir verehren damit das Kreuz. Im Spital helfe ich den Patienten, das hineinzuschreiben, was sie brauchen, in den Exerzitien im Alltag liegt es in der Mitte. Bei der Beerdigung eines zu früh verstorbenen Kindes im Mutterbauch wollte ich die Familie bitten, all das, was sie jetzt im Herzen tragen, jetzt, in dem Moment, wo nichts mehr zu sagen ist, aufzuschreiben und ins Band zu legen. Leider regnete es in Strömen. So bat ich die Trauernden, sich am Band festzuhalten und es in Stille zu füllen. Wir standen da, verbunden durch das Leinenband in unserer Mitte, und beteten das Vaterunser. Noch immer bin ich beeindruckt von der Kraft, die sich zeigte, und dem Trost, der uns in diesem Augenblick geschenkt wurde. Ich sehe, wie wichtig es ist, aufzuschreiben, was mich beschäftigt, in Worte zu fassen, was plagt und wohin meine Sehnsucht mich treibt. Es ist ein erster Schritt auf dem Weg dorthin. Die Anliegen dann in guten Händen zu wissen ist entlastend. Zu wissen, jemand hilft beim Beten mit, tut gut. Immer wieder sind die Menschen tief berührt vom Pilgerband. Sie spüren: Es ist heilig!

Von Zeit zu Zeit nehme ich die Anliegen aus dem Band und bewahre sie auf, um sie einmal im Jahr, an Ostern, dem Feuer zu übergeben. Das Pilgerband ist mir zu einem kostbaren Schatz in meiner täglichen Seelsorgearbeit geworden, und ich bin zutiefst dankbar. (er)

*Wallfahren heißt für mich:
eine große Vision darf ich haben*

Diese Wallfahrt war die Idee und zunächst der Wunsch von Christian. Seit vielen Jahren träumte er davon, einmal zu Fuß nach Jerusalem gehen zu können. Der Wunsch musste reifen, sich in eine Vision wandeln, damit er ausgesprochen und durchdacht werden konnte. So hat er Hildegard vor sieben Jahren von dieser Vision erzählt und sie dafür gewonnen, mitzugehen.

Doch damit begannen erst die konkreten Überlegungen und Vorbereitungen. Es war ein langer Weg, bis daraus unsere Gruppe von vier PilgerInnen wurde, bis die Arbeit so organisiert war, dass es möglich wurde, bis viele Details des Rundherums abgeklärt und gestaltet waren.

Und jetzt sind wir am Ziel, in Jerusalem, angekommen! Der Wunsch ist Wirklichkeit geworden, die Vision wurde konkret. Wir haben daran mitgearbeitet, sie umzusetzen, Schritt für Schritt, Kilometer für Kilometer, Tag für Tag. Und Gottes Segen ist über allem. – Wunderbar für mich! Eine GROSSE Vision darf man haben, gediegene Vorbereitung braucht es zur Umsetzung. Viele konkrete und konsequente Schritte lassen die Wirklichkeit wachsen. Macht und Ohnmacht berühren sich. Vertrauen ebnet den Weg. Das Gelingen liegt in Gottes Händen. (fm)

Wallfahren heißt für mich:
dankbar sein für alles, was geschenkt wird

Dankbar meinem Arbeitgeber, der dieses Projekt unterstützt hat, und Freunden, die für mich eingesprungen sind. Dankbar für die Gesundheit unserer Gruppe, dass wir alle ohne große Schwierigkeiten bis nach Jerusalem gekommen sind; für die Kameradschaft und Freundschaft untereinander, dass wir den langen Weg gemeinsam gehen konnten; für das gemeinsame stärkende Gebet füreinander; für die technischen Hilfsmittel und alle Bekannten und Fachleute, die mir damit geholfen haben. Dankbar für die Unterkünfte, private und öffentliche, kostenlos geschenkte und bezahlte; dankbar für die äußeren Umstände, die es uns erlaubten: das gute Wetter, die Wege und Straßen; die ruhige politische Lage auf dem Balkan und das Gehen sogar durch Syrien. Dankbar für die vielen Leute, die für uns gebetet haben, dass alles gut gehen möge. Dankbar für die Aufmerksamkeit und Zu-

wendung so vieler, u.a. über den Blog. Dass ich genügend Geld hatte, um mir diese Wallfahrt finanziell leisten zu können, ist nur ein Tropfen auf den heißen Stein im Vergleich zu dem, was ich geschenkt bekommen habe.

Dieses Beschenkt-Werden ist eine Herausforderung für mich: Es ist nicht einfach, alles annehmen zu können, ohne mir die Frage zu stellen: Ist das denn gerecht? Verdient – das steht außer Frage – habe ich es sicher nicht. So bin ich immer wieder beschämt, überrumpelt von dem, was uns angeboten worden ist. Dabei tauchen hin und wieder zwei Fragen an die Oberfläche. Die eine: Habe ich (nach wie vor) die Bereitschaft und die leeren Hände, um diese Gaben anzunehmen? Blockieren Selbstüberschätzung oder Ehrgefühl diese Freiheit? Habe ich den Eindruck, ich würde die Menschen ausnutzen oder bliebe ihnen etwas schuldig? Und die zweite: Bin ich aufmerksam auf die Vorsehung und ihren Plan, der sich zeigt? Kann ich mich auf plötzlich hereinbrechende Überraschungen einstellen? Meine Beobachtung ist, dass die Bereitschaft zum Annehmen größer ist, wenn ich weniger fixiert bin. Von gefassten Plänen abzuweichen oder sie umzustoßen kostet mich mehr Überwindung.

Dankbar bin ich für alles, was wir erleben und erfahren durften. Für allen Segen von oben und alles Gebet von unten, für alles Geschenkte und Geleistete. Es lässt das Gefühl des Staunens, der eigenen Leere und der erhaltenen Fülle zurück. (fm)

Hat dich das Pilgern verändert?

Bist du anders geworden durch das Unterwegssein? Diese Frage wird mir oft gestellt. Ein klares Ja kommt mir von den Lippen. Äußerlich hat sich kaum etwas verändert. Aber innerlich nehme ich mich neu wahr. Der Blick auf mein Leben, auf mein Können, auf mich hat sich gewandelt. Ich schrieb zu Beginn, dass ich eine ängstliche Person sei und auf Sicherheit großen Wert lege. Das zum Beispiel ist anders geworden. Ich kann meine Angst eindämmen. Ich verliere meinen Halt nicht mehr so schnell. Ich kann das Leben entspannter betrachten. Weiß, es gibt für alles eine Lösung. Ob sie mir gefällt oder nicht, sei dahingestellt. Aber es gibt mit all dem, was kommt oder aussteht, ein Weiter, Immer-Weiter. Ich kann, muss und darf mich darin entwickeln. Alles wird mir aus der Tiefe meines Herzens zur Herausforderung. Ich werde aus mir herausgelockt und gefördert. Ich bin selber erstaunt über so manche Klarheit, die sich mir zeigt. Ich bin gelassener und ruhiger, kann eine Fünf gerade sein lassen und getrost weitergehen. Ich bin erwachsener geworden. Mein Partner Christoph meint dazu mit einem Funkeln in den Augen: Wir streiten kaum noch, seit Esther aus Jerusalem zurückgekommen ist. Sie ist nicht mehr so hitzköpfig und aufbrausend. Natürlich gelingt es mir nicht immer. Das wäre zu schön.

Lange Zeit begleitete mich ein Schmerz: Ich hatte das Ankommen in Jerusalem mit meinem Partner nicht teilen können. Viele andere waren da, wir waren füreinander da. Er aber fehlte mir. Wenn ich ihm zuhause vom Ankommen in Jerusalem erzählte, verstand er manchmal meine Emotionen und Tränen nicht. Ich konnte ihm vieles nicht erklären, mir fehlten die Worte. Wir waren uns so sehr vertraut und doch weit entfernt voneinander. Erst beim gemeinsamen Schauen unseres Films „Die Schrittweisen" in der „Sternstunde Religion" geschah mit Christoph etwas. Ich durfte erleben, wie er berührt war, als im Film das Ankommen in Jerusalem gezeigt wurde. Das war für mich schön, ihm die Hand zu halten und zu spüren, dass etwas von dem Großen meines Erlebens bei ihm angekommen war. Ein wenig mehr verstanden zu werden ist wunderbar! (er)

Was bleibt

Was bleibt? Es ist vieles. Zunächst sind es die Erschütterungen in der Seele. Ich kann nach einem Konzert nicht klatschen. Ich will das Losheulen verhindern, aber es gelingt mir nicht. Ich spüre die Erschütterung „hochkommen" bei der Begegnung mit der Kunst, in einer Umarmung, vor dem Horizont einer Bergkette, als ich nach dem langen Winter erstmals auf einer grünen Wiese stehe oder wenn ich mit den Liturgen zum Gottesdienst in die St. Galler Kathedrale einziehen darf. Mit der Zeit werden solche Momente seltener, aber noch immer geschieht es, dass vom Zwerchfell her eine machtvolle Emotion aufsteigt und mich zum Schluchzen bringt.

Etwas anderes Eindrückliches sind die Pilgervorträge, die wir vier seit der Rückkehr an verschiedenen Orten und zu unterschiedlichen Anlässen halten dürfen. Ich habe in den ersten zwei Jahren seit der Rückkehr über sechzig Mal von unseren Eindrücken berichtet. Und ausnahmslos überall mache ich die gleiche Erfahrung: Die Menschen sind beeindruckt, berührt, dankbar, staunend. Genauso erleben es Christian, Franz und Esther. Für mich ist das Erzählen zu einer neuen Form der Verkündigung geworden. Ich berichte zwar von A bis Z getreu unseren Erfahrungen und Erlebnissen entlang. Schlussendlich aber ist es ein Glaubenszeugnis, das ich vermittle. Unser Pilgermotto kommt bei den Menschen an, und sie finden sich darin wieder: *Wir nehmen den Landweg, aber es ist ein Gang über das Wasser.* Der Pilgeralltag ist jedem anderen Alltag verwandt. Wir lassen uns auf eine Vertrauensübung ein. Wir sind jeden Morgen ins Ungewisse losmarschiert, haben uns und andere Menschen, ihre Gewohnheiten und ihre Länder kennen und lieben gelernt. Und jeden Abend haben wir Schutz und Obdach gefunden.

Schließlich dürfen wir zu viert ankommen. Das tönt so selbstverständlich und ist es doch überhaupt nicht. Es ist ein Wunder, ein Geschenk.

Für mich bewegend ist, dass ich meine Pilgergedichte veröffentlichen durfte. Die Gedichte waren meine Art, Tagebuch zu schreiben. Erstaunlicherweise ward mir an jedem Pilgertag ein Gedicht zuteil. Sie entstanden laufend. Hatten wir Ruhetag oder Pause in Istanbul oder Amman, also Stillstand, schrieb ich nicht respektive ward mir kein Gedicht geschenkt.

Was auch bleibt, sind viele Erinnerungsmomente in meinem Alltag. Begegne ich Serben oder Kroaten, erzähle ich von unserer Pilgerschaft durch ihre Länder. Sehe ich Türkinnen mit Kopftuch, denke ich an die unvergesslichste Gastfreundschaft auf dem anatolischen Hochland. Wenn ich in unseren Lebensmittelläden Feigen aus Bursa sehe, so kaufe ich jetzt solche, denn durch diese Plantagen sind wir gewandert. Auch einen Granatapfel gönne ich mir hie und da und erinnere mich an die Tage am türkischen Mittelmeer. Lese ich Zeitung, werde ich fast täglich mit der unfassbaren Situation in Syrien konfrontiert. Während ich diesen Text schreibe, ist der Jesuit Paolo Dall'Oglio, den wir in seinem Kloster Deir Mar Musa kennengelernt hatten, entführt worden. Es ist himmelschreiend, was mit den Syrerinnen und Syrern geschieht, wie viel Not, wie viel Pein dieses Volk erleiden muss. Ich bete für diese Menschen. Ich lasse die Bilder aufsteigen von jenen, die uns Gastfreundschaft gewährt hatten, den Imkers von Rabbia, dem betrunkenen Englischlehrer und seinen Kollegen, dem portugiesisch sprechenden Arbeiter, den Geheimpolizisten und ihren Familien, den Ordensfrauen, den Wirtsleuten im Bergkloster, der Gemeinschaft von Deir Mar Musa, dem Pfarrer von Yabrud. Und schließlich treffe ich mich hie und da mit Esther. Jedes Mal sprechen wir von unseren gemeinsamen Erlebnissen. Während gemeinsamer Langlaufferien, in denen Esther, Franz und ich eine Woche auf den Skiern unterwegs sind, beschließen wir, zusammen ein Buch zu schreiben. Christian ist mit dabei. Durch dieses gemeinsame Buchprojekt finden wir ab und zu gemeinsame Termine. Das Wichtigste dabei ist, dass wir zu viert auf das gemeinsame Abenteuer zurückschauen und aus der Distanz manche Verletzung, Missverständnisse und Grenzen besser anschauen und ruhen lassen können. (ha)

Schluss-Statements

Was habe ich aus der Wallfahrt „gelernt"?

In den Tagen am See Gennesaret nach unserem Aufenthalt in Jerusalem ließen wir unsere lange Fußwallfahrt für uns ausklingen und stellten eine Powerpoint-Präsentation mit Bildern von unserer Pilgerreise zusammen. Am Ende dieser Vorstellung fragten wir uns: Was nehmen wir als wesentlichste Erfahrung von dieser Wallfahrt mit nach Hause, wenn ich es in einem Satz sagen soll?
Jede und jeder von uns vier hat einen kernigen Satz formuliert:

Esther Rüthemann schrieb:

„Ich habe Schritte ins Ungewisse gewagt und mich im Vertrauen geübt, mich dem Weg, den Menschen, Gott und mir selber auszusetzen. Ich versuchte in der Gegenwart zu sein. Offene Hände sind für mich symbolisch dafür."

Esther ist eine sehr gut organisierte Frau. Alles ist immer gut vorbereitet und ihr ist wohl, wenn sie den Überblick hat und weiß, auf was sie sich einlässt. Sich auf einen völlig unbekannten neuen Weg aufzumachen, war für sie eine große Herausforderung, obwohl sie sagte, dass sie nie von Zweifeln geplagt wurde, ob es mit dem Weg und der Route klappen würde. Dennoch gab es einige Momente unterwegs, wo sie an ihre Grenzen kam und sehr verunsichert war. In diesen Situationen Vertrauen zu haben, dass es gut ausgehen würde, dass sie sich in die Unsicherheit vorwagen kann, wenn die anderen das kaum oder weniger riskant fanden, sich auf Menschen einzulassen, die in ihr Abneigung auslösten. Das war ein paarmal eine Übung für sie: Wie gehe ich da mit meinen Gefühlen und meiner Einschätzung um? Schaffe ich es, im Vertrauen auf Gott und die Mitpilger über meinen Schatten zu springen und mit den anderen den Weg weiterzugehen?

Sie übte diese Offenheit für mögliche unvorhersehbare Überraschungen, indem sie das Jesus-Gebet gleichmäßig wiederholte, manchmal mit einem Abstand zur Gruppe laufend, manchmal mitten drin. Dieses Gebet hatte Sr. Ruth auf unser Pilgerband geschrieben: „Herr Jesus Christus, Sohn Gottes, erbarme dich unser!" Damit versuchte sie „in der Gegenwart" zu sein, ganz bei sich und ganz bei Jesus. An vielen Stellen im Laufe der Monate ließ sie ein Foto von ihren offenen Händen machen, in die sie eine Blüte, eine Beere, einen Granatapfel oder ein Blatt gelegt hatte als Zeichen für ihre Offenheit und aus Dankbarkeit für die schönen Geschenke auf dem Weg.

Hildegard Aepli fasste ihre einprägsamste Erfahrung in folgenden Satz:

„Alleine hätte ich diesen Weg nicht gemacht und nicht geschafft. Es ist Geschenk Gottes und Kraft der Gemeinschaft, die mich ankommen ließen."

Für Hildegard war es eine ganz neue und bisher unbekannte Erfahrung, dass sie in einer Gruppe die körperlich Schwächste war. Dies zeigte sich darin, dass sie oft als Erste müde wurde, dass sie im Laufe der Monate viel an Gewicht verlor, beinahe bis an ihre Substanz. Sie merkte auch, dass sie das Tempo der anderen drei nicht immer mitgehen konnte, sondern langsamer unterwegs war. In diesen Situationen war sie sehr dankbar dafür, dass wir als Gruppe Pausen einlegten, wenn sie es wünschte, dass wir ihr Tempo mitgingen und sie nicht drängten oder gar Vorwürfe machten, warum sie nicht schneller laufen konnte. Sie konnte sich darauf verlassen, dass wir alles versuchen würden, dass wir zu viert gemeinsam in Jerusalem ankommen möchten, nicht hintereinander, nicht nur drei oder zwei von uns, dass wir sie nie zurücklassen oder im Stich lassen würden. Sie hat auch deshalb geweint, weil sie so an ihre Grenzen kam. Sie ist dankbar dafür, dass sie die Gnade bekam, diesen Weg ganz gehen zu dürfen, dass ihr nichts passiert ist und sie gesund und gemeinsam mit allen anderen ankommen durfte.

Christian Rutishauser schrieb:

„Der tiefste Sinn der Gastfreundschaft besteht darin, den Menschen Rast zu schenken auf ihrem Pilgerweg zum himmlischen Jerusalem."

Christian war bis zu Beginn der Wallfahrt Leiter des Lassalle-Hauses, des Bildungshauses der Jesuiten, in dem ein reiches Weiterbildungsprogramm angeboten wird. Christian war dort der Hausherr und Gastgeber, jener, der die Gäste und Teilnehmer begrüßte und empfing, die für wenige Stunden, einige Tage oder ein paar Wochen kamen. Jetzt unterwegs auf der Wallfahrt war nicht mehr er der Gastgeber, sondern der empfangene Gast, der um eine Unterkunft bat, der aufgenommen und willkommen geheißen wurde, der Aufnahme fand. Seine Aufgabe als Leiter dieses Hauses bekam eine konkrete Tiefe. Die über ein halbes Jahr andauernde, jeden Tag neue Erfahrung, dass er Gast sein darf auf diesem Weg nach Jerusalem, dass er Rastplätze fand und bekam, vertiefte den Sinn seiner Aufgabe als Leiter dieses Bildungshauses. Am eigenen Leib gravierte sich ein, selber Gast zu sein und freundliche Gastgeber auf dem Pilgerweg zum himmlischen Jerusalem zu finden.

Franz Mali fasste die prägendste Erfahrung in den Satz:

„Die Vorsehung Gottes ist pünktlich. Sie schmiegt sich an unsere Pläne."

Da er für die Routenplanung zuständig war, machte er sich auch immer Gedanken, ob wir am Nachmittag eine Unterkunft finden würden. Diese Sorge ließ ihn nicht los, er konnte sie nicht wirklich ablegen, auch wenn ihm seine Mitpilger mehrmals versicherten: Du bist für die Route zuständig, um das Quartier werden wir uns gemeinsam kümmern.

Mehrmals auf dem Weg war er sehr angespannt, ob der von ihm vorgesehene Weg nicht ohne Quartier am Nachmittag enden würde, in einer vergeblichen Suche nach einer Unterkunft: Ob er nicht einen anderen Endpunkt für den Tag hätte planen sollen? Doch gerade an den angespanntesten Tagen fanden wir auf unerfindliche Weise eine angemessene Unterkunft, manchmal sogar mit einer unglaublichen Gastfreundschaft. Das Schwierigste an diesen Tagen war die Unsicherheit und Ungewissheit, einfach warten zu müssen, bis sich hoffentlich etwas eröffnete; ja wiederholt bis an den Dorfrand des Zielortes den ganzen langen Tag angespannt, aufgeregt, verkrampft, flehend und beinahe weinend zuwarten zu müssen, ob es gut ausgehen würde. Das lange ungewisse Warten war für ihn das Schwierigste. Aber gerade dann öffnete sich am Ziel eine Tür, von der er den ganzen Tag keine Ahnung und keine Kenntnis hatte, nichts wusste und nichts wissen konnte: Jeden Tag – ohne Ausnahme – bekamen wir eine passende Unterkunft. Das rührt ihn heute noch zu Tränen. Das schmerzliche Warten und mehr noch die pünktliche Erfüllung, nicht früher als notwendig, aber auch nie zu spät, sondern genau pünktlich. Ihm scheint, dass Gott unsere kleinen Pläne ohne Aufwand in seine großen integrieren kann – dass er sich an uns schmiegt. Danke dir, Gott, für alles!

An den Schluss unseres Buches setzen wir Psalm 121.*
Er hat uns Schritt für Schritt begleitet. Wir können jeden Satz unterschreiben:

Ich hebe meine Augen auf zu den Bergen: /
Woher kommt mir Hilfe?
    Meine Hilfe kommt vom Herrn, /
    der Himmel und Erde gemacht hat.
Er lässt deinen Fuß nicht wanken; /
er, der dich behütet, schläft nicht.
    Nein, der Hüter Israels /
    schläft und schlummert nicht.
Der Herr ist dein Hüter, der Herr gibt dir Schatten; /
er steht dir zur Seite.
    Bei Tag wird dir die Sonne nicht schaden /
    noch der Mond in der Nacht.
Der Herr behüte dich vor allem Bösen, /
er behüte dein Leben.
    Der Herr behüte dich, wenn du fortgehst und wiederkommst, /
    von nun an bis in Ewigkeit.

Hildegard Aepli, Esther Rüthemann, Franz Mali, Christian Rutishauser.

---

* Entnommen der Einheitsübersetzung der Heiligen Schrift © 1980 Katholische Bibelanstalt, Stuttgart.

Bibliografische Information der Deutschen Nationalbibliothek

Die Deutsche Nationalbibliothek verzeichnet diese Publikation
in der Deutschen Nationalbibliografie; detaillierte bibliografische Daten
sind im Internet über ‹http://dnb.d-nb.de› abrufbar.

1. Auflage 2015
© 2015 Echter Verlag GmbH, Würzburg
www.echter-verlag.de
Umschlag: Peter Hellmund (Fotos: Reto Bühler und Andrea Krogmann)
Satz: Hain-Team (www.hain-team.de)
Druck und Bindung: Druckerei Friedrich Pustet, Regensburg
ISBN
978-3-429-03818-2 (Print)
978-3-429-04801-3 (PDF)
978-3-429-06217-0 (Epub)

Wege, die bewegen

Wallfahren erlebt einen Boom. Und doch gibt es bislang keine Theologie der Wallfahrt. Genau hier setzt die Abhandlung an: Sie stellt die Frage, was uns das Pilgern im Horizont des christlichen Glaubens über den existenziellen Selbstvollzug des Menschen sagt, um hieraus spirituelle Grundhaltungen wie liturgische und pastorale Konsequenzen abzuleiten.

Michael Rosenberger
Wege, die bewegen
Eine kleine Theologie
der Wallfahrt
152 Seiten · Broschur
ISBN 978-3-429-02716-2

*Das Buch erhalten Sie
in Ihrer Buchhandlung.*

www.echter-verlag.de

Zu Fuß bis Jerusalem

Vom Sommer bis Weihnachten 2011 pilgerte Hildegard Aepli zu Fuß von der Schweiz nach Jerusalem. Dieser 4300 km lange Weg führte sie und ihre drei Mitpilger durch insgesamt elf Länder mit mindestens neun verschiedenen Sprachen. Ihre Erfahrungen reflektiert und meditiert Hildegard Aepli in ihren Gedichten als ein überwältigendes spirituelles Abenteuer.

Hildegard Aepli
Zu Fuß bis Jerusalem
Pilgergedichte
2. Auflage
176 Seiten · gebunden
ISBN 978-3-429-03536-5

*Das Buch erhalten Sie
in Ihrer Buchhandlung.*

www.echter-verlag.de